U0651485

FECC

农业对外合作与乡村振兴 系列丛书

Agricultural Foreign Cooperation and Rural Revitalization

合作与发展

中国与上海合作组织农业合作 20 年

农业农村部对外经济合作中心　编著

中国农业出版社
北　京

前言

上海合作组织（简称上合组织）2001年成立以来，坚定不移推进成员国务实合作向纵深发展。2003年9月，上合组织成员国总理第二次会议批准了《上海合作组织成员国多边经贸合作纲要》，首次将农业合作作为区域经济合作领域之一，系统谋划推进，开启了上合组织农业合作的光辉篇章，至2023年9月已整整走过20个年头。

为系统回顾中国与上合组织农业合作20年发展历程，农业农村部对外经济合作中心特组织编写本书，梳理模式机制、总结经验做法、汇编典型案例、展望合作前景。根据中国与其他上合组织国家农业合作特点，结合调研情况，我们设计编写了综述、科技合作、地方合作、企业实践、口岸发展、多边合作六部分内容，希望帮助读者更全面了解中国与上合组织农业合作成效。我们也希望通过本书，为业内同仁研究推动上合组织各方进一步深化互信，构建更加紧密可持续的农业合作关系提供参考借鉴。

材料整理和编写过程中，我们还得到了中国农业科学院农业信息研究所以及河南、内蒙古、陕西和新疆等省区农业农村主管部门的帮助。商务部国际贸易经济合作研究院欧亚研究所刘华芹、中国农业科学院国际合作局钱钰、中国农业大学经济管理学院司伟等多位专家对书稿的编写提出了宝贵意见，在此一并致以诚挚感谢。

疏漏和不足之处在所难免，恳请各位读者提出宝贵意见。

本书编委会
2024 年 5 月

目 录

前言

第一篇　综述篇 ·· 1

第一章　上合组织国家农业发展概况 ·························· 3

第二章　中国与上合组织国家农业发展相似性与互补性 ······· 27

第三章　上合组织国家农业合作主要机制 ···················· 33

第四章　中国与上合组织国家农业合作主要模式 ·············· 38

第五章　中国与上合组织国家农业合作主要做法 ·············· 42

第六章　中国与上合组织国家农业合作20年主要成效 ········· 47

第七章　中国与上合组织国家未来农业合作重点领域 ········· 52

第二篇　科技合作篇 ······································ 59

第一章　中国农业科学院与上合组织国家农业合作 ··········· 61

第二章　新疆农业科学院与上合组织国家农业合作 ··········· 67

第三章　新疆农业大学与上合组织国家农业合作 ············· 73

第四章　西北农林科技大学与上合组织国家农业合作 ········· 78

第五章　中国科学院新疆生态与地理研究所同上合组织国家农业合作 ······· 83

第三篇　地方合作篇 ······································ 89

第一章　内蒙古自治区参与上合组织农业合作 ··············· 91

第二章　新疆维吾尔自治区参与上合组织农业合作 ··········· 98

第三章　河南省参与上合组织农业合作 …………………… 105

第四章　陕西省参与上合组织农业合作 …………………… 111

第四篇　企业实践篇 …………………………………………………… 117

第一章　河南贵友集团在吉尔吉斯斯坦投资建设亚洲之星农业产业合作区 … 119

第二章　新疆利华棉业投资建设塔吉克斯坦—中国农业合作示范区 ……… 123

第三章　爱菊集团在哈萨克斯坦打造粮油产业"爱菊模式" ……… 129

第四章　佳北农业在俄罗斯开展农产品产业投资及国际贸易 ……… 134

第五章　金骆驼集团在哈萨克斯坦发展骆驼奶生产加工产业 ……… 138

第六章　中泰（丹加拉）新丝路纺织产业有限公司在塔吉克斯坦投资建设
农业纺织产业园 ………………………………………………………… 141

第五篇　口岸发展篇 …………………………………………………… 145

第一章　霍尔果斯口岸 ……………………………………… 147

第二章　阿拉山口口岸 ……………………………………… 152

第三章　巴克图口岸 ………………………………………… 157

第四章　满洲里口岸 ………………………………………… 161

第五章　绥芬河口岸 ………………………………………… 166

第六篇　多边合作篇 …………………………………………………… 171

第一章　上合组织农业技术交流培训示范基地 …………… 173

第二章　亚洲开发银行参与上合组织农业合作 …………… 180

第三章　联合国粮食及农业组织参与上合组织农业合作 …… 186

第四章　国际农业发展基金参与上合组织农业合作 ……… 190

第五章　世界粮食计划署参与上合组织农业合作 ………… 193

附录　上海合作组织涉农合作部分文件摘编 …………………………… 196

参考文献 …………………………………………………………………… 239

第一篇 >>>

综　述　篇

　　本篇梳理上合组织国家农业概况、农业发展的相似性与互补性，立足中国视角回顾在上合组织框架下与相关国家农业合作的主要机制、模式、做法和成效，并对未来同各方开展农业合作的重点领域进行展望。

2001年6月15日，上海合作组织（简称上合组织）正式成立，包括中国、俄罗斯、哈萨克斯坦、吉尔吉斯斯坦、塔吉克斯坦和乌兹别克斯坦在内的6个国家为其创始成员国。2017年6月9日，印度和巴基斯坦正式加入上合组织，成员国总数增至8个。2023年7月4日，伊朗成为上合组织正式成员；2024年7月4日，白俄罗斯成为成员国。至此，成员国总数增至10个。作为一个永久性政府间国际组织，成立20多年来，上合组织一直秉承"互信、互利、平等、协商，尊重多样文明、谋求共同发展"的"上海精神"，致力于保障区域稳定与安全、加强成员国间的政治、经济、文化等方面的联系与合作。

目前，上合组织已发展成为世界上面积最广、人口最多、潜力最大的地区性国际组织，形成了政治、经济、安全、人文、对外交往、机制建设等六大领域的合作局面。2021年，上合组织经济总量已超过20万亿美元，相比成立之初增加了13倍，对外贸易总额达到6.6万亿美元，相比成立之初增加了100倍。上合组织地域面积超过欧亚总面积的60%，人口占世界人口总量的40%。据国际货币基金组织专家预测，2025年上合组织经济总量占全球GDP比例将升至38%～40%。

农业作为上合组织各成员国重要的经济支柱，其发展直接关系到各成员国粮食与食品安全、全民生命健康、农民生活水平以及社会经济发展。由于各成员国在资源禀赋、基础设施建设、生产力发展水平、政策环境等存在差异，故在农产品种类、农业技术、农业投资、农业人才等方面都拥有各自的优势与劣势。目前，大多数上合组织成员国农业发展都面临诸多挑战，例如粮食安全、气候变化、土地退化与荒漠化、水资源短缺、农业机械化水平低、农产品贸易便利化程度低、农业科技研发投入不足等。2003年以来，上合组织积极开展区域农业合作，不断提高区域农业发展水平，成员国对外农产品贸易规模有了较大提升。但不能忽略的是，当前国际国内形势日趋复杂多变，机遇和挑战并存。在此背景下，为更好利用各成员国之间的资源条件与经济发展的互补性，农业作为上合组织成员国间经济合作的重要内容和优先领域，需不断深化合作，为协同推进上合组织国家农业共同发展，提高农业生产能力、农产品国际竞争力以及粮食安全保障水平，进而为维护国家和地区安全稳定发挥更大作用。

第一章
上合组织国家农业发展概况

一、农业自然资源

（一）气候资源

上合组织国家气候资源呈现多样性。中亚地区气候为典型的温带大陆性气候，并且呈现三个主要特点，即雨水稀少，极其干燥；太阳辐射强，温度高；温度变化幅度大，昼夜温差大。其中，哈萨克斯坦和乌兹别克斯坦年均降水量在300毫米以下，处于较低水平。俄罗斯幅员辽阔，气候复杂多样，温带大陆性气候为其主要气候类型，降水集中在夏季且偏少，且由东向西降水逐渐减少，大部分地区冬季漫长寒冷，春秋两季很短，夏季短暂、温暖。印度境内气候炎热，大部分地区属于热带季风气候，仅西部塔尔沙漠为热带沙漠气候。巴基斯坦大部分地区属亚热带气候，年均降水量为494毫米。中国气候复杂多样，季风气候显著，夏季高温多雨、冬季寒冷少雨、高温期与多雨期一致（表1-1和表1-2）。

表1-1　上合组织国家气候特点

国别[①]	气候特点
哈萨克斯坦	大陆性气候，夏季炎热干燥，冬季寒冷少雪
吉尔吉斯斯坦	干旱大陆性气候，部分地区处于温带，南部呈现亚热带气候特点，气候较为脆弱
塔吉克斯坦	典型的大陆性气候，光热条件较好
乌兹别克斯坦	以严重干旱的大陆性气候为主，其中陆地面积的20.4%为半干旱和草原气候，67.3%为干旱及沙漠气候，其余为高山及高原气候
俄罗斯	世界上地理位置最北和气候最寒冷的国家，大约75%的领土位于温带气候带和寒冷区，还有广阔的土地位于永久冻土区，太阳辐射十分有限
印度	全境炎热，大部分属于热带季风气候，降雨充沛，仅西部的塔尔沙漠为热带沙漠气候
巴基斯坦	除南部属热带气候外，其余属亚热带气候。南部湿热，受季风影响，雨季较长；北部地区干燥寒冷，有的地方终年积雪
中国	季风气候显著，夏季高温多雨、冬季寒冷少雨、高温期与多雨期一致

表1-2　上合组织国家年均降水量（2020年）

国别	年均降水量（毫米）
哈萨克斯坦	250
吉尔吉斯斯坦	533
塔吉克斯坦	691
乌兹别克斯坦	206
俄罗斯	460
印度	1 083
巴基斯坦	494
中国	645

数据来源：世界银行。

（二）土地资源

上合组织国家土地资源分布不均，人均耕地面积差异大。2021年，上合组织国

① 伊朗、白俄罗斯分别于2023年7月、2024年7月获得了上合组织正式成员资格，本书数据截止到2022年，故未涉及与伊朗和白俄罗斯的相关合作研究。

家耕地面积为45 128万公顷，占世界耕地总面积的32.68%。其中，俄罗斯与印度土地资源较为丰富，耕地面积分别为12 164.90万公顷与15 444.79万公顷。俄罗斯人均耕地面积为0.84公顷，是中国人均耕地面积的10倍。在中亚四国中，哈萨克斯坦土地资源丰富，耕地约为2 966.97万公顷，人均耕地面积约1.55公顷，是中国人均耕地面积的19倍。塔吉克斯坦是高山国，高原和山地面积达90%，耕地资源相对不足，但草原资源较有优势，牧场面积很大一部分未能有效使用。吉尔吉斯斯坦牧场资源和天然草场约占全国国土面积的50%。上合组织国家中，人均耕地面积低于世界平均水平的有塔吉克斯坦、乌兹别克斯坦、印度、巴基斯坦和中国，中国是人均耕地面积最少的国家（图1-1和图1-2）。

上合组织国家农业灌溉用地面积较少。1992年以来，随着各国人口持续增加，人均灌溉面积不断减少，促使各国不断加强水利基础设施建设，提高耕地灌溉面积，满足农村人口对生产与生活的需求。在上合组织国家中，大多数受灌溉设施和水资源瓶颈制约，灌溉用地面积较少，"靠天吃饭"情况普遍存在。印度因年降水量充沛，水资源丰富，其农业灌溉用地资源相对比较丰富，农业自然生产条件优越。近年来，中亚国家在世界银行等国际机构有限的援助和贷款支持下，水利规划及基础建设有了一定改善，但农田灌溉设施系统不完善的问题仍然没有较大改观（图1-3）。

上合组织国家草地面积差异显著。上合组织国家中，草原面积比较大的有中国、哈萨克斯坦、俄罗斯和乌兹别克斯坦。哈萨克斯坦的草原面积是其国土面积的四分之一，永久性草地以及牧场面积为1.84亿公顷，在中亚国家中居首位。1992—2013年，乌兹别克斯坦永久性草地以及牧场面积呈现逐年下降趋势；2014年以后，基本维持在2 100万公顷以上。吉尔吉斯斯坦的牧场资源和天然草场约占其国土面积的50%，永久性草地以及牧场面积为900.2万公顷。塔吉克斯坦永久性草地以及牧场面积为387.5万公顷，其中牧场面积很大一部分未有效使用。俄罗斯用于农业活动的土地面积约占全国土地面积的12.9%，其中约60%用于农作物生产，其余大部分为草地及牧场，其永久性草地以及牧场面积为9 205.2万公顷（图1-4）。

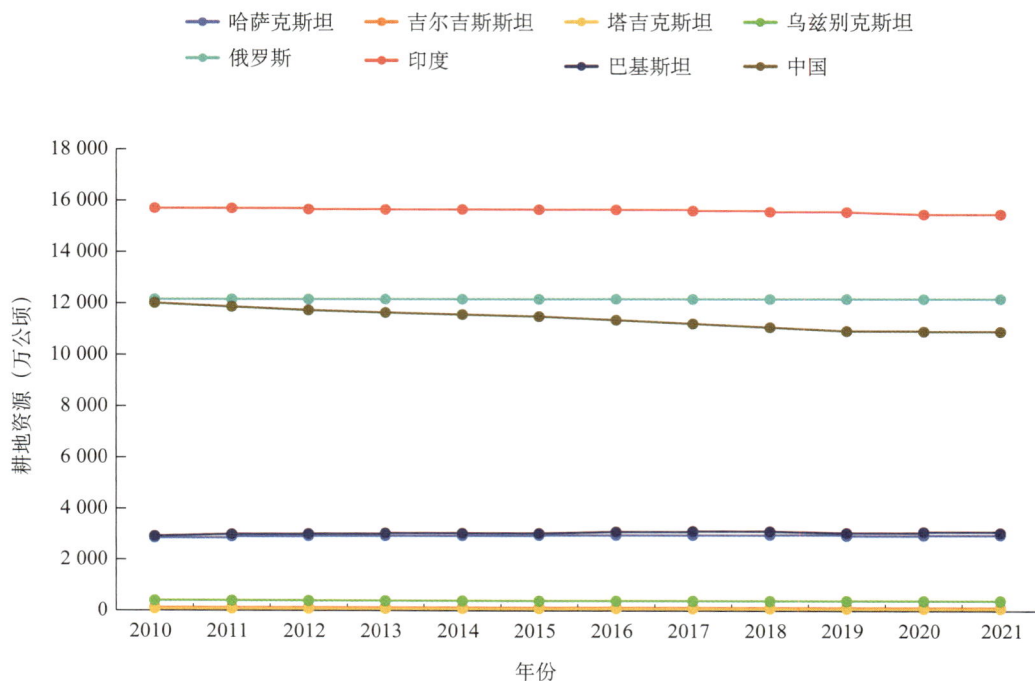

图1-1　上合组织国家耕地资源状况
数据来源：联合国粮食及农业组织统计数据库（FAOSTAT）。

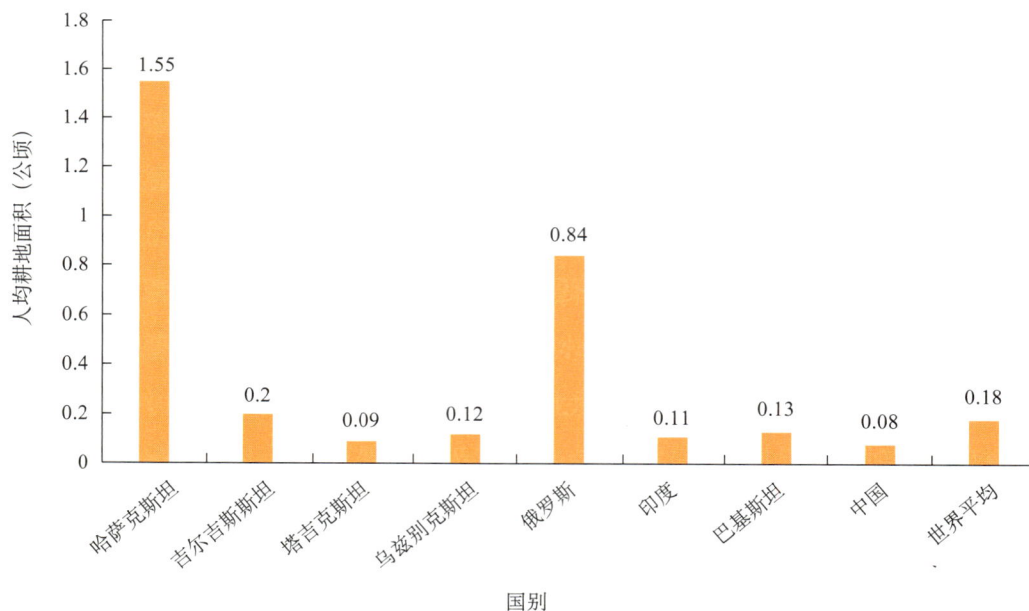

图1-2　上合组织国家人均耕地面积状况（2021年）
数据来源：FAOSTAT。

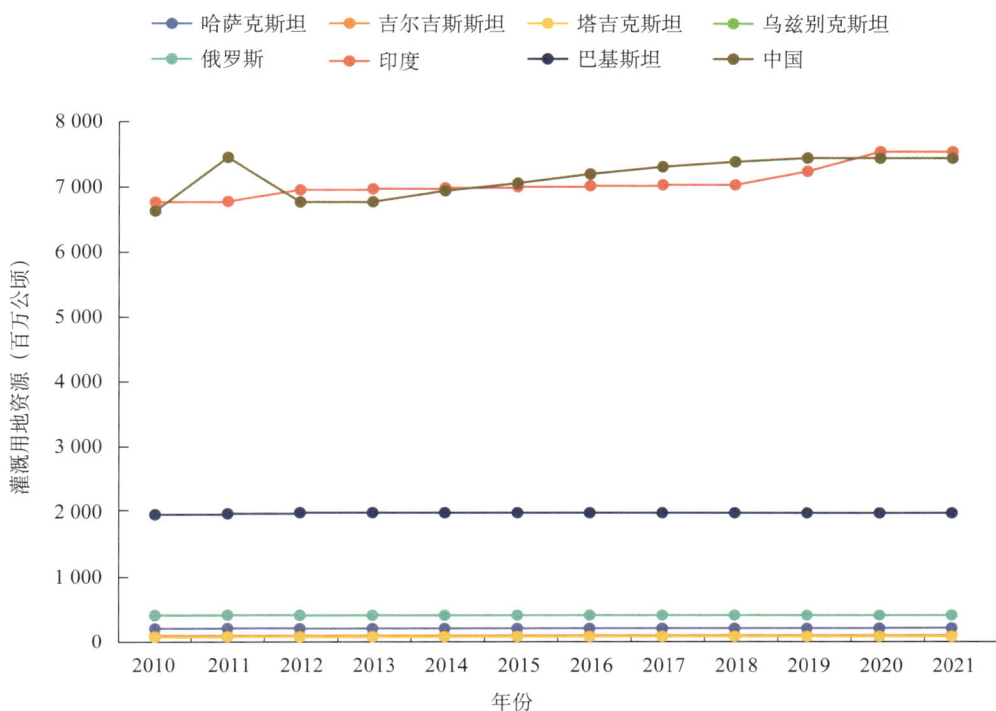

图1-3　上合组织国家农业灌溉用地资源状况
数据来源：FAOSTAT。

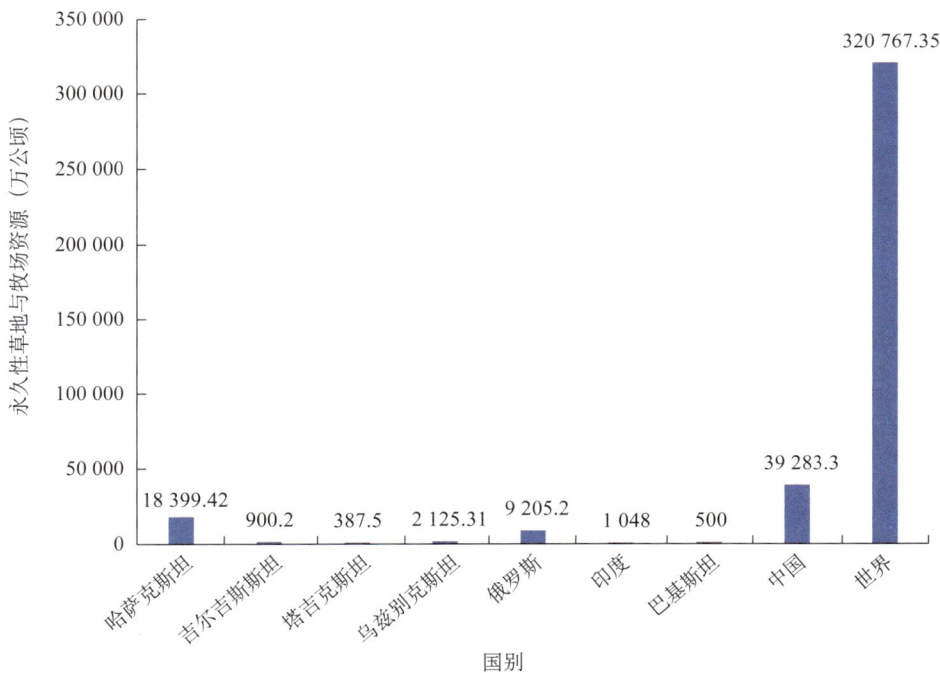

图1-4　上合组织国家永久性草地与牧场资源状况（2020年）
数据来源：FAOSTAT。

（三）水资源

上合组织国家可再生内陆淡水资源和人均可再生内陆淡水资源差异显著。上合组织国家中，可再生内陆淡水资源总量比较高的为俄罗斯、中国和印度，塔吉克斯坦在中亚四国中内陆淡水资源总量最高。就人均可再生内陆水资源看，俄罗斯、吉尔吉斯斯坦（被称为"中亚水塔"）和塔吉克斯坦都超过了世界平均水平（5 500立方米），分别为29 929立方米、7 436立方米和6 650立方米，乌兹别克斯坦与巴基斯坦的人均可再生内陆淡水资源最低，分别只有477立方米和242立方米。中国和印度尽管可再生内陆淡水资源总量比较高，但人均可再生淡水资源并不占优势（图1-5和表1-3）。

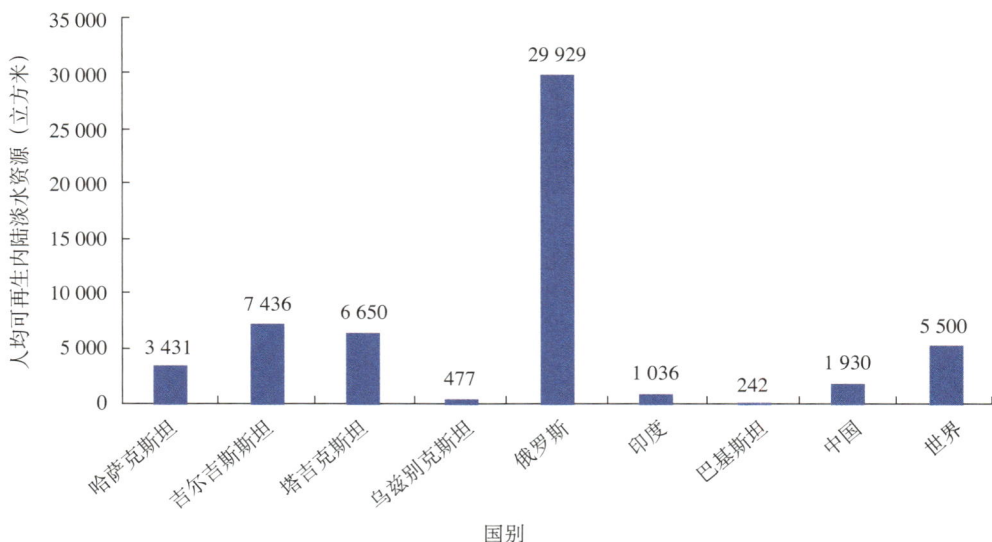

图1-5　上合组织国家人均可再生内陆淡水资源（2020年）
数据来源：世界银行。

表1-3　上合组织国家可再生内陆淡水资源状况（2020年）

国别	可再生内陆淡水资源（亿立方米）	人均可再生内陆淡水资源（立方米）
哈萨克斯坦	640	3 431
吉尔吉斯斯坦	490	7 436
塔吉克斯坦	630	6 650

（续）

国别	可再生内陆淡水资源 （亿立方米）	人均可再生内陆淡水资源 （立方米）
乌兹别克斯坦	160	477
俄罗斯	43 120	29 929
印度	14 460	1 036
巴基斯坦	550	242
中国	28 130	1 930
世界	428 090	5 500

数据来源：世界银行。

二、农业人口资源

上合组织国家人口总量差异显著，人口分布极不均匀。上合组织人口总量约为33.67亿，约占世界人口总量的42.58%。上合组织国家中，人口规模从大到小依次为中国、印度、巴基斯坦、俄罗斯、乌兹别克斯坦、哈萨克斯坦、塔吉克斯坦和吉尔吉斯斯坦。受自然、经济、政治、民族等诸多因素影响，上合组织国家人口密度低于世界平均水平（61人/平方公里）的国家包括：哈萨克斯坦（7人/平方公里）、俄罗斯（9人/平方公里）和吉尔吉斯斯坦（35人/平方公里），印度（473人/平方公里）、巴基斯坦（300人/平方公里）和中国（150人/平方公里）显著高于世界平均水平（图1-6和表1-4）。

上合组织大多数国家农村人口占比高于世界平均水平（43.2%）。根据2021年统计数据，上合组织国家中农村人口占比较高的国家包括塔吉克斯坦、吉尔吉斯斯坦、印度和巴基斯坦，分别为71.6%、61.5%、64.1%和57.3%。俄罗斯、中国和哈萨克斯坦的农村人口占比较低，分别为24.8%、37.6%和41.7%（图1-7）。目前，上合组织大多数成员国正处在城市化发展进程的中期，与全球城市化水平（2022年全球城市化率约57%，世界银行）相比，所处发展阶段还比较落后（表1-4）。

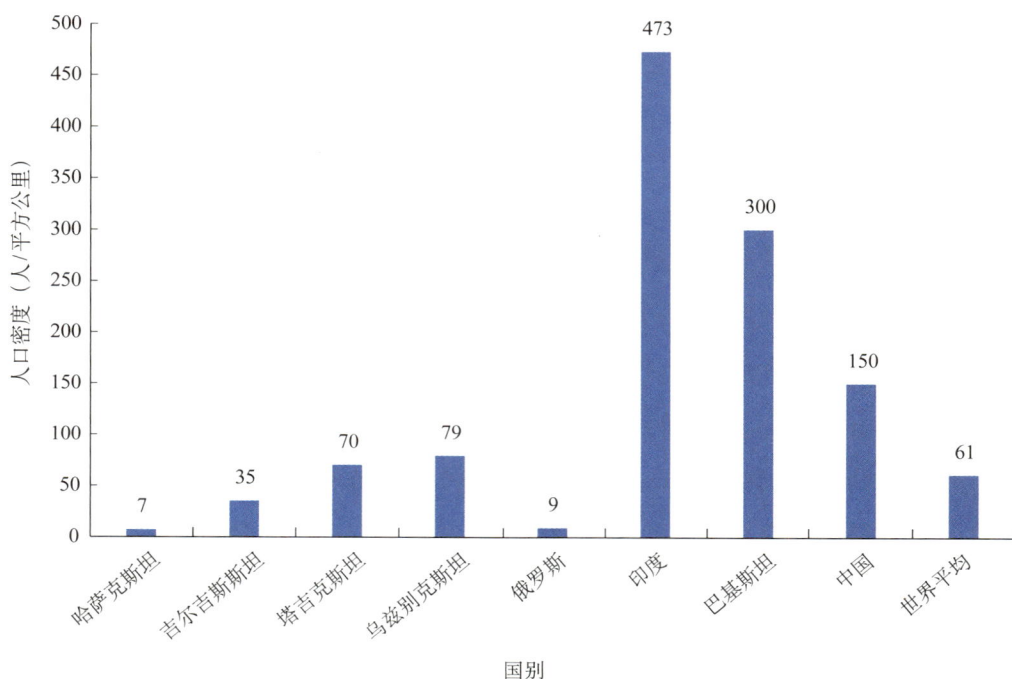

图1-6　上合组织国家人口密度状况（2021年）
数据来源：世界银行。

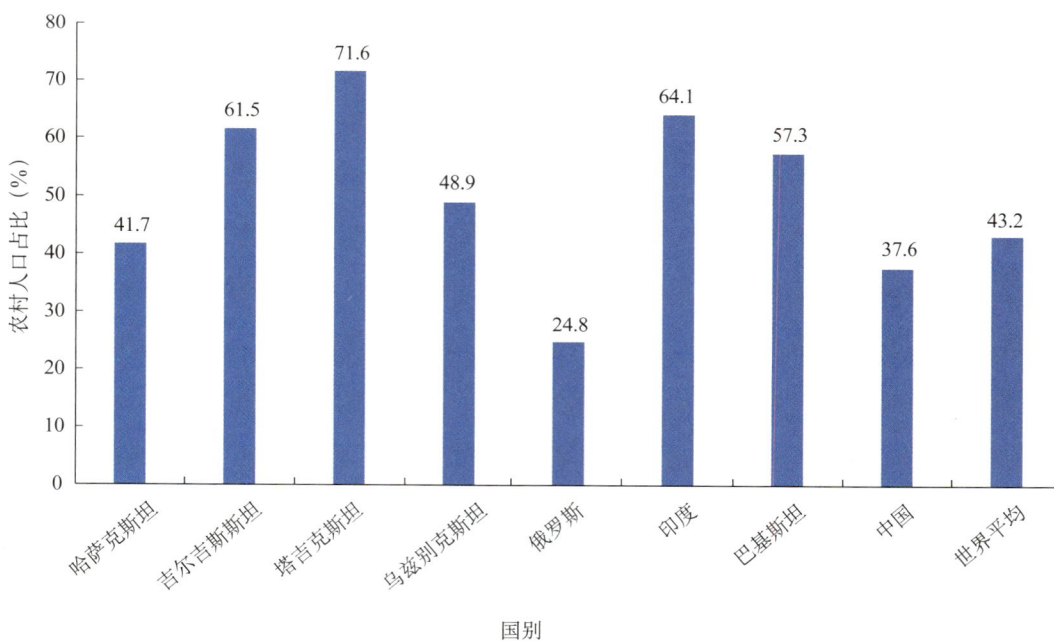

图1-7　上合组织国家农村人口比重状况（2021年）
数据来源：FAOSTAT。

表1-4　上合组织国家农村人口资源（2021年）

国别	总人口（万人）	农村人口（万人）	农村人口占比（%）
哈萨克斯坦	1 919.65	799.58	41.7
吉尔吉斯斯坦	652.77	401.13	61.5
塔吉克斯坦	975.01	697.93	71.6
乌兹别克斯坦	3 408.14	1 668.07	48.9
俄罗斯	14 510.28	3 600.43	24.8
印度	140 756.4	90 283.3	64.1
巴基斯坦	23 140.2	13 269.5	57.3
中国	142 589.35	53 550.32	37.6
世界	790 929.51	341 704.75	43.2

数据来源：FAOSTAT。

三、农业经济发展

（一）人均GDP

2022年，上合组织国家人均GDP（现价美元）差异显著。除中国（12 720.2美元）和俄罗斯（15 270.7美元）外，上合组织其他成员国人均GDP均低于世界平均水平（12 647.7美元），与世界平均水平差距较大的成员国包括塔吉克斯坦（1 054.2美元）、巴基斯坦（1 588.88美元）、吉尔吉斯斯坦（1 655.07美元）、乌兹别克斯坦（2 255.2美元）和印度（2 410.89美元）。在中亚地区，哈萨克斯坦（11 492美元）经济发展状况较好，人均GDP与世界平均水平差距不大。

（二）农业产值

上合组织国家农业产值占GDP比重差异显著。除俄罗斯外，上合组织其他国家农业产值占GDP（现价美元）比重都高于世界平均水平（4.4%，世界银行，2022年）。根据世界银行统计，上合组织2022年农业产值占GDP比重由高到低的国家排序分别为乌兹别克斯坦（23.47%）、塔吉克斯坦（22.40%）、巴基斯坦（22.25%）、印度（16.62%）、吉尔吉斯斯坦（12.12%）、中国（7.30%）、哈萨克斯坦（5.19%）和俄罗斯（3.90%）（图 1-8）。

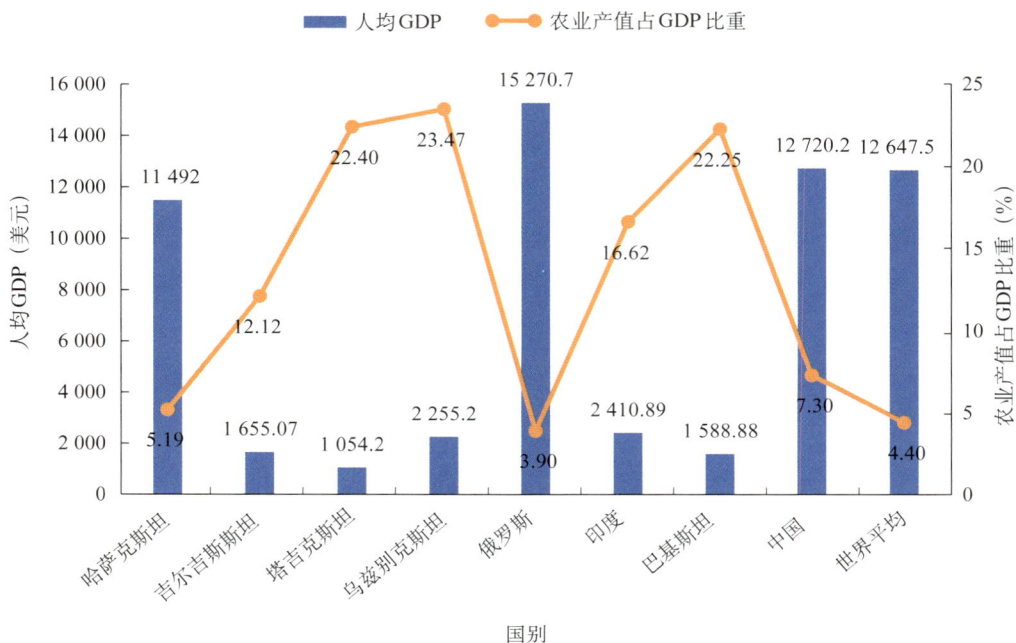

图 1-8　上合组织国家人均 GDP 与农业产值占 GDP 比重（2022 年）
数据来源：世界银行。

四、农业生产结构

上合组织国家农业发展基本处在传统阶段，农业部门主要以种植业和畜牧业为主。种植业主要以粮食作物（小麦、玉米和水稻）、油料作物和棉花这三类土地密集型产品为主。上合组织国家的畜牧业以养牛业、养羊业为主。

（一）种植业

上合组织国家种植的主要粮食作物包括小麦、玉米、水稻等，主要经济作物包括棉花、甜菜、油料作物等。2022 年，上合组织国家小麦总产量为 40 001.18 万吨，占世界产量的 49.48%；水稻总产量为 41 758.88 万吨，占世界产量的 53.78%；玉米总产量为 33 968.50 万吨，占世界产量的 29.20%；大豆总产量为 3 955.83 万吨，占世界产量的 11.34%；棉花（以籽棉计）总产量为 3 997.246 万吨，占世界产量的 57.38%。

上合组织国家中，中国、印度和俄罗斯是小麦主要生产国，2022年产量分别为13 772.00万吨、10 774.21万吨和10 423.39万吨。中国和印度是水稻主要生产国，2022年产量分别为20 849.48万吨和19 624.57万吨。中国、印度和俄罗斯是玉米主要生产国，2022年产量分别为27 720.30万吨、3 372.95万吨和1 586.24万吨。中国、印度、乌兹别克斯坦和巴基斯坦棉花产量较高，2022年分别生产了1 812.18万吨、1 499.00万吨、350.07万吨和240.96万吨。此外，中国、印度和俄罗斯在上合组织国家中大豆产量较高，2022年产量分别为2 028.00万吨、1 298.67万吨和600.32万吨（表1-5）。

表1-5 2022年上合组织国家主要农作物产量

单位：万吨

国别	小麦	水稻	玉米	大豆	棉花
哈萨克斯坦	1 640.45	43.14	109.80	25.04	36.18
吉尔吉斯斯坦	59.25	4.42	73.26	0.31	7.65
塔吉克斯坦	84.00	11.04	22.00	0.00	51.20
乌兹别克斯坦	627.01	35.91	65.64	3.49	350.07
俄罗斯	10 423.39	92.01	1 586.24	600.32	—
印度	10 774.21	19 624.57	3 372.95	1 298.67	1 499.00
巴基斯坦	2 620.87	1 098.31	1 018.31	0.00	240.96
中国	13 772.00	20 849.48	27 720.30	2 028.00	1 812.18
世界（总）	80 844.16	77 646.15	116 349.74	34 885.64	6 966.81

数据来源：FAOSTAT。

小麦。上合组织国家小麦单产差异显著。2010—2022年，上合组织大多数国家小麦单产呈波动性增长趋势，除中国和乌兹别克斯坦外，其他国家小麦单产均低于世界平均水平（3 688.9千克/公顷）（图1-9）。2022年，中国小麦单产最高，达到5 855.4千克/公顷，其次是乌兹别克斯坦，小麦单产达到4 987.8千克/公顷，哈萨克斯坦在上合组织国家中小麦单产最低，仅有1 272.7千克/公顷。上合组织国家小麦单产水平偏低主要是管理粗放、生产资料缺乏、农业科技水平落后、农田灌溉系统缺乏等原因导致。

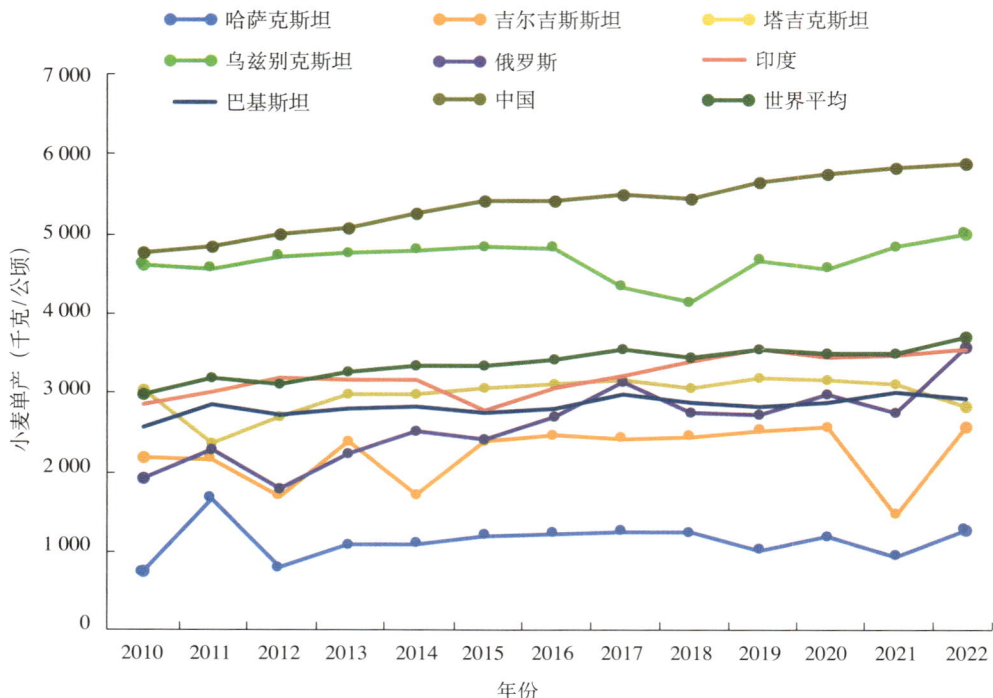

图1-9 上合组织国家小麦单产比较
数据来源：FAOSTAT。

棉花。上合组织国家棉花单产差异显著。2010—2022年，上合组织主要国家棉花（以籽棉计）单产呈波动性增长趋势（图1-10）。除中国外，其他国家棉花单产均处于较低水平，其中印度和塔吉克斯坦棉花单产低于世界平均水平（2 216.8千克/公顷），巴基斯坦棉花单产在大多数年份也都低于世界平均水平。吉尔吉斯斯坦（3 538.7千克/公顷）、乌兹别克斯坦（3 409.1千克/公顷）和哈萨克斯坦（2 865.7千克/公顷）棉花单产基本高于世界平均水平。2010—2022年，印度棉花单产（1 211.7千克/公顷）和巴基斯坦（1 124.1千克/公顷）水平一直处于较低水平，其中2022年印度棉花单产仅为中国的20%左右，巴基斯坦的棉花单产仅为中国的18.61%。

玉米。上合组织国家玉米单产差异显著。2010—2022年，上合组织大多数国家玉米单产总体呈小幅增长趋势（图1-11）。除印度和俄罗斯，上合组织大多国家玉米单产都高于世界平均水平（5 718.3千克/公顷）。2022年，中国玉米单产（6 436.1千克/公顷）比世界平均水平高12.55%，比俄罗斯（5 998.9千克/公顷）、巴基斯坦（5 921.8千克/公顷）和哈萨克斯坦（5 801.4千克/公顷）分别高7.29%、8.68%和10.94%。

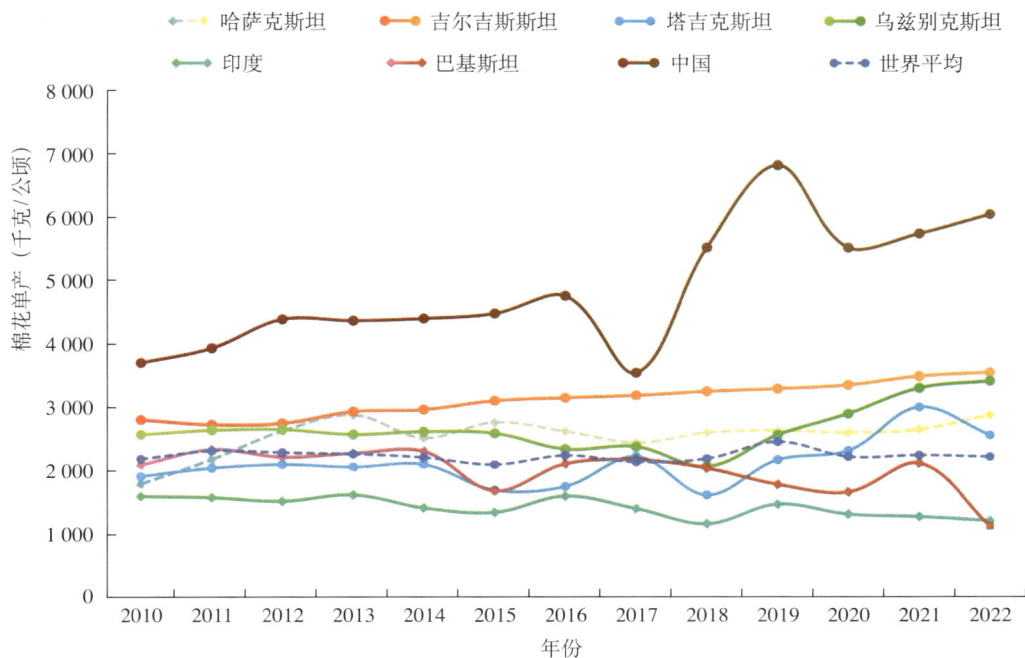

图1-10　上合组织国家棉花单产比较
数据来源：FAOSTAT。

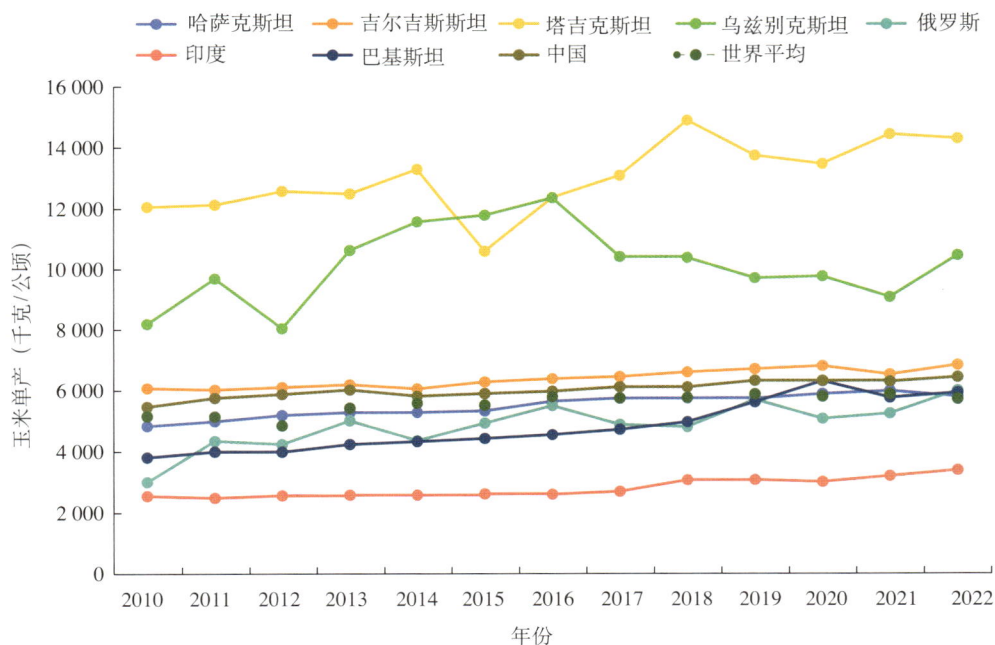

图1-11　上合组织国家玉米单产比较
数据来源：FAOSTAT。

大豆。上合组织国家大豆单产差异显著。2010—2022年，上合组织大多数国家大豆单产总体呈小幅增长趋势（图1-12），且基本低于世界平均水平（2 607.5千克/公顷）。其中，塔吉克斯坦、印度和巴基斯坦大豆单产处于一个比较低的水平，哈萨克斯坦大豆单产（1 956.3千克/公顷）略高于中国（1 980.5千克/公顷）。近年来，乌兹别克斯坦大豆单产（2 851千克/公顷）也显著高于中国。俄罗斯大豆单产呈逐年增长趋势。哈萨克斯坦和俄罗斯土地资源丰富，大豆种植面积和增产潜力还有待进一步挖掘。

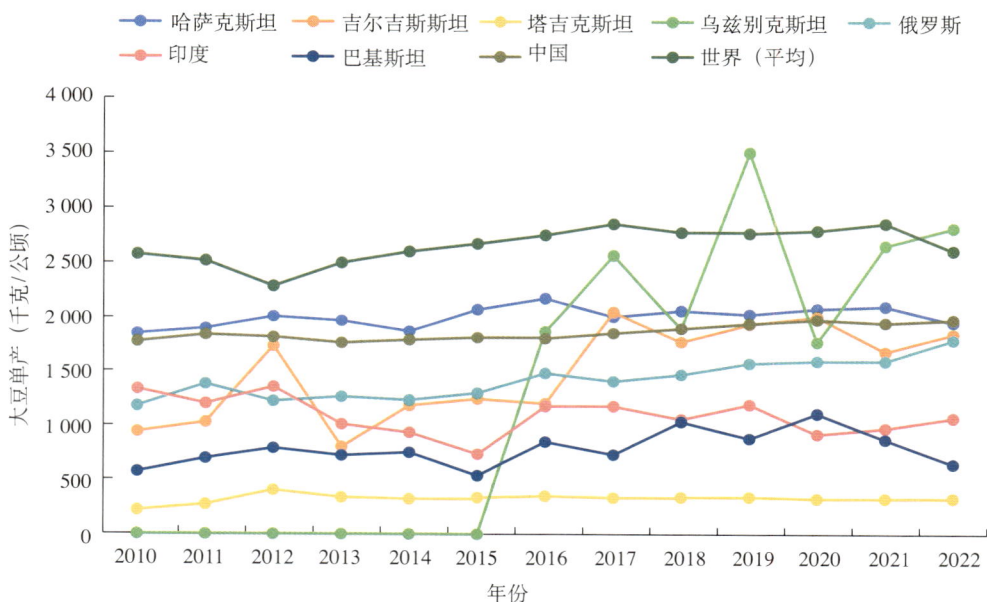

图1-12　上合组织国家大豆单产比较
数据来源：FAOSTAT。

（二）畜牧业

上合组织国家作为畜产品主产区，拥有辽阔的草场、多个优质大草原以及良好的牧草资源，比较适合畜牧业发展，且对畜牧业发展有共同的诉求。上合组织国家的畜牧业以养牛业、养羊业、养鸡业为主。根据联合国粮农组织2022年统计数据，印度、中国和巴基斯坦牛存栏量较高，分别为19 360.69万头、6 123.03万头和5 343.60万头；巴基斯坦与中国的鸡存栏量较高，分别为172 500.00万只和518 547.70万只；山羊存栏量较高的国家是印度、中国与巴基斯坦，分别为

14 999.41万只、13 224.25万只和8 250.30万只；绵羊存栏量较高的国家是中国和印度，分别为19 403.01万只和7 534.58万只；养猪业主要集中在中国，生猪存栏量占上合组织生猪总存栏量的92.73%，占世界生猪总存栏量的46.23%。整体来看，2022年上合组织国家牛、绵羊、山羊、猪和鸡的存栏量分别为35 261.03万头、36 960.57万只、37 527.47万只、48 805.82万头和840 652.60万只，分别占世界总量的22.73%、29.97%、32.76%、49.85%和31.65%（表1-6）。

表1-6 上合组织国家主要畜禽存栏量（2022年）

国别	牛（万头）	绵羊（万只）	山羊（万只）	猪（万头）	鸡（万只）
哈萨克斯坦	853.81	1 948.33	230.27	70.50	4 834.90
吉尔吉斯斯坦	178.35	551.56	68.54	2.56	498.40
塔吉克斯坦	251.24	417.57	207.14	0.01	1 527.90
乌兹别克斯坦	1 385.35	1 993.80	366.45	4.52	8 687.70
俄罗斯	1 764.96	1 914.82	181.11	2 619.29	48 823.60
印度	19 360.69	7 534.58	14 999.41	852.94	85 232.40
巴基斯坦	5 343.60	3 196.90	8 250.30	0.00	172 500.00
中国	6 123.03	19 403.01	13 224.25	45 256.00	518 547.70
世界总量	155 151.56	132 153.58	114 538.55	97 897.19	2 656 163.40

数据来源：FAOSTAT。

上合组织国家主要畜产品包括牛羊肉、鸡蛋、牛奶、猪肉等。2022年，上合组织国家牛肉、绵羊肉、山羊肉、猪肉、鸡肉、牛奶和鸡蛋总产量分别为1 621.59万吨、387.33万吨、361.66万吨、6 035.08万吨、2 696.03万吨、22 042.40万吨和4 016.73万吨，分别占世界总产量的23.38%、37.71%、56.80%、49.23%、21.81%、29.26%和46.17%。

上合组织国家中，中国、印度和俄罗斯是牛肉的主要生产国，2022年产量分别为718.00万吨、419.50万吨和162.07万吨。中国和俄罗斯是猪肉主要生产国，2022年产量分别为5 541.00万吨和453.21万吨，中国猪肉产量占上合组织国家猪肉总产量的91.81%，占世界猪肉总产量的45.20%。鸡肉的主要生产国包括中国、俄罗斯和印度，产量分别为1 430.00万吨、530.82万吨和490.68万吨。牛奶的主要生产国包括印度、中国和俄罗斯，产量分别为10 837.13万吨、3 561.35万吨和3 273.85万吨。在中亚四国，肉类生产主要以牛肉、绵羊肉和鸡肉为主，山羊肉和猪肉产量较低（表1-7）。

表1-7　上合组织国家主要畜禽产量（2022年）

单位：万吨

国别	牛肉	绵羊肉	山羊肉	猪肉	鸡肉	牛奶	鸡蛋
哈萨克斯坦	53.33	15.57	1.97	7.83	28.30	632.00	25.14
吉尔吉斯斯坦	11.97	7.60	0.85	0.82	1.36	173.41	3.34
塔吉克斯坦	27.00	8.33	0.00	0.00	2.29	102.14	4.20
乌兹别克斯坦	102.82	15.75	0	0.41	14.88	1 159.91	45.30
俄罗斯	162.07	19.19	1.81	453.21	530.82	3 273.85	256.01
印度	419.50	28.04	55.06	31.81	490.68	10 837.13	657.12
巴基斯坦	126.90	25.00	53.20	0.00	197.70	2 302.61	105.81
中国	718.00	267.85	248.77	5 541.00	1 430.00	3 561.35	2 919.81
世界	6 934.61	1 027.23	636.75	12 258.54	12 363.13	75 332.06	8 699.96

数据来源：FAOSTAT。

牛胴体重。上合组织国家牛胴体重差异显著。2010—2022年，上合组织大多数国家的牛胴体重呈波动性增长趋势，但低于世界平均水平（224.7千克/头）（图1-13）。其中，中国牛胴体重仅高于印度和巴基斯坦，显著低于中亚各国和俄罗斯。2022年，塔吉克斯坦牛胴体重最高（297.3千克/头），其次是俄罗斯（214.7千克/头）。在上合组织机制框架下，中国与各成员国在优质畜禽种质资源利用方面将有较大合作潜力。

奶牛单产。上合组织国家奶牛单产水平差异显著。2010—2022年，上合组织大多数国家奶牛单产呈增长趋势，其中俄罗斯和中国呈现较高的奶牛单产水平，上合组织其他国家的奶牛单产基本低于世界平均水平（2 716千克/头）（图1-14）。2022年，俄罗斯（5 222.6千克/头）奶牛单产水平高于中国单产（2 924.8千克/头）水平，其他国家均低于中国单产水平。上合组织国家中，塔吉克斯坦奶牛单产最低，仅为中国单产的三分之一。

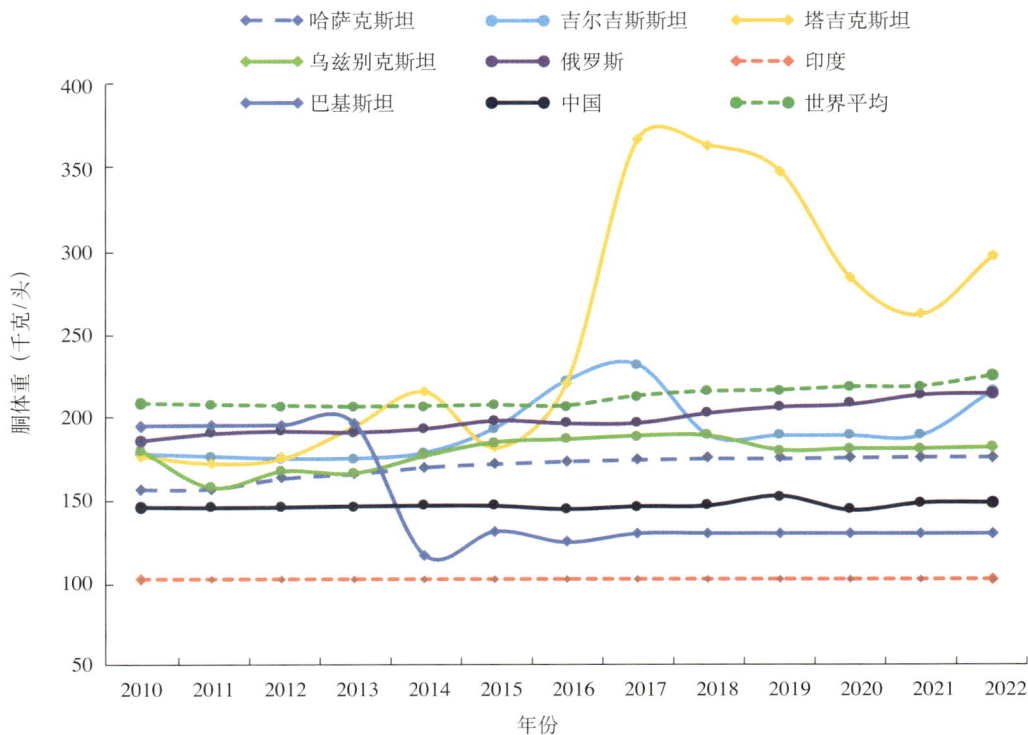

图 1-13　上合组织国家牛胴体重比较
数据来源：FAOSTAT。

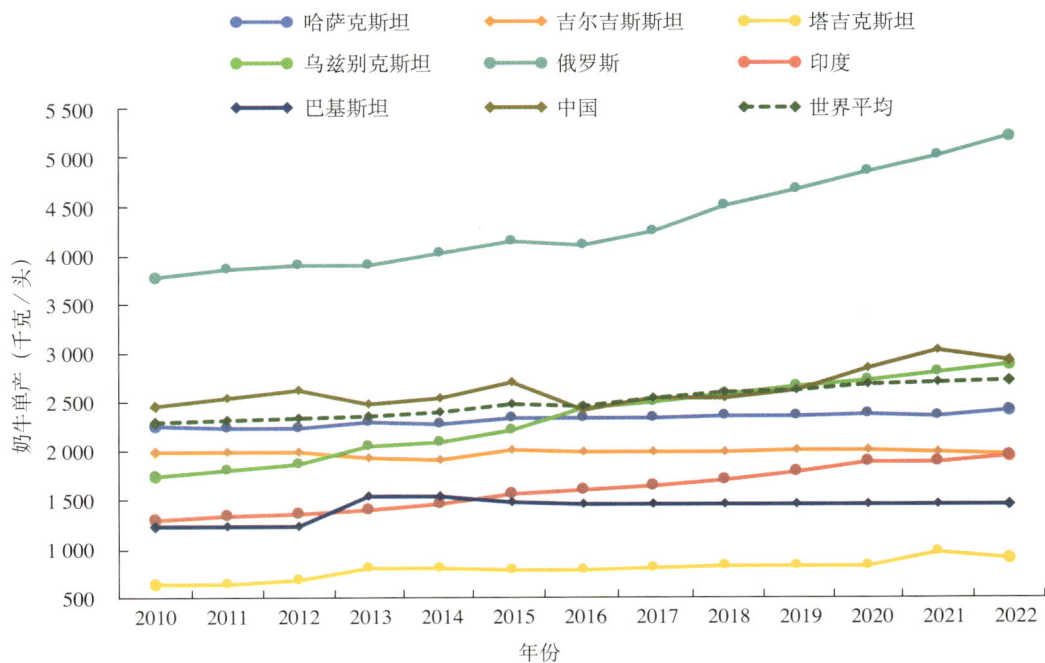

图 1-14　上合组织国家奶牛单产比较
数据来源：FAOSTAT。

五、农产品贸易

（一）农产品进出口贸易

上合组织区域总体上属于农产品净进口区域。2022年，上合组织国家农产品出口总额（1 475.50亿美元）仅占世界农产品总出口额（19 035.60亿美元）的7.75%，进口总额（3 043.95亿美元）却占到世界农产品进口总额（20 077.74亿美元）的15.16%，除印度外，其他上合组织国家均属于农产品净进口国。

根据联合国粮农组织2022年统计数据，上合组织国家中，农产品进口额最大的国家分别为中国（2 167.20亿美元）、印度（374.35亿美元）和俄罗斯（267.37亿美元），农产品出口额最大的国家也是中国（670.67亿美元）、印度（452.88亿美元）和俄罗斯（220.68亿美元）。中亚国家农产品进口总额排在前两位的是哈萨克斯坦（57.05亿美元）和乌兹别克斯坦（41.00亿美元），两国也是中亚区域农产品出口总额最多的国家（55.37亿美元和18.41亿美元），吉尔吉斯斯坦和塔吉克斯坦在上合组织中亚国家中农产品贸易总量偏低（表1-8）。

表1-8 上合组织国家农产品进出口额（2022年）

单位：百万美元

国别	出口总额	进口总额
哈萨克斯坦	5 536.59	5 704.91
吉尔吉斯斯坦	434.18	1 098.98
塔吉克斯坦	270.22	1 139.45
乌兹别克斯坦	1 840.76	4 100.24
俄罗斯	22 067.67	26 737.04
印度	45 288.27	37 435.37
巴基斯坦	5 045.80	11 458.50
中国	67 066.58	216 720.72
世界（总）	1 903 560.43	2 007 774.46

数据来源：FAOSTAT。

注：表中数据为现价美元。

（二）皮棉进出口贸易

上合组织区域总体上属于皮棉净进口区域。2022年上合组织国家皮棉出口总额占世界皮棉出口总额的7.54%，进口总额占世界皮棉总进口总额的36.71%。但是，中亚四国都属于棉花净出口国家。在上合组织国家中，印度为皮棉第一出口大国，其次是塔吉克斯坦。中国、巴基斯坦、印度和俄罗斯为皮棉净进口国。2022年，中国皮棉进口总额占上合组织国家进口总额的60.22%，占世界皮棉进口总额的22.12%（表1-9）。

表1-9　上合组织国家皮棉进出口额（2022年）

单位：百万美元

国别	出口总额	进口总额
哈萨克斯坦	84.36	0.16
吉尔吉斯斯坦	37.39	0.00
塔吉克斯坦	194.66	0.00
乌兹别克斯坦	3.54	24.34
俄罗斯	0.24	44.16
印度	1 203.84	1 451.04
巴基斯坦	16.28	1 937.50
中国	105.21	5 232.55
世界（总）	21 809.46	23 653.02

数据来源：FAOSTAT。

注：表中数据为现价美元。

（三）谷物进出口贸易

上合组织区域总体上属于谷物净出口区域。2022年，上合组织国家谷物出口总额占世界谷物出口总额的15.54%，进口总额占世界谷物进口总额的11.47%。上合组织国家中，中国、乌兹别克斯坦、塔吉克斯坦、吉尔吉斯斯坦属于谷物净进口国，俄罗斯、巴基斯坦、印度和哈萨克斯坦则属于谷物净出口国。2022年，中国谷物进口总额占上合组织国家进口总额的85.88%，占世界谷物进口总额的9.85%（表1-10）。

表 1-10　上合组织国家谷物进出口额（2022年）

单位：百万美元

国别	出口总额	进口总额
哈萨克斯坦	2 225.87	384.30
吉尔吉斯斯坦	6.73	69.73
塔吉克斯坦	0.17	366.93
乌兹别克斯坦	10.09	834.93
俄罗斯	7 307.65	347.72
印度	14 087.76	120.78
巴基斯坦	2 583.55	1 073.85
中国	1 070.33	19 450.01
世界（总）	175 629.55	197 391.70

数据来源：FAOSTAT。

注：表中数据为现价美元。

小麦进出口贸易。上合组织区域总体属于小麦净出口区域。2022年，上合组织国家小麦出口总额占世界小麦出口总额的15.31%，进口总额占世界小麦进口总额的8.45%。上合组织国家中，俄罗斯、印度和哈萨克斯坦属于小麦净出口国，吉尔吉斯斯坦、塔吉克斯坦、乌兹别克斯坦、中国与巴基斯坦均属小麦净进口国。中国是进口小麦最多的上合组织国家，2022年进口额达3 779.74万美元，占上合组织国家小麦进口总额的60.37%，占世界小麦进口总额的5.10%（表1-11）。

表 1-11　上合组织国家小麦进出口额（2022年）

单位：百万美元

国别	出口总额	进口总额
哈萨克斯坦	1 920.36	331.50
吉尔吉斯斯坦	0.00	57.57
塔吉克斯坦	0.12	329.10
乌兹别克斯坦	1.51	781.13
俄罗斯	6 101.37	37.99
印度	2 130.74	0.03
巴基斯坦	0.00	943.38

（续）

国别	出口总额	进口总额
中国	2.96	3 779.74
世界（总）	66 353.09	74 084.61

数据来源：FAOSTAT。

注：表中数据为现价美元。

水稻进出口贸易。上合组织区域总体上属于水稻净出口区域。2022年，上合组织国家水稻出口总额占世界水稻出口总额的21.69%，进口总额占世界进口总额的2.77%。上合组织国家中，巴基斯坦、乌兹别克斯坦、塔吉克斯坦、吉尔吉斯斯坦属于水稻净进口国，印度、中国、哈萨克斯坦和俄罗斯则属于水稻净出口国。2022年，中国水稻出口总额占上合组织国家水稻出口总额的34.33%，占世界水稻出口总额的7.45%（表1-12）。

表1-12 上合组织国家水稻进出口额（2022年）

单位：万美元

国别	出口总额	进口总额
哈萨克斯坦	22.10	17.20
吉尔吉斯斯坦	2.90	10.80
塔吉克斯坦	0.00	3.70
乌兹别克斯坦	0.30	15.50
俄罗斯	1 640.00	44.50
印度	15 051.30	0.70
巴基斯坦	128.90	3 970.50
中国	8 806.20	374.10
世界（总）	118 268.00	159 959.70

数据来源：FAOSTAT。

注：表中数据为现价美元。

玉米进出口贸易。上合组织区域总体上属于玉米净进口区域。2022年，上合组织国家玉米出口总额为2 041.52万美元，仅占世界玉米出口总额的3.22%，进口总额为7 441.83万美元，占世界玉米进口总额的10.50%。上合组织国家中，哈萨克斯坦、吉尔吉斯斯坦、俄罗斯、印度和巴基斯坦属于玉米净出口国，中国、塔吉克斯坦和乌兹别克斯坦为玉米净进口国。2022年，中国玉米进口总额占上合组织国家玉米进口总额的95.46%，占世界玉米进口总额的10.03%（表1-13）。

表1-13 上合组织国家玉米进出口额（2022年）

单位：万美元

国别	出口总额	进口总额
哈萨克斯坦	23.79	17.83
吉尔吉斯斯坦	6.15	4.70
塔吉克斯坦	0.00	12.17
乌兹别克斯坦	0.00	29.49
俄罗斯	628.88	174.71
印度	1 118.31	11.57
巴基斯坦	260.57	87.63
中国	3.82	7 103.73
世界（总）	63 326.49	70 845.90

数据来源：FAOSTAT。

注：表中数据为现价美元。

六、农业研发投入

农业研发投入是实现农业技术突破的关键，农业技术创新离不开研发投入的支持，上合组织国家研发支出占GDP比重差异显著。2020年，除中国外，另外七个国家的研发支出占GDP比重均低于世界平均水平（1.95%），且只有中国和俄罗斯两国的研发支出占GDP比重高于1.00%，分别为2.41%和1.09%；哈萨克斯坦、乌兹别克斯坦、吉尔吉斯斯坦、塔吉克斯坦、巴基斯坦和印度的研发支出占GDP比重均分别为0.13%、0.14%、0.09%、0.09%、0.16%和0.65%（图1-15）。上合组织国家研发支出占GDP比重过低直接影响了农业科技创新能力和农业科技发展水平的提升，放缓了各国农业发展从传统农业向现代农业转型的进程。

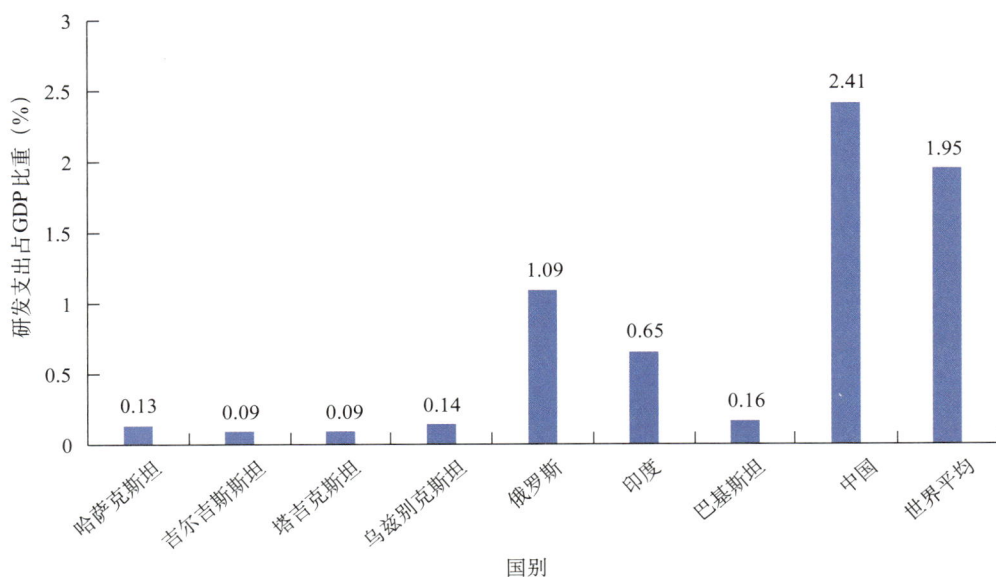

图1-15　上合组织国家研发支出占GDP比重（2020年）
数据来源：联合国教科文组织统计研究所。

七、农业投资环境

上合组织国家企业营商环境差异显著。企业作为对外投资合作的重要力量，营商环境指数排名高或者比较靠前，表明企业在这个国家从事经营活动的条件相对宽松；相反，如某国营商环境指数排名低或比较靠后，则表明企业在该国从事经营活动相对困难。根据世界银行2020年统计，上合组织国家中营商环境排名比较靠前的国家包括哈萨克斯坦、俄罗斯、中国、印度和乌兹别克斯坦。塔吉克斯坦和巴基斯坦营商环境欠佳，阻碍了各类投资活动进入本国市场。其中，基础设施落后，以及财产权利、税收政策等领域法律体系不健全等是国内外企业在这些国家经营面临的主要困难（表1-14）。

表1-14　上合组织国家营商环境比较（2020年）

国别	排名
哈萨克斯坦	25
吉尔吉斯斯坦	80
塔吉克斯坦	106

（续）

国别	排名
乌兹别克斯坦	69
俄罗斯	28
印度	63
巴基斯坦	108
中国	31

数据来源：世界银行。

上合组织国家在吸引外国直接投资方面差异显著。其中中国和印度在吸引外国直接投资方面具有一定的优势（表1-15）。在中亚四国中，哈萨克斯坦与乌兹别克斯坦因营商环境和经济基础较好，在吸引外国直接投资方面比吉尔吉斯斯坦和塔吉克斯坦更具优势。俄罗斯因俄乌冲突和西方国家的经济制裁，外商投资环境欠佳，吸引外国直接投资能力减弱，外国直接投资净流入呈现负值。

表1-15　上合组织国家外国直接投资净流入（2022年）

单位：万美元

国别	外国直接投资净流入
哈萨克斯坦	49.07
吉尔吉斯斯坦	2.91
塔吉克斯坦	1.74
乌兹别克斯坦	24.98
俄罗斯	−400.44
印度	499.4
巴基斯坦	13.39
中国	1 801.67
世界（总）	17 402.21

数据来源：世界银行。

第二章
中国与上合组织国家农业发展
相似性与互补性

一、农业发展相似性

　　中国与其他上合组织国家均属于发展中国家，除中国和俄罗斯外，上合组织其他成员国人均GDP均低于世界平均水平。大多数成员国农业产值占GDP比重较高，农业在国民经济发展中占据非常重要地位。在上合组织框架内，准确分析和把握中国与其他上合组织国家农业发展的相似性，有利于把握各自在农业发展中面临的共同问题和挑战，有利于协同合作。

　　在农业领域，中国与其他上合组织国家的相似性主要包括：农业以种植业和畜牧业为主、水资源匮乏、耕地质量下降、农业生态环境退化、农业科技创新水平低、农业机械化程度不高、化肥使用过度或不足、农业研发投入不足与人才队伍建设滞后、农民受教育程度偏低、农业高科技采用范围小且程度低、粮食产后损失和浪费严重、农业受极端气候影响大等。

　　值得注意的是，中国与其他上合组织国家同样长期存在粮食安全风险，原因包括：一是成员国大多为缺水型国家，因干旱缺水导致粮食损失严重；二是成员国大多处在气候风险较高的区域，自然灾害发生频繁，导致粮食减产；三是上合组织人口总量占全球总人口的40%以上，人口增加对食品需求增多；四是成员国土地退化严重，粮食单产下降，如乌兹别克斯坦土壤盐碱化严重，中国土壤盐渍化、酸碱化严重，塔吉克斯坦土壤肥力差、优质耕地资源缺乏等。目前，中国与其他上合组织国家为了实现从传统农业向现代农业过渡，都迫切需要提高本国农业生产力水平和农业竞争力，推动农业转型升级和提质增效，提高粮食安全保障水平。

二、农业发展互补性

（一）农业资源互补

中国与其他上合组织国家开展农业合作是由双方农业生产结构与生产要素禀赋之间的差异性决定的，遵循经济合作规律，体现双方农业发展内在需求。双方农业资源优势互补，相互之间很强的资源、技术、投资以及贸易需求是内在驱动因素，合作双方通过相互合作来弥补自身生产要素的不足。相互获得利益是互补型合作模式的主要特点，互补合作是中国与上合组织国家合作的经济基础。实践也表明，基于资源与技术互补的合作能够使合作双方获得农业双赢，使自身农业获得发展。

大多数上合组织国家耕地资源较为丰富，光热充足，给农业生产创造了有利条件，但因地理位置与气候特征存在差异，导致所生产与出口的农产品种类呈现一定差异性（表1-16）。

中国耕地资源不足，是制约粮食、棉花等大田作物发展的因素之一。在中亚地区，哈萨克斯坦和乌兹别克斯坦农地资源丰富，作为世界重要的农产品贸易国，出口的农产品主要以土地密集型为主（例如小麦与棉花），而对劳动密集型农产品（水果与蔬菜）有着巨大的市场需求，这与中国的农产品贸易形成了较强的互补性。此外，俄罗斯远东地区耕地资源丰富，拥有世界最大的黑土带，但由于远东地区地广人稀，农业劳动力和农业资金投入不足，农业机械化程度低，大量耕地荒废闲置。中国的内蒙古和东北地区，尽管耕地资源高于全国平均水平，但由于近年来土地耕作过度和土壤污染严重，黑土层厚度和面积不断减少，耕地总量与质量不断下降，因此，加强和促进中俄毗邻区的农业合作可以弥补中国耕地资源的不足。

表1-16　上合组织国家生产和出口的主要农产品种类

国别	主要粮食作物	主要经济作物	主要畜产品	出口农产品
俄罗斯	小麦、大麦、黑麦、燕麦、玉米、水稻	大豆、亚麻、向日葵和甜菜	牛肉、猪肉、羊肉、禽肉、牛奶、鸡蛋	小麦、玉米、大豆、葵花籽油
印度	水稻、小麦、玉米	棉花、茶叶	禽肉、牛羊肉	棉花、大米、小麦、玉米、牛肉
巴基斯坦	小麦、水稻、玉米	棉花、甘蔗	牛羊肉、禽肉、动物奶	玉米、棉花
哈萨克斯坦	小麦、玉米、水稻	棉花	牛羊肉、禽肉	小麦、棉花
吉尔吉斯斯坦	小麦	棉花、甜菜	牛羊肉、禽肉、牛奶、羊毛、鸡蛋	棉花、活体动物（马）
塔吉克斯坦	小麦	棉花	牛羊肉、禽肉	棉花
乌兹别克斯坦	小麦	棉花	牛羊肉、禽肉、牛奶	棉花
中国	水稻、小麦、玉米	棉花、油料、糖料、烟叶、麻类、茶叶、药材等	猪肉、禽肉、牛羊肉、牛奶、禽蛋	水产品、蔬菜、水果、茶叶为主

（二）农业产业互补

中国同上合组织国家在农作物、蔬菜、水果和畜牧生产方面优势互补，具有较强合作潜力。

小麦方面，上合组织国家小麦单产水平均低于中国。在小麦种植方面，可充分利用成员国的种质资源，加强新品种培育的合作研究。在小麦深加工方面，利用中国成熟的小麦深加工技术和产业化发展经验，在小麦深加工领域开展合作，延伸产业链。

棉花方面，中国与其他上合组织国家在棉花种质资源领域都有丰富的资源，棉花产业优势互补。在棉花育种方面，可利用上合组织国家尤其是乌兹别克斯坦的种质资源和选育技术，加强新品种培育。在棉花种植方面，可加强中国与上合组织国家在棉花病虫害生物和机械防治技术、棉花的机械播种与收割等方面的交流。在棉花加工方面，可利用中国在棉花轧花技术、加工工艺方面的优势，进行棉花加工领域合作。

蔬菜水果方面，中国蔬菜水果种植技术成熟，上合组织国家蔬菜水果进口量较大，在蔬菜水果种植合作方面具有潜力。中方企业可通过在上合组织国家境内共建园区等方式，根据不同蔬菜水果品种特点，进行大棚种植和温室栽培。

畜牧业方面，上合组织大多数国家尤其中亚国家草场面积较大，畜牧业生产条件较好，但畜禽良种比例低，畜产品加工缺口大。在畜禽养殖方面，中国可加强与中亚国家合作，加强牛、羊等畜禽良种繁育，帮助改善中亚畜群结构，提高畜牧业发展水平。

马产业方面，吉尔吉斯斯坦养马业比较发达，作为重要的种马基地，培育出了多个优良马品种，包括新吉尔吉斯马、顿河马、苏纯血役用马、奥尔洛夫马、俄罗斯纯种马等。中国可同其在马的品种改良方面加强合作。

畜产品深加工方面，可进一步发挥中国在食品加工方面的优势，与中亚国家合作建立农副产品深加工园区，促进中亚国家食品工业和饲料工业发展，延长农业产业链。

（三）农产品市场互补

农产品生产结构不均衡为中国与其他上合组织国家农业合作提供了市场空间，在农产品贸易方面，双方优势互补。上合组织大多数国家在土地密集型产品（棉花和谷物）上具有比较优势，中国在劳动密集型产品（水果、蔬菜、茶叶、橡胶原料等）上具有比较优势。

目前，上合组织大多数国家出口的农产品比较单一，主要为初级农产品，包括棉花、谷物、其他植物产品和生皮及皮革，加工农产品主要依靠进口。上合组织国家中，哈萨克斯坦、俄罗斯和印度为小麦主要出口国；印度、中国和俄罗斯为大米主要出口国；俄罗斯、印度和巴基斯坦为玉米主要出口国；印度、塔吉克斯坦和哈萨克斯坦为棉花主要出口国；中国则是小麦、玉米和棉花的第一进口大国（表1-17）。近年来，中国与俄罗斯在农产品贸易方面的互补性呈现得越来越明显，主要体现在俄罗斯小麦、玉米、大豆、葵花籽油等对中国出口不断增长，而中国肉类、水果、蔬菜和茶叶对俄罗斯出口也在不断增长。

表1-17　上合组织内主要农产品进出口国

主要农产品	主要进口国	主要出口国
小麦	中国、巴基斯坦	哈萨克斯坦、俄罗斯和印度
大米	巴基斯坦、乌兹别克斯坦、哈萨克斯坦	印度、中国和俄罗斯
玉米	中国、乌兹别克斯坦	俄罗斯、印度和巴基斯坦
棉花	中国、巴基斯坦	印度、塔吉克斯坦和哈萨克斯坦

（四）农业技术互补

中国作为农业大国，在旱作农业、耕作技术、良种选育、节水灌溉、盐碱地改良、农田水利、设施农业、病虫害防治、畜牧兽医、检验检疫等方面技术优势突出，推广经验丰富。目前，上合组织大多数国家农业生产仍处于粗放经营状态，存在农业机械制造业发展缓慢，农业生产设备陈旧，农业技术水平落后、农作物单产水平低、农业研发投入严重不足，人才队伍建设滞后等问题。

在每百万人拥有的研发人员数量方面，上合组织除中国（1 601人）和俄罗斯（2 725人）外，其他成员国每百万人拥有研发人员数量均低于世界平均水平。2020年，乌兹别克斯坦、巴基斯坦、印度和哈萨克斯坦每百万人拥有研发人员数量分别为427人、374人、260人和686人，而世界平均水平为1 327人（表1-18）。

具体来看，俄罗斯工业基础雄厚，基础科学发展潜力较大，在农业技术商品化、农作物育种技术、畜牧生产技术、管理技术、农产品加工技术等方面比较先进；印度在生物技术、信息技术等方面优势明显；中亚国家在麦类、棉花、羊、牛、马等种质资源方面具有比较优势。因此，中国与上合组织国家在农业技术方面可以交流互鉴，在农业技术创新方面可实现优势互补。

表1-18　上合组织国家每百万居民拥有的研究人员数量（2020年）

国别	每百万居民拥有的研究人员数量（人）
哈萨克斯坦	686
吉尔吉斯斯坦	—
塔吉克斯坦	—

（续）

国别	每百万居民拥有的研究人员数量（人）
乌兹别克斯坦	427
俄罗斯	2 725
印度	260
巴基斯坦	374
中国	1 601
世界（平均）	1 327

数据来源：联合国教科文组织统计研究所。

注："—"代表无数据。

第三章
上合组织国家农业合作主要机制

　　上合组织自2001年成立以来，成员国签署了一系列政府间合作文件，法律基础不断夯实，为区域经济合作稳定发展提供了法律保障。为保证上合组织能够正常、高效运转，提高组织内的自我协调能力，按照《上海合作组织宪章》，组织框架内的机构包括国家元首会议（又称上合组织峰会）、成员国总理会议（又称成员国政府首脑理事会）、外交部长会议、各部门领导人会议、国家协调员理事会、地区反恐怖机构和秘书处。《上海合作组织宪章》还明确规定了各机构的职能范围。与此同时，为了使上合组织能够正常运作并为其提供更加坚实的物质基础，上合组织还建立了银行联合体和实业家委员会等机构。

　　上合组织在多个领域都开展了务实合作，包括科学与技术、贸易与投资、交通、农业、文化与艺术、旅游、健康与体育、青年与妇女交流、展览会、艺术节等。近年来，上合组织各国发展战略与共建"一带一路"倡议有效对接，为各成员国多双边农业合作提供了重要的合作平台。农业合作已成为上合组织国家经贸合作的重要着力点。

一、上合组织成员国元首理事会

上合组织成员国元首理事会作为上合组织的最高决策机构，每年举行一次会议，由轮值主席国举办，通过会议形成成员国在安全、经济等方面合作的重大决议和指示，确定上合组织在安全、经济等方面的具体发展目标和规划，它主导着上合组织成员国合作的主要方向。

2006年6月15日，元首理事会第六次会议在上海举行。六国元首围绕弘扬"上海精神"、深化务实合作、促进和平发展的主题，提出了上合组织发展的远景规划，签署了《上海合作组织五周年宣言》等重要文件，为上合组织的下一步发展确定了方向和任务。此次会议将农业列为优先合作方向，上合组织农业合作从一般合作提高到优先合作级别。

在此后召开的成员国元首理事会上，多次提出进一步深化农业领域的合作，旨在确保上合组织国家粮食安全。例如，2021年9月，成员国元首在杜尚别通过了《上合组织成员国元首理事会关于粮食安全的声明》。同年11月，在上海合作组织成员国政府首脑（总理）理事会第二十次会议上，各代表团团长考虑到有必要制定确保粮食安全的进一步措施，强调2021年9月23日在纽约举行的联合国粮食系统峰会的重要意义，肯定2021年8月9日以视频方式成功举办联合国粮食及农业组织和上合组织关于粮食系统可持续发展独立对话会。具体主要涉农成果见表1-19。

表1-19　2001—2023年上合组织成员国元首理事会主要涉农成果

年份	会议名称	召开地点	主要涉农成果
2006	元首理事会第六次会议	中国	将农业列为优先合作方向，至此，农业合作从一般合作提升到优先合作级别
2010	元首理事会第十次会议	乌兹别克斯坦	《上海合作组织成员国元首理事会第十次会议宣言》中提出，将致力于推动贸易投资便利化，实施区域内或区域间的交通、通信基础设施联合开发项目
2014	元首理事会第十四次会议	塔吉克斯坦	共同签署《上海合作组织成员国政府间国际道路运输便利化协定》
2016	元首理事会第十六次会议	乌兹别克斯坦	进一步深化在贸易、产能、财政、投资、农业及其他符合共同利益领域的合作

（续）

年份	会议名称	召开地点	主要涉农成果
2018	元首理事会第十八次会议	中国	继续加强政策沟通、设施联通、贸易畅通、资金融通、民心相通，发展安全、能源、农业等领域合作，并就《上合组织成员国粮食安全合作纲要》草案进行磋商
2019	元首理事会第十九次会议	吉尔吉斯斯坦	中国国家主席习近平提出"中方愿在陕西省设立上海合作组织农业技术交流培训示范基地，加强同地区国家现代农业领域合作"的重大倡议
2020	元首理事会第二十次会议	视频会议	发表《上海合作组织成员国元首理事会关于数字经济领域合作的声明》
2021	元首理事会第二十一次会议	塔吉克斯坦	发表《上海合作组织二十周年杜尚别宣言》《上海合作组织成员国元首理事会关于粮食安全的声明》《上海合作组织成员国元首理事会关于加强科技创新领域合作的声明》，强调应进一步加强在贸易、产业、交通、能源、金融、投资、农业、海关、电信、创新等共同感兴趣领域的合作
2022	元首理事会第二十二次会议	乌兹别克斯坦	发表关于维护国际粮食安全、国际能源安全、应对气候变化、维护供应链安全稳定多元化等多份声明和文件
2023	元首理事会第二十三次会议	印度	成员国一致认为促进数字经济和科技创新，深化金融和投资领域合作，维护能源和粮食安全等优先方向的合作具有重要意义

二、上海合作组织成员国政府首脑（总理）理事会

上海合作组织成员国政府首脑总理会议［又称上海合作组织成员国政府首脑（总理）理事会］的地位仅次于国家元首理事会。政府首脑（总理）会议每年举行一次，也可以根据规定召开非例行会议。政府首脑（总理）会议的职能在于贯彻和落实成员国元首理事会的精神和决议；研究本组织框架内发展多边合作的战略、前景和优先方向；解决在宪章确定的现实领域，特别是经济领域发展合作的原则问题，包括在本组织框架内缔结相关政府间多边条约和文件。

2003年9月23日，上合组织成员国政府首脑（总理）理事会第二次会议在北京举行，签署了《上海合作组织成员国多边经贸合作纲要》，农业合作被确定为上合组织经济合作的优先领域之一。

在此后召开的成员国政府首脑（总理）理事会会议上，多次提出进一步深化农

业领域的经贸合作（表1-20）。例如，成员国政府首脑（总理）理事会第三次会议提出，推进区域经济合作是上合组织工作的重点，合作重点应放在能源、交通、电信和农业项目上。

表1-20　2001—2023年上合组织成员国政府首脑（总理）理事会主要涉农成果

年份	会议名称	召开地点	涉农主要成果
2003	政府首脑（总理）理事会第二次会议	中国	签署了《上海合作组织成员国多边经贸合作纲要》，农业合作被确定为上合组织经济合作的优先领域之一
2004	政府首脑（总理）理事会第三次会议	吉尔吉斯斯坦	推进区域经济合作是上海合作组织工作的重点，合作重点应放在能源、交通、电信和农业项目上
2015	政府首脑（总理）理事会第十四次会议	中国	与会各方强调应进一步扩大在经贸、金融、投资、交通、电信、海关、农业、能源等领域的合作
2016	政府首脑（总理）理事会第十五次会议	吉尔吉斯斯坦	批准《上海合作组织成员国政府间科技合作协定2016—2020年》落实措施计划和《上海合作组织科技伙伴计划》
2017	政府首脑（总理）理事会第十六次会议	俄罗斯	加强发展战略对接，推进互联互通和区域贸易一体化建设，深化能源、农业、金融、投资、科技创新、数字经济、地方等领域合作，支持各国企业参与区域经济合作
2018	政府首脑（总理）理事会第十七次会议	塔吉克斯坦	全面落实青岛峰会成果，促进贸易、投资、能源、农业、人文交流合作
2021	政府首脑（总理）理事会第二十次会议	视频会议	各方应挖掘经贸、产能、农业、互联互通、基础设施建设等领域合作潜力。要共同应对气候变化，加大可再生能源使用，推动成员国实现绿色转型
2022	政府首脑（总理）理事会第二十一次会议	视频会议	加强经贸、投资、创新、环保、农业、人文、互联互通、数字经济等领域合作，坚持多边主义，共同应对粮食、能源安全和气候变化等挑战
2023	政府首脑（总理）理事会第二十二次会议	吉尔吉斯斯坦	深化基础设施、贸易、金融、投资、交通、科技、工业生产、创新、信息通信技术、数字经济、能源、农业、海关、粮食安全、中小企业等领域务实合作，保障成员国经济稳定增长

三、上合组织成员国农业部长会议

上合组织成立以来，成员国部长会议每年定期或不定期召开，形成了经贸、交通、财政、央行、农业、科技等30多个部长级会议机制。其中，自2010年以来，上合组织开始通过定期召开成员国农业部长会议的方式专门讨论成员国农业合作相关问题，到2023年5月共成功举办了8届农业部长会议。召开农业部长会议的主要目的是落实粮食生产、农业灌溉、科技运用、食品卫生安全等问题。在农业部长会议上，签署的一系列农业合作协议或协定以及不断完善的农业合作机制，有效推动了上合组织国家在政策对话、农产品贸易、农业投资和农业科技等领域的合作（表1-21）。

2010年上海合作组织首届农业部长会议签署了《成员国政府间农业合作协定》，至此，上合组织框架内农业领域合作机制得到正式确立。为了进一步将农业合作落到实处，成员国农业部长会议制定了更为翔实的农业合作计划，使其更具有指导性和可操作性。例如，在第二届、第三届和第五届成员国农业部长会议上，分别通过了《〈上海合作组织政府间农业合作协定〉2013—2014年农业合作计划》《〈上海合作组织政府间农业合作协定〉2015—2016年农业合作计划》以及《〈上海合作组织成员国政府间农业合作协定〉2021—2025年落实措施计划》。

表1-21 2001—2023年上合组织成员国农业部长会议主要成果

年份	会议名称	召开地点	签署或通过的文件
2010	上合组织首届农业部长会议	中国	签署《成员国政府间农业合作协定》；通过《上海合作组织成员国常设农业工作组工作条例》
2012	上合组织第二届农业部长会议	哈萨克斯坦	签署《上海合作组织农业部长会议纪要》；通过《〈上海合作组织政府间农业合作协定〉2013—2014年农业合作计划》
2014	上合组织第三届农业部长会议	俄罗斯	签署《上海合作组织第三次农业部长会议纪要》；通过《〈上海合作组织政府间农业合作协定〉2015—2016年农业合作计划》
2018	上合组织第四届农业部长会议	吉尔吉斯斯坦	通过《上海合作组织粮食安全合作纲要》
2020	上合组织第五届农业部长会议	视频会议	通过《〈上海合作组织成员国政府间农业合作协定〉2021—2025年落实措施计划》和《〈上海合作组织粮食安全合作纲要〉落实计划》
2021	上合组织第六届农业部长会议	视频会议	审议《上海合作组织农业技术交流培训示范基地建设构想》和《上海合作组织成员国元首关于粮食安全的联合声明》等文件；通过《上海合作组织农业技术交流培训示范基地建设构想》
2022	上合组织第七届农业部长会议	乌兹别克斯坦	通过《上海合作组织成员国智慧农业和农业创新合作构想》
2023	上合组织第八届农业部长会议	视频会议	强调在上合组织框架下深化农业和粮食安全合作的重要性，支持利用上合组织农业技术交流培训示范基地等提升务实合作水平

第四章

中国与上合组织国家
农业合作主要模式

一、以科技研发为主导的农业合作模式

以农业科技研发为重点，即在种质资源开发、作物栽培技术、农作物良种繁育技术、节水灌溉技术、农产品加工技术、病虫害综合防治技术、植物检验检疫技术、畜禽疫苗研制等方面共同开展基础性、应用性、综合性、创新性的科研活动，能积极有效地推动农业科技进步，也为上合组织区域农业可持续发展奠定了坚实的科技基础。以科技研发为导向的农业合作模式，参与主体为科研院所，通过政府部门搭建产学研平台，将农业企业融入合作研发链条中，进一步拓宽了农业合作的深度和广度。

中国科学院新疆生态与地理研究所与中亚地区三个国家合作分别在哈萨克斯坦阿拉木图、吉尔吉斯斯坦比什凯克和塔吉克斯坦杜尚别联合成立了三个分中心，并通过共建联合实验室方式开展技术研发。吉林省白城市农业科学院与以俄罗斯国家科学院为首的多家俄罗斯农业科研机构开展农业科技合作，联合建立了"中俄特色

农业国际联合实验室",共同推动了中俄两国特色农作物新品种选育、高效栽培技术集成、特色农产品加工利用等关键技术领域的突破与创新。中国农业科学院与乌兹别克斯坦共建了"中乌棉花联合实验室"和"1000亩科技示范园区",其中示范园区自从采用了乌兹别克斯坦棉花品种和中国棉花栽培管理技术后,棉花单产达到了4 200千克/公顷,比当地单产水平提高50%以上,同时将棉花全生育期耗水量降至当地耗水量的1/3。陕西省杨凌农业高新技术产业示范区与哈萨克斯坦国际一体化基金会共同筹资,2015年在哈萨克斯坦阿拉木图州建成占地200公顷的"中哈现代农业产业创新示范园",双方在示范园内种植小麦、玉米、油料、蔬菜、苗木等粮食作物和经济作物,推广设施大棚、节水灌溉等技术。西北农林科技大学于2016年发起成立了"丝绸之路农业教育科技创新联盟",并在哈萨克斯坦、吉尔吉斯斯坦、乌兹别克斯坦等中亚五国联合建立了8个海外农业科技示范园,其中与哈萨克斯坦赛福林农业技术大学、哈萨克斯坦北哈州国立大学合作筛选出一批优良作物品种,小麦示范效果突出,最高增产幅度达60%,一般增产也在20%~30%。

二、以跨境投资为主导的农业合作模式

以农业项目跨境投资为导向的合作模式,参与主体主要为涉农企业,通过境外投资建设等方式,搭建境内外合作平台,借助不同国家的资源、政策、市场、资金、人才、技术等优势,壮大农业产业集群、延伸农业产业链条、拓展农业产业功能,实现不同主体的协作发展。在具体实践中,主要呈现以下两个特点。

一是跨境投资开发覆盖面广。例如,吉林省泰源农牧产业园与俄罗斯滨海边疆区签订"落户"协议,投资8 800万美元建立"什克托沃农牧业园区"项目,为中资企业进驻俄罗斯发展搭建了服务贸易平台。2011年,河南贵友集团在吉尔吉斯斯坦投资建设了亚洲之星农业合作区,是目前在共建"一带一路"国家中亚地区产业链条完整、基础设施完备的农业产业合作区。2016年,西安爱菊粮油工业集团有限公司在哈萨克斯坦北哈州投资建设了农产品物流加工园区,作为"中哈产能合作清单55个项目"之一,迄今为止累计投资2亿元人民币,占地面积5 000亩,目前已建成了年加工能力30万吨的哈萨克斯坦国内最大的油脂厂。佳北农业作为佳沃集

团、北大荒集团、智恒集团合资成立的对俄农业投资平台，2019—2021年，对俄投资总额累计超过10亿卢布，目前在俄已形成集种植、加工、仓储、物流、港口转运、国际贸易为一体的农业垂直全产业链的运营模式。

二是农业产业实现转型升级。跨境投资方向由传统农业产业转向新型农业产业，即以涉农企业作为牵头单位，以市场为导向，在传统种植业和养殖业的基础上，在境外开发较大规模的农业综合类项目，开展农产品生产、加工、仓储、物流、进出口等业务，参与农业产业链条的多个环节，实现农业产业的融合发展。例如，2016年大庆金土地有限公司在哈萨克斯坦南哈州投资建设了金土地高科技产业园区，并注册成立了"哈萨克斯坦金骆驼集团有限公司"，建设完成了"日处理100吨骆驼奶、马奶乳粉项目"。哈萨克斯坦新康番茄制品厂（以下简称新康公司）是中国新疆轻工国际投资有限公司在哈萨克斯坦投资建立的境外独资企业，于1998年12月4日经哈萨克斯坦政府核准成立，其生产的产品以"新康"命名，申请注册的商标为"ЦИН-каз"。经过20多年的发展历程，已建立了集种植、产品研发、生产、检测、品牌展示、仓储、物流、营销等于一体的服务平台，发展成为拥有国内外联合研究机构、国内外配套的加工实体和拥有国内外衔接的营销网络产业集团，成为中国改革开放以来在境外建立的第一家番茄制品加工厂以及中国新疆发展农产品深加工且形成产品优势的重点企业，同时为30多家上下游企业提供服务。

三、以农产品贸易为主导的农业合作模式

以市场需求为导向，以企业为参与主体，通过挖掘上合组织国家农业发展潜力与农产品贸易合作潜力，促进农业跨地区、跨国别、跨产业、跨领域的多方位发展，最终实现成员国现代农业的共同发展。

中粮集团于2009年首次进口1万吨哈萨克斯坦小麦，开启了中国进口哈萨克斯坦小麦序幕。中哈小麦贸易量自此迅猛增长，截至2022年，中国累计从哈萨克斯坦进口260万吨小麦，其中中粮集团进口哈萨克斯坦小麦133万吨，占比超过51%，成为哈萨克斯坦农产品输华的主要渠道。除小麦外，中粮集团陆续拓展了大麦、油脂、油料等农产品的进口，同时向哈萨克斯坦出口番茄制品、调味品等，双方合作

不断深化,形成了服务两国人民生活的互惠供应链体系。2016年3月,西安爱菊集团搭乘中欧班列"长安号"从哈萨克斯坦进口2 000吨非转基因油脂(菜籽油和葵花籽油),这是哈萨克斯坦首次向中国出口大宗商品;同年7月又搭乘中欧班列"长安号"从哈萨克斯坦进口了1 600吨优质面粉,并投放到西安本地市场。

第五章
中国与上合组织国家
农业合作主要做法

一、政府层面

政府层面的合作极大地促进了双边或多边合作主体间的农业交流合作。中国与其他上合组织国家间农业交往有着良好的基础，2013年"一带一路"倡议提出后，各方农业发展政策协同显著增强，农业合作进一步深化，主要表现在三个方面。

一是中国与上合组织成员国领导人互访频繁，农业合作范围不断扩大。例如，中国与哈萨克斯坦建交30多年来，双边关系不断升级，高层交往密切。习近平主席于2013年9月、2015年5月、2017年6月、2022年9月4次访问哈萨克斯坦，托卡耶夫总统于2019年9月对华进行国事访问、2022年2月来华出席北京冬奥会。两国于2013年正式启动总理定期会晤机制，每两年举办一次。目前，中哈各层级交往合作机制健全，运行顺畅。2023年5月，中华人民共和国和哈萨克斯坦共和国发表联合声明，双方强调愿全面深化农业合作，在中哈合作委员会下设立农业合作分委会，加强粮食安全协作，促进农业投资与贸易往来，提升两国在节水灌溉、畜牧兽医、农业机械、盐碱地综合利用等领域的科技与产业交流合作水平。中俄两国也通过高层互访等形式，不断深化两国间的战略协作伙伴关系，这为深化农业合作奠定了坚实基础。中俄两国于1996年建立战略协作伙伴关系，2011年建立平等信任、相互支持、共同繁荣、世代友好的全面战略协作伙伴关系，2019年提升为中俄新时代全面战略协作伙伴关系。20多年来，中俄高层互访频繁，建立了总理定期会晤、议会合作委员会以及各级别交往与合作机制。2023年，关于2030年前中俄经济合作重点方向发展规划问题，中华人民共和国主席和俄罗斯联邦总统发表了联合声明，内容包括切实提升农业合作水平，保障两国粮食安全；深化农产品贸易合作，稳步扩大农产品相互准入，拓展农业投资合作领域。

二是随着合作范围的扩大，中国与上合组织国家农业高层官员互动频繁，交流成果显著。例如，2011年中俄总理第十六次定期会晤期间，双方共同签署《中华人民共和国农业部和俄罗斯联邦农业部关于加强农业领域合作的谅解备忘录》《中华人民共和国国家质量监督检验检疫总局与俄罗斯联邦农业部关于兽医卫生监督领域合作备忘录》。2009年，中国农业部与乌兹别克斯坦农业和水利部在乌兹别克斯坦首都塔什干共同签署《中乌关于农业领域合作谅解备忘录》。2012年中国国家质检总局与塔吉克斯坦外交部共同签署《中华人民共和国国家质量监督检验检疫总局与塔吉克斯坦农业部关于植物检验检疫合作谅解备忘录》。2015年中国国家发展和改革委员会与哈萨克斯坦农业部共同签署《中哈农业合作发展战略规划》，在此基础上建立直接联系与磋商机制，增加哈萨克斯坦对华农产品出口配额。2017年中国农业部与哈萨克斯坦共和国农业部在中哈农业投资论坛上共同签署《中哈关于共建农业合作示范园的谅解备忘录》。2018年中国海关总署分别与吉尔吉斯斯坦农业、食品工业和土壤改良部、兽医与植物卫生监督局签署《关于吉尔吉斯斯坦鲜食甜瓜输华植物检疫要求的议定书》和《关于口蹄疫免疫无疫区要求备忘录》。

三是中国地方政府与上合组织国家在农业领域合作不断深化。例如，2003年新疆昌吉州农业局与吉尔吉斯斯坦政府签订了《劳务输出援助当地发展的协议书》，并根据协议派出45名农民到吉尔吉斯斯坦帮助当地种植水稻、番茄等作物，带动了农民外出包地和跨国农户发展种植业。2014年，河南省农业厅代表团与塔吉克斯坦哈特隆州州长举办"中塔农业产业加工园区"建设会谈，同年11月与塔吉克斯坦农业部举行"加强农业项目合作谅解备忘录"签字仪式。2015年，陕西省科技厅与哈萨克斯坦江布尔州共同创建"中哈国际农业科技示范园"，开展农作物耕作技术、果树栽培技术等农业新技术的示范推广活动。2016年，河南省科技厅设立了重大科技专项——"面向中亚五国的棉花玉米现代种业技术示范与产业化"，此项目由河南科技学院承担，以吉尔吉斯斯坦为试点，先后选育出"百棉""中棉"系列棉花品种和"百玉"系列玉米品种17个，最终筛选出8个适宜在当地规模化制种的耐旱、耐盐碱、高产优质作物品种，使当地玉米增产44.4%，棉花增产42.85%。

二、科研院校层面

中国与其他上合组织国家科研院校间建立了良好的合作伙伴关系，各方在农业领域科学研究与学术交流的广度和深度不断拓展，成效显著，主要体现在以下两个方面。

一是合作伙伴不断扩展。例如，2008年7月，新疆农业大学与塔吉克斯坦农业大学签署了正式的校际交流协议书；2012年6月，两校又签署了《中国新疆农业大学与塔吉克斯坦农业大学科学研究合作协议书》。2016年，新疆河西学院与乌兹别克斯坦塔什干国立农业大学签订合作备忘录。同年，新疆农垦科学院与吉尔吉斯斯坦植物品种遗传资源测试中心签署共建中吉实验室协议书。2017年5月，新疆农业大学与俄罗斯季米里亚捷夫国立农业大学、哈萨克斯坦阿拉木图民族农业大学举办科技合作签约仪式，3所高校专家将共同开展"利用特殊凝胶剂提高干旱荒漠土壤保水性"和"荒漠草地退化评价和恢复"项目研究。2019年10月，西北农林科技大学与乌兹别克斯坦塔什干水利与农业机械工程大学共同签署《中乌节水农业技术科技示范园建设协议》，同年12月又与塔什干国立农业大学签署谅解备忘录。2023年5月，西北农林科技大学与哈萨克斯坦赛福林农业技术大学签订食品科学与工程合作办学协议。同年7月，中国农业科学院西部农业研究中心与塔吉克斯坦农业科学院签署《中国农业科学院西部农业研究中心（科技援疆指挥部）与塔吉克斯坦农业科学院谅解备忘录》。

二是合作方式呈现多样化。包括通过项目联合研究、联合共建实验室或实验站、联合共建农业科技示范中心、举办学术交流会、人员交流互访、成果转移转化、联合出版等方式开展农业科技合作。例如，2017年以来，中国农业科学院棉花研究所通过与乌兹别克斯坦农业科学与生产中心（乌兹别克斯坦农业科学院）共建国际联合实验室与试验示范产业园、派驻专家、输送技术等方式，深入推进棉花科技人才的培养与交流、棉花种质资源交换、棉花良种繁育等工作。作为中哈政府间合作协议内容之一，中国农业科学院与哈萨克斯坦赛福林农业技术大学共建了中哈农业科学联合实验室，促进两国兽医生物技术交流，推动动物疫病联合防控体系建设，2021年该实验室正式开始投入运行并获得哈萨克斯坦贸易和一体化部颁发的认可证书。2022年8月，西北农林科技大学中乌节水农业海外示范园在乌兹别克斯坦塔什干州建成并运行。

三、企业层面

"一带一路"倡议提出后，中国企业与上合组织国家在农业领域交往进一步密切，参与合作主体呈现多样化，包括企业与企业、企业与中央政府、企业与地方政府以及企业与科研院校间的合作。合作形式多样，合作成效显著。

一是签订备忘录、意向书或投资协定。例如，2015年9月，甘肃省庆阳汇丰实业有限公司与哈萨克斯坦新丝绸之路国际文化经济交流科学院成功签订了总投资为10亿元的《中哈农业科技示范园建设项目合作协定》。2017年12月，河南万邦国际农产品物流股份有限公司与乌兹别克斯坦农业部签署了总投资为5亿美元、在乌兹别克斯坦建设国家级"洛阳—布哈拉农业合作示范区项目"的意向书。2018年6月，中信建设有限责任公司与哈萨克斯坦签署了"肉牛养殖及农业灌溉项目"的合作备忘录。2022年6月，新疆阿拉山口金牧生物科技有限公司与哈萨克斯坦阿斯塔纳华东经济开发区有限责任公司签订了"自哈进口2 000吨亚麻籽"的合作意向书，新疆华永泽国际贸易有限公司与哈萨克斯坦科迈克亚洲集团签署"自哈进口5 000吨葵花籽"的合作意向书。2023年6月，中金国际与哈萨克斯坦"Baiterek"National Managing Holding JSC公司签署谅解备忘录，加强在农业金融服务等领域合作。

二是创建境外农业产业合作区。2014年新疆利华（集团）股份有限公司在塔吉克斯坦成立金谷农业联合体有限公司，启动对塔吉克斯坦的农业投资工作，并积极带动新疆中泰集团、中新建、吉峰农机等企业"走出去"，共同建设"中塔农业合作示范区"。2017年，该园区被农业部评定为"首批境外农业合作示范区"。2015年，塔吉克斯坦农业纺织产业园项目由新疆中泰新建新丝路农业投资有限公司投资建设，这是塔吉克斯坦自独立25年来最大的一个农业纺织投资项目，已被列入中国政府及中塔合作重点项目。目前，中泰新丝路公司在塔吉克斯坦共设立了两家中方控股的境外企业（中方控股70%，塔方参股30%），分别为中泰（丹加拉）新丝路纺织产业有限公司和中泰（哈特隆）新丝路农业产业有限公司。

三是承担上合组织国家农业基础设施建设项目。2018年中国中铁二十局在乌兹别克斯坦承建了全长35.2公里的布斯坦灌溉渠道修复工程，这是乌兹别克斯坦西部地区规模较大的农业灌溉项目，在2023年实现了渠道的全线通水。2018年5月中国援吉尔吉斯斯坦灌溉系统新建、维修和改扩建工程正式启动，由中国中铁五局海外工程公司承建，并于2021年竣工，这是中国政府为吉尔吉斯斯坦援建的第一个农业项目，使吉尔吉斯斯坦330公顷土地得以开垦并投入利用，1000多公顷土地得到了有效灌溉。

第六章
中国与上合组织国家农业
合作20年主要成效

一、农业合作实现优势互补

农业在上合组织成员国国民经济发展中占重要地位，但是，各成员国因资源禀赋、经济模式、生产发展水平、政策环境等方面存在差异，其农业发展水平也存在一定差异。上合组织国家间的农业合作正好弥补了成员国间农业发展的不足。以中国和塔吉克斯坦为例，两地在气候条件和农作物种类等方面有很多相似之处。塔吉克斯坦人口少，土地资源相对丰富，但种植业和养殖业管理粗放，支撑农业生产结构优化的科技支撑体系尚未形成，农业产业优势和农业国际竞争力也没有形成。中国在土地、水等资源禀赋方面存在较大的弱势，但在资金和技术等方面具有一定的优势和保障，双方在农业领域的合作充分挖掘了各自的农业发展潜力，带动各自农业综合生产能力的提升。再以中国与俄罗斯为例，由于俄罗斯农业资源丰富，但农业基础设施落后，农村劳动力严重不足，大量土地未开垦或闲置；中国耕地资源和水资源匮乏，但国内农村劳动力充足，农业生产水平较高，中国对俄罗斯投资基础好,对俄罗斯农产品需求旺盛。目前,双方农业合作的重点主要集中在小麦产业、大豆产业、水果蔬菜、畜禽产品、水产品、有机食品加工等领域,在农业资源、农业技术、农产品贸易和农业投资方面实现了较好的优势互补。

二、农业科技合作取得良好成效

当前,上合组织国家间的农业科技合作在一些比较关键领域取得了较大突破,提高了成员国的农业技术水平。例如,中亚国家先后向中国提供直接应用于农业生产的小麦、玉米、水稻、棉花、油料、甜菜等农作物新品种50余个。新疆天业集团有限公司将地膜覆盖技术和膜下滴灌技术引入到哈萨克斯坦、吉尔吉斯斯坦和乌兹别克斯坦等国家,并把节水滴灌技术与农业种植技术及农业机械服务有机结合,目前已在上述国家中取得了显著成效。中国农业科学院棉花研究所在吉尔吉斯斯坦奥什卡拉苏棉区推广了"中棉系列"新品种,目前在吉尔吉斯斯坦推广面积已超15万亩,使当地棉花单产提高60%以上。另外,中国农业科学院棉花研究所与乌兹别克斯坦鹏盛园区合作,将中国"机械式精量覆膜铺设滴灌带播种一体化技术"推广到乌兹别克斯坦,与传统灌溉方式相比,可有效节水35%、节肥50%。

三、农业可持续发展合作取得较大进展

目前,世界人口增长迅速,由于土地资源有限、环境退化、气候变化、生物多样性丧失等原因,粮食生产已不再能满足人类的所有需求。在此背景下,提高粮食安全、发展现代农业是维持国家社会安定和促进农业可持续发展的关键步骤。上合组织国家土地荒漠化(土地沙化、盐渍化和植被退化)已成为各国农业可持续发展的重要障碍,从中亚到中国西北,再到巴基斯坦,土地荒漠化问题日趋严重。中国在荒漠化防治方面经验丰富,已为世界提供了良好的中国方案,与上合组织国家间的相互合作,尤其在农业科技领域的相互合作,对于进一步改善各成员国的生态环

境和促进农业可持续发展奠定了良好基础。

中国科学院新疆生态与地理研究所在哈萨克斯坦建立了引种筛选基地，成功引入40余种植物苗木和插条，建立了约300亩示范基地，构建了"调整密度—改良土壤—乔灌组合"的林带结构优化模式，协助优化了哈萨克斯坦防沙治沙工作中的乔灌草配置模式，都取得了显著成效。2019年，中国科学院新疆生态与地理研究所与乌兹别克斯坦科学院植物所合作制定了咸海治理方案，提交到咸海国际创新中心和当地政府后，获得了各方的高度评价，中乌对咸海沙漠化治理和生态修复逐渐达成了共识。2023年11月，上合组织农业基地开展了土地荒漠化防治系列培训——联合国荒漠化和干旱防治主要技术和行动，介绍了联合国荒漠化防治公约对荒漠化防治和干旱的研究、科普和宣传行动，宣传和展示了不同典型地区土地荒漠化治理的经验、技术和典型治理成果，提高了对土地荒漠化治理途径和技术的综合认识。约有1 400多名上合组织及相关国家从事土地荒漠化治理和研究的人员参加了此次在线培训。

四、当地农业产业链获得拓展和延伸

上合组织国家在农业领域除了传统的种植业和养殖业加强合作外，还在生产加工基地建设以及传统农业产业升级改造等方面进行合作，从而不断延伸农业产业链条，促进各成员国互利共赢，共同发展。

2018年，禾丰股份与黑龙江华宇工贸集团在俄罗斯设立的分公司——俄罗斯"伊瓦"有限责任公司合资成立"俄罗斯禾丰"，项目位于俄罗斯远东乌苏里斯克十月区。俄罗斯禾丰建有生猪养殖场、蛋鸡养殖场和自用饲料厂，开展生猪及蛋鸡的养殖，以及猪肉和鸡蛋的销售业务。下一步规划新建预混料工厂，并开展饲料及原料的国际贸易业务。

塔吉克斯坦农业纺织产业园项目，将种植业与工业生产紧密结合，既改变了塔吉克斯坦当地相对落后的棉花种植技术和管理模式，也改良了塔吉克斯坦的棉花品种，提高了棉花产量，完善了由棉花种植到纺织深加工的全产业链模式。产业园建成后，将形成集纺织、织布、印染、成衣于一体的棉花种植和加工模式，成为中亚国家中产能规模最大、产业链最完整的纺织产业园区。

五、当地居民就业与收入来源得到带动和拓展

当前，上合组织国家农业合作领域呈现多样化，这为东道国的农业经济发展带来了活力。与此同时，通过农业境外投资进行农业合作，给当地居民带来了实惠，提供了大量就业岗位，为当地解决了部分就业难的问题。例如，中塔农业合作示范区，在建设运行过程中注重社会责任履行，向当地政府缴纳各项税收近2 500万元，带动当地就业4 000余人次，其中纺织项目3 000人，农业项目1 000余人，显著提高了当地居民的收入水平，增加了当地财政收入。塔吉克斯坦农业纺织产业园截至2020年7月底，累计完成投资总额11.62亿元，其中纺织板块累计投资7.12亿元，农业板块累计投资4.5亿元；累计实现收入11.2亿元，上缴塔吉克斯坦各种税费1.21亿元，创造固定就业岗位1 600个，提供年临时用工30万人次。亚洲之星农业产业合作区，现有员工420人，其中吉尔吉斯斯坦员工占比在90%以上。

六、促进了口岸优势的发挥

中国与一些上合组织国家拥有较长的边界线，例如哈萨克斯坦和俄罗斯等。随着双边经贸以及交通运输合作机制的不断完善，边界线已经不再是阻碍双边合作的屏障，反而成为双边合作的起点。目前，中国与中亚国家以及俄罗斯之间已经形成了一个比较完整的口岸合作体系。例如霍尔果斯口岸接壤哈萨克斯坦，对口口岸为霍尔果斯；阿拉山口口岸接壤哈萨克斯坦，对口口岸为多斯特克；巴克图口岸接壤哈萨克斯坦，对口口岸为巴克特；满洲里口岸接壤俄罗斯，对口口岸为赤塔州后贝加尔斯克；绥芬河口岸接壤俄罗斯，对口口岸为波格拉尼奇内等。目前，铁路口岸、公路口岸、航空港发展迅速，基础设施不断完善，通关效率不断提高，口岸进出口农产品种类呈现多样化，进出口贸易辐射范围也在不断扩大。例如，巴克图口岸作为客货通道型口岸和贸易型口岸，2013年12月农产品快速通关"绿色通道"正

式在巴克图口岸开通，目前经过该口岸进出的农产品种类与数量都得到大幅提升。另外，中国向西出口的国家范围已从哈萨克斯坦扩展到俄罗斯、吉尔吉斯斯坦、哈萨克斯坦、乌兹别克斯坦、巴基斯坦等国家。

第七章
中国与上合组织国家未来农业合作重点领域

基于对中国与上合组织国家农业合作基础、上合组织峰会宣言、"一带一路"科技创新行动计划、《中国—中亚峰会西安宣言》、《中国和俄罗斯关于深化新时代全面战略协作伙伴关系的联合声明》、《中国和哈萨克斯坦联合声明》、《中华人民共和国和乌兹别克斯坦共和国关于新时代全天候全面战略伙伴关系的联合声明》、《中华人民共和国和吉尔吉斯共和国关于建立新时代全面战略伙伴关系的联合宣言》、《中华人民共和国和塔吉克斯坦共和国联合声明》等内容的综合分析和判断，提出了以下农业合作重点领域（表1-22）。

表1-22　政府签署的文件及涉农重点合作领域

国别	签署的双多边重要文件	涉农重点合作领域
哈萨克斯坦	中华人民共和国和哈萨克斯坦共和国联合声明（2023年）	农业投资、节水灌溉、畜牧兽医、农业机械、盐碱地综合利用、农产品贸易等
乌兹别克斯坦	中华人民共和国和乌兹别克斯坦共和国关于新时代全天候全面战略伙伴关系的联合声明（2024年）	绿色融资、绿色技术、智慧农业、节水技术、防治荒漠化、土壤退化、农产品贸易、科技减贫等

（续）

国别	签署的双多边重要文件	涉农重点合作领域
吉尔吉斯斯坦	中华人民共和国和吉尔吉斯共和国关于建立新时代全面战略伙伴关系的联合宣言（2023年）	棉花生产、畜牧兽医、检验检疫、节水灌溉、农业机械、农业人才能力建设、绿色农产品、农产品贸易、减贫、粮食安全、气候变化等
塔吉克斯坦	中华人民共和国和塔吉克斯坦共和国联合声明（2023年）	灌溉、土壤改良、农作物生产与加工、减贫、生物多样性、气候变化、农产品和食品相互检验检疫、粮食安全、农产品贸易、农业基础设施等
俄罗斯	中华人民共和国和俄罗斯联邦在两国建交75周年之际关于深化新时代全面战略协作伙伴关系的联合声明（2024年）	互输农产品和粮食的多样性和供应量、气候变化、生物多样性、人工智能、低碳经济等
中国与中亚五国	中国—中亚峰会西安宣言（2023年）	粮食安全、智慧农业、绿色发展、荒漠化和盐碱地治理开发、节水灌溉、病虫害防治、畜牧兽医、减贫、气候变化等

一、绿色农业

上合组织各成员国在绿色农业发展方面均积累了本土化的实践经验和实用技术，对各国农业的可持续发展具有启示和借鉴意义。近年来，随着绿色发展理念融入上合组织的合作中，绿色低碳可持续发展成为上合组织农业合作的重点领域。一方面，通过加强绿色农业发展经验、模式的交流分享，促进农业绿色发展理念进一步深入人心，并贯彻到多双边农业投资经贸合作实践中去；另一方面，通过一系列可持续农业合作项目的实施，动员各种类型主体参与，开展绿色农业援助、政策咨询工作，投资改善各国绿色农业基础设施，推广应用各国先进实用的绿色农业技术，储备绿色发展人才，提升各国农业可持续发展水平。

二、智慧农业

相比上合组织其他成员国，中国在数字农业、智慧农业领域具有比较优势。上合组织的农业合作为智慧农业合作提供多层次交流平台，促进知识分享和建立伙伴关系。一是全面对接各成员国数字农业发展需求和规划，增强从农民到政府官员各层次对智慧农业发展的认识和数字化素养，培养和储备智慧农业生态系统人力资本；二是投资上合组织成员国信息基础设施建设，搭建基站和平台，广泛收集农业数据，提高数据管理能力和信息分析能力，为农民提供更高质量的数字化服务；三是针对各成员国农业实际，合作研究智慧农业解决方案，并进行大面积推广应用，推动我国智慧农业技术和装备走出去。

三、节水灌溉

大多数上合组织国家农业灌溉面积占农用地面积的比重偏低，很多地区仍然采用"靠天吃饭"的粗放农业生产方式。大多数上合组织国家受降水偏少、水资源分布不均、地表水开发过度、耕地面积增加、水资源利用效率偏低等因素影响，存在不同程度的水资源短缺问题。现阶段，因农业灌溉技术和灌溉设施短缺等，难以满足农业灌溉需求，因此各国都在积极寻找与国外或国际组织在节水灌溉领域开展国际合作的机会，以此来缓解本国农业缺水的现状，提高水资源利用效率，提高本国的粮食供给能力。中国在节水灌溉技术方面已积累了丰富的推广经验，尤其是节水灌溉的专业技术人员在节水设备的技术研发与推广方面经验丰富，并开发出了很多节水灌溉设备与产品，例如，由中国京鹏公司开发的"京鹏温室"，拥有计算机智能控制系统和节水灌溉系统等多项先进技术。因此，中国与上合组织国家可以在节水灌溉系统以及配套设施建设，先进节水灌溉技术和设备的改造、优化与推广，节水农业示范园建设等方面加强合作。

四、农业机械

与发达国家相比，大多数上合组织成员国因工业化程度低，农业投入不足，科技发展水平不高等原因，普遍缺乏科技含量高、可靠性强、操作简单、维修便捷、维修成本低的大型机械，例如，乌兹别克斯坦的农田耕作大部分靠手工劳动；在巴基斯坦，利用手工或者较低的机械化手段进行田间作业较为普遍。上合组织大多数国家（尤其中亚国家）地广人稀，农业生产比较适合机械化作业，随着经济复苏，农业发展也迎来了新机遇，迫切需要提高农业生产效率，因此各国对农业机械的需求也日益增多。中国作为世界农业机械生产大国，在各类大中小型农业机械的研发与生产方面具有明显的优势。因此，中国与上合组织国家在农业机械领域，可以从农业机械研制、改造与升级，建立中国产农业机械维修中心，农业机械操作培训，举办农业机械博览会等方面开展合作。

五、耕地保护

耕地作为上合组织国家农业生产的重要资源，目前有些国家因化肥使用过度、水资源利用方式不合理以及工业污染等因素造成耕地土壤板结、地力下降、地下水污染，品质下降，产量降低等连锁反应。但是，由于大多数成员国受资金、技术、基础设施等因素限制，耕地的保护和治理能力非常有限。近年来，随着中国政府日益重视农田建设和农业高质量发展，国内涌现出一大批土壤修复和治理的专业企业。在未来的上合组织农业合作过程中，在促进农业生产加工企业走出去的同时，要鼓励推动从事土壤改良与修复、重金属钝化、生物活化等新型肥料的研发生产企业和从事土壤修复、盐碱地改造、土壤重金属治理的工程企业同步走出去，在提高农业投资生产效能的同时，保护当地耕地资源，促进农业可持续发展，树立起负责任的投资者形象。

六、棉花种植

棉花作为上合组织大多数成员国的主要经济作物，在农业部门占据重要位置，尤其对于中亚国家，更是成为它们外汇收入的来源之一。但是，在棉花种植方面，还存在单产水平偏低、种植技术落后、产业链下游生产加工能力较弱等问题。因此，在棉花种植领域，中国与大多数成员国之间具有较强的合作潜力。一方面是鼓励科研院所，加强棉花种质资源交换、品种选育、机械化播种、膜下滴灌等方面合作以及棉花栽培管理技术与示范推广模式方面的合作，使棉花生产朝产业化、集约化和高效化发展。另一方面是鼓励企业走出去，投资建设集棉花种植、加工、仓储、物流、销售、技术服务于一体的现代化棉花产业园区，延伸棉花产业链。

七、农业技术交流与培训

中国与其他上合组织成员国在农业技术方面各有所长，能够相互借鉴、相互促进。例如，我国在农业设施和节水灌溉技术方面相对先进，俄罗斯的遗传学较为领先，乌兹别克斯坦的棉花种植技术具有优势，吉尔吉斯斯坦在畜牧品种资源上具有优势。加强上合组织农业合作，需加大农业技术交流与培训力度，着力构建上合组织联合实验室、科技合作中心、技术转移中心等多元化农业科技合作平台，推进常态化农业技术人才交流机制，重点在种质资源交换、良种选育、规模化机械化种植、高产栽培技术、节水灌溉技术、设施农业综合技术、土壤配方施肥技术、植物病虫害和畜禽疾病防治技术、农产品精深加工技术、动植物检验检疫技术等方面加强交流与培训。

八、农产品贸易

中国与上合组织国家在农产品贸易领域具有很强的互补性，同时地缘毗邻、交通便利、口岸优势明显，扩大农产品贸易是加强上合组织农业合作的重要内涵。大多数上合组织国家农产品出口以小麦、棉花等土地密集型产品为主，并在羊毛、皮革、蚕丝等产品上也颇具优势；而在劳动密集型和资本技术密集型为主的加工食品、糖、油料、水果和反季节蔬菜等产品上比较欠缺。中国一方面可以扩大进口这些国家具有产业优势的棉花、生丝、皮革等农产品，以保障中国农产品市场的供应；另一方面可以发挥自身优势，大量出口时令蔬菜、反季节蔬菜、花卉、水果等鲜活农产品，还可以将各种热带农产品和水产品出口到这些国家。近年来，印度大米和食用油出口强劲，中国可以加强与印度的农产品贸易，实现国内粮食余缺调节和食用油进口多元化。

九、减贫

上合组织成员国大多是传统的农业国家，大多数贫困人口生活在农村，而且多数成员国仍然没有消除绝对贫困。中国在扶贫实践方面经验丰富，成效显著，在2020年底消除了绝对贫困，走出了一条中国特色减贫道路，形成了一套中国特色反贫困理论。上合组织各成员国对中国减贫经验兴趣浓厚，加强成员国间的减贫合作，有利于促进中国话语体系的构建和国际影响力的提升。为落实上合组织减贫和农村发展领域的合作，需引导建立政府间政策对话机制，分享中国农业农村现代化发展及减贫经验做法；鼓励打造农业政策对话平台，开展形式多样的农业政策交流，邀请各成员国农业官员、专家学者分享各自发展理念和实践经验；鼓励和引导建立政府主导、部门协作、统筹安排、产业带动的农民职业技能培训机制，特别为贫困群众提供能力建设培训，提高劳动技能，增加有效就业；鼓励青年群体加强交流和学习，培养一批有技术、懂市场、会经营的农村青年致富带头人。

十、粮食减损

近年来，食物损失与浪费已被世界所关注。上合组织成员国超过一半的粮食损失发生在生产、产后处理和储藏环节，这主要是各国基础设施不完善、机械化水平低、储粮技术落后、减损政策支持力度不够等导致。因此，节粮减损既是国际社会强化全球粮食安全治理的重要举措，也是上合组织维护区域粮食安全的共同关切。在上合组织框架下，应率先推动建立粮食减损国际合作机制，为减少全球粮食损失浪费、促进世界粮食安全树立典范。一方面，在上合组织内部，围绕保障地区粮食安全、提高粮食减损能力设置议题，推动各成员国在粮食安全治理方面达成统一共识，在粮食减损方面形成一致规则，并开展信息交流和政策对话协调；另一方面，重点围绕粮食减损的关键环节，加强上合组织成员国在技术、工艺、装备等方面联合研发，推广应用抗逆作物品种、现代收获机械、科学储粮设施、高效加工设备以及低温运输设备等节粮技术实现有效减损。

十一、气候变化

近年来，气候变化引发了频繁的极端天气事件，对"靠天吃饭"的农业产生了重大冲击，进而引发了公众对粮食安全的担忧。因上合组织各成员国地缘相近、利益相关，自然灾害发生特点相近，再加上近年来因气候变化导致的自然灾害和天气异常现象，各成员国都呈现出了增加趋势，未来如何探索出一条应对气候变化、保护环境与实现经济增长多赢的发展路径，将是各成员国期待合作的一项工程。通过加强上合组织农业合作，各成员国可以共同研究气候变化对农业的影响和应对策略，共同开发适应气候变化的新品种和新技术，共同推进农业减排和可持续发展；还可以共同研究自然灾害的发生规律和影响因素，共同开发应对自然灾害的技术和策略，共同提高农业的灾害防范和应对能力。

十二、数字经济

在数字经济全球化发展的大背景下，数字经济正逐步成为上合组织国家建设现代农业体系，推动本国农业高质量发展的新动力和新方向，也将成为中国与其他上合组织国家深化区域经济合作的新领域。目前，中国与上合组织国家在数字经济领域拥有良好的合作基础，建立了比较稳定的互信关系，并且各成员国都根据自己国情提出了相应的数字经济发展战略，但同时也发现，大多数上合组织国家也面临着数字基础设施建设薄弱、数字人才缺乏和网络安全等挑战。目前，中国已实现了数字经济的快速发展，不仅成为全球数字经济的引领者，而且也是全球数字经济的分享者。未来，在数字经济领域中，中国与上合组织国家可以从数字基础设施软硬件建设、网络安全、电子商务、数字人才培养等方面加强合作。

第二篇 >>>

科技合作篇

农业科技合作是中国与上合组织国家开展农业合作的重要领域之一。本篇介绍了以中国农业科学院、新疆农业科学院、新疆农业大学、西北农林科技大学、中国科学院新疆生态与地理研究所等为代表的国内科研院校开展同上合组织国家农业科技合作的概况、主要领域、成效以及下一步持续深化合作展望。

第一章
中国农业科学院与上合组织国家农业合作

中国农业科学院于1957年成立，是农业农村部直属的综合性农业科研机构、国家设立的中央级农业科研机构、全国综合性农业科学研究的最高学术机构和农业及农业科学技术战略咨询机构。它担负着全国农业重大基础与应用基础研究、应用研究和高新技术研究的任务，致力于解决中国农业及农村经济发展中公益性、基础性、全局性、战略性、前瞻性的重大科学与技术问题。

一、国际合作概况

中国农业科学院国外合作伙伴遍布五大洲85个国家，已与330多个外国政府部门、科研教学机构以及近50个国际组织、基金会和跨国公司等建立了合作关系，初步构建了与发达国家强强联合、与"一带一路"国家共商共建、与国际组织协同治理的全球创新合作三级布局体系。10个国际机构已在中国农业科学院设立了驻华代表处；建立了120多个国际合作平台；拥有9个联合国粮农组织（FAO）、世界动物卫生组织（OIE）认定的国际参考实验室。"十三五"期间承担各类国际合作项目700余项，经费超6亿元。年均派出交流访问人员1 500余人次，请进外国专家来访1 200余人次；举办70余场国际会议和国际培训；460余位专家在国际机构、组织和国际期刊兼任高级职务。主动发起"国际农业科学计划"，牵头申报农作物基因资源阐析（G2P）大科学计划，汇聚全球优势科技资源，开创面向全球农业科技合作新格局。积极推动疫苗、作物、植保等领域的先进产品和技术在共建"一带一路"国家"走出去"，增产示范效益显著。截至2022年底，在院来华留学生373人，与荷兰瓦赫宁根大学、比利时列日大学等知名学府开展了合作培养博士学位教育项目。与联合国粮农组织（FAO）、国际农业研究磋商组织（CGIAR）、国际应用生物科学中心（CABI）等国际组织开展深入合作，牵头参与中欧食品农业生物技术工作组及20国集团（G20）农业首席科学家会议等多边框架下的合作研讨与规则制定，在国际科技治理中发挥积极作用。成功接待时任英国首相特蕾莎·梅、朝鲜劳动党委员长金正恩等多位外国元首来访，服务国家外交大局。

为了更加充分地实现与上合组织国家的技术、文化交流，中国农业科学院还积极搭建沟通交流平台，尤其在2017年9月，中国农业科学院在新疆昌吉成立了中国农业科学院西部农业研究中心（科技援疆指挥部），旨在聚焦新疆毗邻中亚的特殊地缘区位优势，以及农业资源丰富、生产潜力大和不可替代性的特点开展研究工作。2023年7月17—19日，中国农业科学院和新疆昌吉州人民政府在昌吉共同主办了"中国—中亚农业科技创新与合作国际研讨会"，会上揭牌成立了中国农业科学院中亚农业研究中心，中国农业科学院与塔吉克斯坦农科院、乌兹别克斯坦塔什干农业大学等中亚国家的科研单位签署了多份科技合作协议。以农业、科技、人才援疆作为核心任务，以创新引领、科技支撑为初心使命，依托"一带一路"倡议和中亚地区农业国际合作优势，布局国家战略科技力量。

二、与上合组织国家农业科技合作的主要成效

（一）与中亚国家共建棉花科技示范园区

中国农业科学院与乌兹别克斯坦在棉花领域的合作主要体现为共建联合实验室、技术示范、合作研究等形式。中国农业科学院棉花研究所与乌兹别克斯坦共建

"中乌棉花联合实验室",并建设14个"棉花科技示范园区"。示范园区建设采用乌方棉花品种和中方棉花管理技术,示范效果获得高度评价,并受到乌兹别克斯坦总统高度重视。另外,按乌方要求成立了"中国植棉技术引进委员会",旨在进一步加快推广中国棉花生产技术。此外,棉花所与乌兹别克斯坦开展棉花育种、种子生产与农业技术研究合作,并主持申报的"中乌高产优质棉花基因资源的鉴定和利用(SQ2022YFE011294)"项目获批国家重点研发计划"政府间国际科技创新合作"重点专项。棉花所在乌兹别克斯坦成立的河南省"一带一路"棉花技术合作国际联合实验室与"一带一路"国际棉花产业科技创新院联合设立开放课题,2022年共同设置开放课题3项,支持经费共10万元。中亚综合试验站站长古捷通过视频方式线上安排和指导乌兹别克斯坦棉花田间管理工作,棉花所向乌兹别克斯坦棉花研究所提供滴灌设备,在乌兹别克斯坦棉花研究所总部建设20公顷现代植棉技术示范园区。

近年来,中国农业科学院与吉尔吉斯斯坦开展了高效的农业合作。2013年中国农业科学院棉花所与吉尔吉斯斯坦最大棉花生产企业达成在吉尔吉斯斯坦奥什州卡拉苏棉区共同研发、推广棉花生产高效、实用技术的协议。2016年棉花所在吉尔吉斯斯坦正式成立中亚试验站,明确了今后在共建联合研究中心、农业技术示范中心等方面的合作,实现中国农业科学院科研成果与吉尔吉斯斯坦实际需求的有效对接,全面开展农业技术合作。中国基于目前的品种与技术,在吉尔吉斯斯坦的棉花推广面积超过15万亩,使棉花单产提高60%以上。棉花品种中棉所44、中棉所59已在吉尔吉斯斯坦通过审定,中棉所49、中棉所77等10余个棉花品种正在参加吉尔吉斯斯坦区试和生产试验,试验结果表现突出。

中国农业科学院非常重视与塔吉克斯坦的农业科技合作,通过科学家互访,签署合作协议和执行科技部国际合作项目等方式,与塔吉克斯坦相关农业科研单位开展一系列国际科技合作。2016年8月,时任院长李家洋访问塔吉克斯坦,进一步落实中国农业农村部及中国农业科学院深化对塔农业合作的设想,进一步密切与塔方有关部门的交往,推动两国农业合作不断迈上新台阶。

目前,中国农业科学院西部农业研究中心联合国内和中亚国家多家机构签署了多项合作协议并建立了多个合作平台。例如联合中国农业科学院棉花所、郑州大学、乌兹别克斯坦棉花研究所等24家科研院所、高等院校和企业等共建了"一带一路"国际棉花产业科技创新院；与乌兹别克斯坦棉花育种、种子生产和农业技术研究所签订了相关合作协议。

（二）与俄罗斯科学院成立牧草实验室

2012年12月，由中国农业科学院草原研究所和俄罗斯科学院西伯利亚分院普通与实验生物学研究所联合打造的"中俄草地生态保护与可持续利用联合实验室"在内蒙古呼和浩特市挂牌成立。该实验室旨在以欧亚温带草原东缘生态系统为主要研究对象，围绕草地资源与生态、草地生产以及人类活动与草原政策等领域，通过联合中国、俄罗斯、蒙古国等国家开展合作研究，打造国际草业科技创新平台。2013年10月，中国农业科学院北京畜牧兽医研究所（以下简称牧医所）与俄罗斯瓦维洛夫植物栽培研究所（VIR）举行"中俄牧草遗传资源联合实验室"签约仪式。根据协议，牧医所对联合实验室的建立提供资金及土地支持，并负责实验室的条件建设、维护和日常管理，俄方提供资源和技术支持。俄罗斯牧草资源丰富，其牧草种质资源比较适合在我国西北、东北等地区开发利用。双方以联合实验室为依托，重点开展了牧草资源的联合考察收集、分子遗传评价、牧草品种培育等工作。

（三）与哈萨克斯坦成立兽医联合实验室

中国农业科学院哈尔滨兽医研究所、兰州兽医所与哈萨克斯坦在兽医领域开展了务实合作。哈尔滨兽医研究所与哈萨克斯坦斯·赛福林哈萨克农业技术大学联合建立了中国—哈萨克斯坦农业科学"一带一路"联合实验室（筹），主要开展跨境动物疫病防控联合研究，针对马流感、马传贫、腺疫、流产等马传染病诊断技术进行研究，促进哈萨克斯坦畜牧业健康发展。

兰州兽医所专家多次赴哈萨克斯坦开展口蹄疫风险状况现场评估，重点对哈方兽医法律法规体系、管理体系、疫病防控、易感动物进出口贸易等方面开展现场复核和评估，并承担了科技部国家重点研发计划"战略性科技创新合作"重点专项"重大跨境动物疫病防控新产品的合作创制与应用研究"。该所分别在2017年、2018年和2021年（线上）举办了3次"重大跨境动物疫病监测技术国际培训班"，该培训班累计录取65名来自哈萨克斯坦、巴基斯坦、泰国、蒙古国、苏丹、南苏丹、布隆迪、埃及等发展中国家的学员。通过培训使学员熟悉和掌握了口蹄疫、小反刍兽疫、羊痘病等动物疫病的诊断和监测技术，使学员了解了中国口蹄疫、小反刍兽疫、羊痘病和其他动物疫病检测防控的技术优势以及廉价优质的诊断技术产品。

（四）与乌兹别克斯坦联合开展水稻科研项目

中国农业科学院水稻所与乌兹别克斯坦农业部共同签署了成立中乌水稻联合研究中心的谅解备忘录，双方同意中乌双方依托各自的设施和设备在两国分别建立"中乌水稻联合研究中心"。中乌水稻研究所于2022年度签署了关于"耐盐水稻种植试验"和中乌水稻联合研究中心加强开展合作的行动计划。中乌水稻研究所合作承担的科技部国家重点研发计划"政府间国际科技创新合作"重点专项"中国—乌兹别克斯坦水稻宜直播基因资源的挖掘与种质创新"已于2023年1月正式启动，旨在推动解决双方高度关注的关于水稻直播过程中遭受低温、低氧胁迫影响水稻生产的产业问题，从遗传基础和种质创新角度开展联合攻关研究，乌兹别克斯坦水稻研究所的科研人员已到达中国农业科学院水稻所开展联合研究工作。

（五）与中亚国家联合开展果蔬科研项目

中国农业科学院郑州果树研究所与哈萨克斯坦农业大学签署了关于建立果树联合实验室的谅解备忘录，旨在搭建合作平台，推动双方在果树领域的合作。此外，郑州果树研究所申请并立项国家外国专家局项目"果树种质多样性保护与可持续利用技术引进"，其间与乌方签署合作谅解备忘录，双方围绕果树种质资源可持续发展、起源演化、遗传多样性及驯化过程、安全保存、高效利用等方面开展深入的探讨和进一步的科技合作。

2017年12月，中国农业科学院蔬菜花卉研究所与俄罗斯科学院新西伯利亚分院细胞基因研究所、西伯利亚农业科技开发有限公司（北京）以及西伯利亚农业科技发展有限公司（俄罗斯）四方签订了成立"中俄马铃薯遗传育种联合实验室"的合作意向书。实验室将重点开展中俄优异马铃薯种质资源收集与利用、马铃薯资源"多组学联合鉴定技术"、重要性状的遗传分析、联合育种及进行栽培技术研究等，构建中俄马铃薯联合遗传育种平台，以促进双方马铃薯产业发展和遗传育种研究，同时助力企业响应国家"一带一路"倡议，在俄罗斯进行马铃薯产业开发。

三、合作展望

　　未来，中国农业科学院将加强与上合组织国家在棉花、水稻、蔬菜、果树育种与栽培技术，土壤修复，动物育种，养殖技术，植物保护，畜禽疫苗研制以及重大跨境动物疫病领域的项目合作，鼓励双方科学家联合申请双边政府间合作项目，以及科技部、国家自然科学基金委员会、农业农村部等有关项目，切实推动双方实质性合作；进一步加强"中乌棉花联合实验室"建设，推动列入科技部"一带一路"联合实验室；申请科技部、国家外国专家局等渠道人才培养项目，吸收外方农业科研人才来华进修培训，同时加强研究生联合培养以及博士后培养合作；以及有效对接全球创新资源，积极与中亚国家的政府部门、科研机构、知名高校和企业开展多层次、多形式、多领域科技合作。

第二章
新疆农业科学院与上合组织国家 农业合作

新疆农业科学院创立于1955年，是新疆维吾尔自治区人民政府直属的综合性农业科研机构。该院围绕全区农业发展的科技需求，将农业科技创新、科技人才培养、科技成果推广与示范作为重大使命，坚持自主创新，致力成为国家农业科技创新体系的重要组成部分和中国农业科技面向中亚开放的战略基地。

一、国际合作概况

新疆农业科学院依托自身技术优势和新疆毗邻中亚的区位优势，与上合组织国家积极开展农业科技合作。通过承担国家级和省部级国际农业科技合作项目，在农业科技"引进来"和"走出去"等方面开展工作，一方面引进消化吸收再创新，提升农业科研水平，另一方面响应国家"一带一路"倡议，面向上合组织国家在资源引进和技术输出等方面开展合作，进而为国家整体科技外交战略服务。目前，新疆农业科学院已与哈萨克斯坦、乌兹别克斯坦、吉尔吉斯斯坦、塔吉克斯坦、俄罗斯、哈萨克斯坦等20多个国家或地区的高校院所建立了良好的合作关系，建设平台包括科技部国际合作基地、自治区引智示范基地、中亚有害生物综合防控技术国际联合研究中心等，为推动农业科技"走出去"服务。

二、与上合组织国家农业科技合作的主要成效

（一）与吉尔吉斯斯坦共同搭建植物保护防控平台

2019年1月，新疆农业科学院植物保护研究所同吉尔吉斯斯坦国立农业大学共同执行中国科技部对发展中国家进行科技援助项目"中亚农业有害生物绿色防控联合实验室"，在吉尔吉斯斯坦建成了面积为200平方米的"中亚农业有害生物绿色防控联合实验室"，搭建了中亚五国农业重要病害快速检测与绿色防控平台、农业重要害虫监测预警及绿色防控平台以及外来有害生物监测与控制平台。通过防控平台创建，新疆农业科学院与吉尔吉斯斯坦国立农业大学初步完成吉尔吉斯斯坦主要农作物种植和病虫害发生情况的调查，形成吉尔吉斯斯坦主要农作物种植和病虫害发生情况的调研报告，对吉尔吉斯斯坦农作物病虫害防治起到了非常重要的作用。2022年，新疆农业科学院植物保护研究所申报的中国农业农村部"中亚农业有害生物综合防控技术联合研究中心建设项目"获批建设。

新疆农科院植保所向吉尔吉斯斯坦农大授牌"中亚农业有害生物绿色防控联合实验室"
来源：新疆农业科学院。

（二）通过科技项目平台促进塔吉克斯坦作物产业高质量发展

自2010年起，新疆农业科学院经济作物研究所与塔吉克斯坦在棉花相关领域积极开展了农业科技合作交流，在种质资源引进交流、农业新技术新装备新品种示范推广、棉花高产优质高效生产技术合作研究、棉花新品种合作选育等方面取得了良好的成效。引进交流棉花种质资源材料近500份，建设完成3个现代农业科技示范园区，总面积近500公顷；集成示范了棉花、玉米、水稻等优良品种与先进的高密度膜下滴灌高产优质高效栽培技术，创造了塔吉克斯坦棉花单位面积超高产典型，高产示范田籽棉产量较当地增产100%以上；建成一条年加工生产能力5 000余吨的现代化棉花种子加工生产线；建设完成1个面积120平方米的种质资源创新利用实验室；成立了中塔农业联合研究中心和中塔农业科技合作园。

中塔农业联合研究中心
来源：新疆农业科学院。

中塔农业科技合作园
来源：新疆农业科学院。

2017年，新疆农业科学院园艺作物研究所在吉尔吉斯斯坦和乌兹别克斯坦启动了上海合作组织科技伙伴计划"中亚果树资源利用及栽培技术示范"项目。截至2019年，共引进果树资源153份，建立中亚果树资源圃30亩，在吉尔吉斯斯坦建立果树病害生物防治示范园15亩，在乌兹别克斯坦建立红枣密植示范园15亩，发表学术论文7篇，授权实用新型和软件著作权各1项，申请发明专利1项。

2018年10月，新疆农业科学院农经信息所和园艺所专家为执行上海合作组织科技伙伴计划"吉尔吉斯斯坦野核桃资源引进与联合研究"项目，前往吉尔吉斯斯

项目组专家在吉尔吉斯斯坦进行果树丰产栽培技术培训
来源：新疆农业科学院。

坦开展项目合作相关工作，与贾拉拉巴德州科学生产中心的专家进行了座谈。双方约定在果树研究领域开展人才交流与互访，共同推进资源技术等方面科技合作，并签署科技合作协议。

2020—2022年，新疆农业科学院与哈萨克斯坦别克特尔农牧业总公司联合启动了"大豆种质资源引进与高产高效栽培技术示范应用"项目。该项目针对中国新疆与哈萨克斯坦大豆科研、生产、技术及产业发展的需求，以哈方急需适宜本国生产条件的大豆高产高效栽培技术为切入点，建立了中哈农业联合研究中心，进行配套栽培技术示范与应用。该项目集成封闭除草、窄行密植、水肥一体化、病虫害综合防治、机械化收获等现代农业实用技术，在哈萨克斯坦建立了大豆示范基地，对提高两国大豆品质、促进两国大豆产业高质量发展具有重要意义。

（三）引进吉尔吉斯斯坦优质乳酸菌资源

2023年7月，新疆农业科学院微生物应用研究所与吉尔吉斯斯坦国立技术大学联合执行承担了上海合作组织科技伙伴计划"吉尔吉斯斯坦优质乳酸菌资源引进及益生功能研究"项目。该项目组先后前往吉尔吉斯斯坦首都比什凯克、伊塞克湖及楚河州等不同地区收集吉尔吉斯斯坦发酵乳制品79份，这为进一步挖掘和评估引进乳酸菌的价值，推动引进益生菌资源在新疆乳企的转化应用奠定了基础。

（四）为吉尔吉斯斯坦高效设施农业综合技术提供指导

2018年7月8—17日，新疆农业科学院农机研究所专家为执行上海合作组织科技伙伴计划"吉尔吉斯斯坦高效设施农业综合技术应用与装备示范"项目，前往吉尔吉斯斯坦比什凯克坎特镇指导当地科研人员建设温室，安装温室骨架、滴管、热风炉，培训吉方科技人员育苗技术。专家在项目后期给予吉方科技人员远程视频指导帮助。由新疆农业科学院提供的新疆型日光温室，设计简易、易于操作，满足了当地生产需要。吉方表示，将在吉尔吉斯斯坦推广新疆型日光温室。

除了在专业领域的技术交流合作外，新疆农业科学院致力于通过搭建技术交流中心、进行人员培训，以及人员互访交流等形式丰富中国与中亚国家的农业技术交流方式。2023年，新疆农业科学院启动了上海合作组织科技伙伴计划"中国（新疆）—中亚（乌兹别克斯坦）农业技术分享中心"项目，拟在乌兹别克斯坦建设一个农业技术分享中心，协同解决乌方重点产业或产品的全产业链技术问题，探索一个与中亚各国建设可复制、可推广农业技术分享中心平台模式，为丰富上合组织活动内容和成果作出积极贡献。

2016—2019年，新疆农业科学院连续四年获批承办科技部对发展中国家援外培训班项目"中亚及周边国家棉花优质高产栽培技术国际培训班"。大部分学员来自农业和相关技术大学或科研机构，少部分学员来自农业相关企业。

中亚国家棉花高产栽培技术国际培训班开班仪式
来源：新疆农业科学院。

2016年培训班学员在玛纳斯实地考察棉花田
来源：新疆农业科学院。

2017—2023年，新疆农业科学院相关单位与中亚国家相关科研机构及大学进行了多次人员交流互访，并与合作方签署了多项合作协议和备忘录（表2-1），不断扩大了农业科技合作的"朋友圈"，为充分利用双方的优势资源，实现优势互补，进一步促进了与上合组织国家的农业科技创新合作。

表2-1　新疆农业科学院与上合组织国家科研机构交流互访成果

年份	国外合作伙伴	成果
2017	乌兹别克斯坦农业科学生产中心	签署科技合作框架协议，约定在农业经济、生态环境保护与利用、农业信息资源调查、分析与应用、信息技术应用、农业遥感、节水技术等领域共同申请项目并开展合作
2018	乌兹别克斯坦农业科学生产中心	围绕农业信息资源和平台建设深入开展合作与交流，共同开展中乌农业信息资源开发与应用项目的申报工作；签署合作行动备忘录
2019	塔吉克斯坦农业大学、塔吉克斯坦农业科学院	签署科技合作意向书；约定共建"中国—中亚农产品加工与质量安全联合研究中心"
2019	吉尔吉斯斯坦国立农业大学	执行科技部对发展中国家进行科技援助的《中亚农业有害生物绿色防控联合实验室》项目；签订"共建中国—中亚农业有害生物绿色防控联合研究中心协议"
2019	乌兹别克斯坦塔什干国立农业大学	签订《中国新疆农业科学院经济作物研究所与乌兹别克斯坦塔什干国立农业大学合作协议》
2023	乌兹别克斯坦塔什干国立农业大学	召开"中国（新疆）—中亚（乌兹别克斯坦）农业技术分享中心"项目启动会

三、合作展望

中亚地区与我国新疆等西部地区气候、地理条件相近，农业发展具有高度相似性，因此，非常适合开展农业合作项目的试验、示范和成果转移。新疆农业科学院具备很好的国家和省部级科研平台以及科研基地，能够为双方科技合作提供软硬件支撑。未来，新疆农业科学院将继续加强在作物栽培、品种资源引进、农业有害生物防控、农业机械等领域的研究与开发，积极推进在联合实验室、农业技术培训、共同举办国际会议等方面的务实合作。

第三章
新疆农业大学与上合组织
国家农业合作

新疆农业大学是新疆维吾尔自治区重点建设的一所以农业科学为优势和特色的大学。学校以"屯垦戍边办大学、稳疆兴疆育人才"为办学宗旨，形成了集本科、硕士、博士为一体的全学段人才培养体系，走出了一条产学研用紧密结合的特色办学之路，为推动中国农业农村现代化建设和高等农业教育事业发展作出了积极贡献。

新疆农业大学
来源：张和钰摄。

一、国际合作概况

新疆农业大学与美国、加拿大、俄罗斯、巴基斯坦、哈萨克斯坦、乌兹别克斯坦、塔吉克斯坦等20多个国家和地区的70余所高校院所建立了良好的合作关系。一是有序推进汉语国际推广工作，在巴基斯坦建成的孔子学院成为全球100所示范孔子学院之一。二是扎实推进"一带一路"教育行动，"中亚研究中心"获批为教育部国别与区域研究中心。三是成立"新疆—中亚现代农业科技创新与交流中心""中国—乌兹别克斯坦科学研究中心"等国际合作平台。四是为进一步推动丝绸之路经济带沿线国家高等农业教育的共同发展，与中国农业大学等国内外院校共同发起成立了"丝绸之路沿线国家农业院校联盟"。

二、与上合组织国家农业科技合作的主要成效

（一）与中亚国家建立多个科研合作中心

2010年6月，新疆农业大学在赛弗林农业技术大学成立了"哈萨克斯坦—中国科学与教育中心"，该中心是中国在哈萨克斯坦成立较早的以推广汉语教育与科技合作为主要内容的交流中心。2013年12月，在中国科技部和新疆科技厅的支持下，新疆农业大学和哈萨克斯坦赛弗林农业技术大学在新疆乌鲁木齐签署成立"新疆中亚现代农业科技创新与交流中心"，旨在进一步加强与周边国家高校在农业、水利、种植、养殖等方面的交流合作。2016年4月，乌兹别克斯坦塔什干国立经济大学与新疆农业大学共同创办并成立了"乌兹别克斯坦—中国教育与科学研究中心"，旨在进一步促进乌中两国高校间的学术交流和科研合作。2016年9月，中国新疆大学发起的"中国—中亚国家大学联盟"正式成立，其中7个国家的51所高校加入了此联盟，并共同签署了《中国—中亚国家大学联盟宣言》。

（二）与哈萨克斯坦共建水利和农机实验室

2013年12月，新疆农业大学与哈萨克斯坦赛弗林农业技术大学签署两项协议，

内容包括教育和科技领域合作与共建水利和农机实验室。其中，两校共建的水利和农机实验室由新疆维吾尔自治区科技厅牵头，以节水和农业机械为主要研究方向，由两校合资建设，建设地点位于赛弗林农业技术大学，新疆农业大学为实验室首批投入了价值约200万元的实验设施。另外，新疆农业大学还成立了"新疆中亚现代农业科技创新与交流中心"，旨在进一步加强与周边国家高等院校在农业、水利、种植、养殖等方面的交流与合作。

（三）通过多种形式开展技术交流活动

除了在专业领域的技术交流合作外，新疆农业大学致力于通过技术培训、学生实习、人员互访及学术研讨等形式丰富中国与中亚国家的农业技术交流方式。2017年3月，新疆农业大学举办了"一带一路"倡议下中哈农业合作现代农业技术培训班，来自哈萨克斯坦的20名青年参加了为期一周的培训，培训内容主要包括农业高效节水工程建设及运行管理，高效节水灌溉技术及应用，滴灌节水技术及应用等。通过此次培训，进一步推动了中国高效节水技术在哈萨克斯坦的示范与推广，并对中亚其他国家起到了很好的示范和带动作用。

2014年10月28日至11月4日，哈萨克斯坦赛弗林国立农业技术大学率领该校动物医学、畜产品加工技术、生物技术、农业机械、土地资源管理、动物科学等专业的49名硕士研究生来新疆农业大学进行为期7天的短期实习。实习期间，双方研究生代表进行面对面的交流，对彼此的国家、学校、学习和生活状况加深了解，并加深了彼此之间的友谊。

2017年9月，新疆维吾尔自治区科学技术厅、新疆农业大学和新疆畜牧兽医学会在乌鲁木齐共同主办了"丝路经济带农畜产品安全研究区域合作研讨会"。来自俄罗斯、哈萨克斯坦、印度、巴基斯坦等国的专家学者以及疆内外的学者参加了此次研讨会，并就区域间的跨境疫病防控、农畜产品与食品安全、疫病与药残检测技术、技术标准与信息资源共享等主题进行了深入交流与分享。

2013年，新疆农业大学和俄罗斯国立太平洋大学合作发起的交通运输专业本科教育项目（物流工程方向）获得中国教育部批准，这是该校从中国教育部获批的第一个本科层次的中外合作办学项目。2017年8月，新疆农业大学中俄合作办学项目首批63名学生远赴俄罗斯太平洋国立大学开启了留学生活。2019年4月，与俄罗斯托木斯克国立建筑大学合作办学项目获中国教育部批准，这是该校从中国教育部获批的第二个本科层次的中外合作办学项目，旨在培养具有国际视野、掌握中俄两种语言能力的土木工程专业人才，为"一带一路"建设提供强有力的人才支撑。

2008—2023年，新疆农业大学与上合组织国家相关科研机构及大学进行了多次人员交流互访，并与合作方签署了多项合作协议和备忘录（表2-2），不断扩大了农业科技合作的"朋友圈"，这为充分利用双方的优势资源，实现优势互补，进一步促进与上合组织国家的农业科技创新合作奠定了良好的基础。

表2-2　新疆农业大学与上合组织国家科研机构交流互访成果

年份	国外合作伙伴	成果
2008	哈萨克斯坦赛弗林国立农业技术大学	举行合作签字协议，双方校长在两校互派教师、科学研究等合作书上签字
2011	塔吉克斯坦国立农业大学	签署《新疆农业大学与塔吉克斯坦农业大学联合开展研究生培养、科学研究、学术交流（2011—2015年）意向书》
2012	塔吉克斯坦国立农业大学	签署《中国新疆农业大学与塔吉克斯坦国立农业大学科学研究合作协议书》
2013	哈萨克斯坦赛弗林农业技术大学	签署教育和科学研究领域合作协议，此次合作涉及农学、草地资源、机械工程等多个领域
2014	俄罗斯季米亚杰夫农业大学	签署两校合作协议，双方约定在科学研究、学生教育、信息交流以及学生、教师、科研人员交流互换等领域开展合作
2016	吉尔吉斯斯坦奥什农业与经济学院	签署两校合作协议，旨在教学、科研、人才培养等方面展开深入合作与交流
2017	乌兹别克斯坦塔什干国立农业大学	签署《中国新疆农业大学与乌兹别克斯坦塔什干国立农业大学高等教育、科学研究及技术推广合作谅解备忘录》
2023	乌兹别克斯坦塔什干国立农业大学	签署新的学术交流协议

三、合作展望

新疆拥有较为先进的农业技术，与上合组织国家，尤其中亚国家在农业科技领域拥有较高的相似性和互补性。另外，上合组织合作平台和新疆与中亚的地缘优势和人文优势，也为新疆农业实践在中亚地区推广提供了良好的发展机遇。新疆农业大学作为一所以农业科学为优势和特色的大学，拥有多个国家和省部级科研平台以及科研基地，可为多双边农业科技合作提供稳定可靠的软硬件支撑。未来，新疆农业大学可以充分利用上合组织合作平台及新疆地缘和资源优势，与上合组织国家继续加强在农学、水利、气象、植物、动物、草地、土壤、农业机械、学生联合培养、共建联合实验室（或研究中心）、合作办学等领域的务实合作。

第四章
西北农林科技大学与上合组织国家农业合作

　　西北农林科技大学是一所中国教育部直属、国家"985工程"和国家"211工程"重点建设高校。西北农林科技大学围绕"支撑和引领干旱半干旱地区现代农业发展",为支撑旱区农业创新提升科研实力,储备科研力量,实现自我突破,为推动旱区农业科技创新提供智力支撑,为促进黄土高原特色农业发展作出了积极贡献。另外,该校为农业科技创新示范推广打造了多个重要平台,为"一带一路"旱

西北农林科技大学
来源:罗博文摄。

区农业国际合作拓宽了沟通交流渠道。

一、国际合作概况

西北农林科技大学通过加强与世界一流高校院所的实质性合作，积极拓展国际科技教育合作与交流，形成了全方位、多层次、多渠道的国际合作交流新格局。该校先后与全球35个国家80余所知名大学或科研机构建立校际合作关系，与美国内布拉斯加大学林肯分校和亚利桑那大学联合开展食品科学与工程、植物保护、环境科学等三个中外合作办学项目。学校现有各类留学生325人，积极参与"一带一路"建设，已逐步成为中国开展农业国际交流合作和服务丝绸之路经济带建设的高地。其主导成立的"丝绸之路农业教育科技创新联盟"影响广泛，牵头在丝路沿线国家建立8个海外农业科技示范园和4个海外人才培养基地。该校与杨凌示范区共建上海合作组织农业技术交流培训示范基地，牵头成立上合组织农业基地现代农业发展研究院、组建上合组织农业基地现代农业国际联合实验室、加入上合组织大学（牵头现代农业方向）等三项上合组织农业基地重点建设任务。

二、与上合组织国家农业科技合作的主要成效

（一）牵头发起成立丝绸之路农业教育科技创新联盟

2016年，西北农林科技大学牵头发起成立"丝绸之路农业教育科技创新联盟"，依托此联盟，与中亚地区11所农业大学开展了多层次、多领域的深入合作，尤其与哈萨克斯坦国立农业大学、赛弗林农业技术大学、霍尔克特阿塔克孜勒奥尔达国立大学、北哈萨克斯坦国立大学、西哈萨克斯坦农业技术大学等哈萨克斯坦高校建立了密切联系，在留学生培养、科学研究、农业生产等方面取得了一系列新成效，为该校与共建"一带一路"国家开展更深入更广泛的交流合作奠定了良好基础。截至目前，已有哈萨克斯坦国立农业大学、赛弗林农业技术大学、西哈萨克斯坦农业技术大学等7所哈萨克斯坦高校及科研机构加入此联盟。

（二）与中亚五国联合共建境外农业科技示范园

自2016年以来，西北农林科技大学在哈萨克斯坦、吉尔吉斯斯坦、乌兹别克斯坦、塔吉克斯坦等中亚五国联合建立8个海外农业科技示范园，其中与哈萨克斯坦科研机构、中资企业共建成4个农业科技示范园，包括与西安爱菊粮油工业集团有限公司、北哈州国立大学共建"哈萨克斯坦农业科技示范园"，与北哈萨克斯坦州立大学共建"中哈农作物品种示范园"，与赛弗林农业技术大学共建"哈萨克斯坦农业科技示范园"，与哈萨克斯坦国立农业大学共建"哈萨克斯坦农业科技示范园"。西北农林大学通过输出新品种、新技术、新模式，初步建成"科技引领、企业主体、多方协同、市场导向"的海外农业科技示范园建设模式，推动了当地农业发展，使农民获得了实惠。2018年9月，西北农林科技大学在吉尔吉斯斯坦楚河州莫斯科区与吉尔吉斯斯坦田园牧业有限公司及杨凌乐达生物科技有限公司合作建成"中吉现代农业示范园"。

（三）成立多个上合组织国际合作平台

2017年10月，西北农林科技大学成立了"中俄农业科技发展政策研究中心"，旨在进一步推进中国农业"走出去"步伐，重点加强与共建"一带一路"国家，特别是与俄罗斯在农业、科技、贸易和文化的全方位合作。2017年，西北农林科技大学哈萨克斯坦研究中心在西北农林科技大学成立。该中心以哈萨克斯坦为研究对象，主要开展对其自然资源与环境、社会制度与经济政策、农业和食品产业、科技动态和文化教育等方面的研究，为中哈农业科技合作高端人才培养、国家和农业企业提供咨政服务。该中心已与哈萨克斯坦赛弗林农业技术大学、哈萨克斯坦国立农业大学和西哈萨克斯坦农业技术大学的经济系、管理系等相关专业领域在人才培养、科学研究方面建立了稳定的合作关系。

（四）与上合组织国家合作办学取得重大进展

2023年5月16日，西北农林科技大学与哈萨克斯坦赛弗林农业技术大学签订《食品科学与工程硕士双学位合作办学协议》。哈方学生通过在中哈两国的学习，可获得西北农林科技大学颁发的硕士毕业证书和学历证书，并同时获得赛弗林农业技术大学颁发的硕士学位证书。

（五）主办或承办与上合组织国家相关的国际会议

2022年12月16日，由西北农林科技大学主办，中俄农业科技发展政策研究中心、中俄农业教育科技创新联盟承办，莫斯科国立大学经济学系、莫斯科国立大学欧亚食品安全中心、奥姆斯克国立农业大学协办的"第三届中俄农业教育科技创新联盟大会暨公共危机和冲突背景下国际农业贸易合作与政策国际会议"在陕西杨凌召开，来自国内外的20多名专家学者围绕农产品贸易、农业科技合作、现代农业发展、粮食安全等议题做了主旨报告。2022年12月12日，以线上线下两种方式在西北农林科技大学举办了主题为"上合组织农业教育科技合作：机遇与挑战"的"首届上合组织国家农业大学校长论坛暨科技创新发展论坛"，来自上合组织国家20余所高校院所的校长及负责人参加了此次论坛。

（六）与上合国家建立了良好的科技合作关系

西北农林科技大学与上合组织国家高校院所、企业等机构互访频繁，建立了良好的合作伙伴关系。尤其在2015年以后，其合作伙伴范围不断扩大，主要包括：俄罗斯奥廖尔国立农业大学、俄罗斯圣彼得堡国立经济大学、俄罗斯塔夫罗波尔农业大学、哈萨克斯坦赛弗林农业技术大学、哈萨克斯坦国立农业大学、北哈州国立大学、北哈萨克斯坦大学、西哈萨克州农业技术大学、哈萨克斯坦农业科学院、塔吉克斯坦国立农业大学、乌兹别克斯坦塔什干国立农业大学、吉尔吉斯斯坦国立农业大学、西安爱菊粮油工业集团有限公司、湖南克明面业股份有限公司、吉尔吉斯斯坦田园牧业有限公司、杨凌乐达生物科技有限公司、哈萨克斯坦国际一体化基金会理事会等。

（七）与上合组织国家签署多项合作协议或备忘录

2010—2023年，西北农林科技大学与上合组织国家相关科研机构及大学进行了多次人员交流互访，并与合作方签署了多项合作协议和备忘录（表2-3）。

表2-3　　　西北农林科技大学与上合组织国家科研机构交流互访成果

年份	国外合作伙伴	成果
2010	俄罗斯奥廖尔国立农业大学	签署备忘录，建立合作关系，在动物科学和农学等领域进行人员和学术交换
2015	俄罗斯奥姆斯克国立农业大学	签署校际合作备忘录
2017	哈萨克斯坦赛弗林农业技术大学	签署科技人才长期合作协议
2018	塔吉克斯坦国立农业大学	签署两校"校际合作协议"
2018	北哈萨克斯坦大学	签署"共建农业科技示范园协议"
2018	哈萨克斯坦北哈州国立大学	与北哈州国立大学共同签署了两校"校际合作协议"和"北哈州现代农业示范园共建协议"
2019	乌兹别克斯坦塔什干国立农业大学	签署《西北农林科技大学与塔什干国立农业大学谅解备忘录》
2021	俄罗斯圣彼得堡国立经济大学	签署《共建上合组织农业技术交流培训示范基地合作协议》

三、合作展望

西北农林科技大学作为国家重点建设农业高校，地处国家级农业高新技术产业示范区——陕西杨凌，拥有众多上合组织国家合作伙伴。自2016年以来，学校以丝绸之路农业教育科技创新联盟为平台，先后与哈萨克斯坦国立农业大学、赛弗林农业技术大学、吉尔吉斯斯坦国立农业大学、塔吉克斯坦国立农业大学、乌兹别克斯坦塔什干水利与农业机械工程大学等11所上合组织国家的大学建立了深厚的合作关系。另外，该校学科门类齐全，拥有多个国家及部省级科研平台，能够为双多边农业科技创新合作提供软硬件支撑。未来，该校将继续巩固和稳定现有农业科技合作伙伴关系，进一步扩大与上合组织国家，尤其是中亚国家的农业科技合作伙伴范围，在项目联合申请、共建联合实验室和科技示范园区、农业技术培训、学生联合培养、中外合作办学、共同举办国际会议等方面加强务实合作。

第五章

中国科学院新疆生态与地理研究所
同上合组织国家农业合作

1998年7月7日，中国科学院在新疆乌鲁木齐成立新疆生态与地理研究所（以下简称新疆生地所）。新疆生地所的主要任务是面向国际干旱区生态与环境领域科技前沿，面向国家丝绸之路经济带建设重大需求，面向新疆社会稳定与长治久安总目标，创新干旱区科学的理论和方法体系，在干旱区生态学与干旱区地理学领域，围绕干旱区自然资源开发、生态修复、环境治理、生物多样性保育和区域可持续发展等重大问题开展研究和试验示范，在亚洲中部干旱区生态与环境领域发挥重要的骨干和引领作用。

一、国际合作概况

近年来，为了与上合组织国家深入开展多领域、多层次的合作研究，新疆生地所通过政府间科技合作项目、人员交流互访、共建联合实验室、联合出版、举办国际会议等方式先后同俄罗斯、哈萨克斯坦、吉尔吉斯斯坦等著名的高校院所建立了良好的合作关系。另外，借助"一带一路"倡议和上合组织合作平台，新疆生地所与上合组织国家的合作水平与合作层次进一步加深。目前，新疆生地所在中亚、伊朗、蒙古国等国家和地区建有 19 个国际联合野外观测研究站与"一带一路"国际科学组织联盟荒漠化专题联盟（ANSO-ACD）；与相关国外机构联合，建有干旱区生物多样性保护联合体（BCAA）、中美国际干旱区生态研究中心、中日干旱区生态研究中心、中国—比利时地理信息联合实验室、东非自然资源与环境研究中心、泛非绿色长城研究中心、中德干旱区生态系统管理与环境变化联合研究中心等。

二、与上合组织国家农业科技合作的主要成效

（一）针对中亚地区，建立合作平台，在生态与环境保护领域加强与上合组织国家的科技合作

为了进一步加强中国与中亚地区的合作研究，充分利用国内国际两个市场、两种资源，2013 年 5 月，新疆生地所在乌鲁木齐成立了中亚生态与环境研究中心（以下简称中亚中心），主要任务是面向上合组织和丝绸之路经济带建设对中亚资源、生态与环境的重大需求，开展中国与中亚国家自然资源开发和生态环境保护的互惠合作研究，建立海外研究基地和平台。截至 2015 年，中亚中心已在中亚地区建立了 24 公顷的盐碱土改良技术试验示范区、15 公顷的农业高产技术试验示范区、10 公顷的膜下滴灌节水技术示范区和 1.4 公顷的设施农业蘑菇种植示范区，并获得了中亚国家和上合组织的高度认可。截至 2017 年底，中亚中心在哈萨克斯坦、吉尔吉斯斯坦、塔吉克斯坦已拥有科研办公楼、实验室和信息中心 5 000 平方米，生态系统野外观测研究站 15 个，招聘国外科研人员 40 人，硕士和博士研究生 69 人，组织科考 53 次，收集资料 1 000 余部，采集样本 15 万份，出版专著 15 部，发表 SCI 论文 340 篇。2021 年，新疆生地所为进一步加强与塔吉克斯坦在生物资源收集、生物资源保育与利用、生物产业发展与创新等多领域的合作研究，与塔吉克斯坦国家科学院联合成立"中塔生物资源保育与利用联合实验室"。

（二）与上合组织国家共同开展咸海治理

咸海生态危机作为中亚各国共同面对的生态问题，已受到国际社会的广泛关

注，并成为"一带一路"国际科学组织联盟（ANSO）关注的重要议题和工作的优先事项之一。2021年9月12日，在ANSO支持下，"ANSO绿色咸海科学倡议项目办公室"（以下简称ANSO绿色咸海项目办）在新疆生地所揭牌成立。未来，ANSO绿色咸海项目办将致力于进一步加强与中亚各国的合作研究，采用创新性的技术方案解决咸海及中亚地区面临的各类严峻挑战。目前，中国与乌兹别克斯坦就咸海流域已进行多项合作研究，并在生态修复、节水灌溉、水资源利用与保护、水环境治理等领域取得多项合作成果。

（三）与上合组织国家在水稻种植、草原退化、病虫害防治等领域开展科技合作

新疆生地所中亚中心阿拉木图分中心与哈萨克斯坦土壤研究所共同实施的"膜下滴灌水稻种植技术试验示范"项目，其小区试验已获得明显成效，到2018年，在哈萨克斯坦的膜下滴灌水稻面积已扩大至3公顷，多年示范试验结果表明：膜下滴灌水稻种植技术不但节约了水资源，同时在改善土壤盐渍化、病虫草防治、提高产量、节约肥料等方面也取得了很好效益。2018年4—5月，新疆生地所与塔吉克斯坦国家科学院植物研究所组成的联合研究团队，对塔吉克斯坦杜尚别的南部、北部和东部的退化草原现状开展联合调研，这为今后退化草原项目实施的地面验证奠定了良好基础。2012—2018年，新疆生地所与塔吉克斯坦动物研究所持续开展了害虫防治合作研究，合作团队陆续在塔吉克斯坦发现了包括苹果蠹蛾在内的6种外来入侵害虫，并且基于中国植物虫害监测预警技术，运用生物防治技术，结合塔吉克斯坦当地实际情况，构建了植物虫害综合防治技术体系。截至2018年，在塔吉克斯坦已有40%的棉田得到了有效监测和治理。

（四）与上合组织国家合作开展农业生产、生态修复、脱贫等领域科技工作

新疆生地所在进行荒漠化治理过程中，也将农业生产与生态修复有机结合在一起。目前，一些合作项目已在中亚地区初见成效。例如，在乌兹别克斯坦土壤盐碱化比较严重的地区，中亚中心将新疆的耐盐小麦品种引入到乌兹别克斯坦种植，与

在当地肥沃土地上种植的小麦相比，收获了更高单产。在塔吉克斯坦，中亚中心将中国的棉花品种引入当地后，棉花单产比当地品种翻了一番。在哈萨克斯坦，中亚中心引入中国的旱作水稻品种，并采用中国的滴灌技术，在保持水稻产量不变的同时使灌溉用水节约50%以上。2018年9月，新疆生地所圆满完成了中国科学院的一项任务，即"吉尔吉斯斯坦饮用水安全保障技术与示范"，并建设完成了"成套膜技术净化集中供水站（净水屋）"，重点解决了吉尔吉斯斯坦楚河州部分地区饮用水中抗生素、重金属等有害物质的超标问题，使当地民众的饮用水安全得到了很大改善。

（五）与上合组织国家加强农业科技人才能力建设

2013年7月新疆生地所在新疆乌鲁木齐承办了第四届上海合作组织国家科学院青年科学家暑期培训班——气候变化下的干旱区生态环境资源保护与可持续利用，参加培训人员共分两部分，一部分是来自国外科研机构的青年学者，包括俄罗斯科学院、哈萨克斯坦共和国国家科学院、乌兹别克斯坦科学院、吉尔吉斯共和国国家科学院、塔吉克斯坦共和国科学院和蒙古国科学院，另一部分是来自新疆生地所的部分研究生。

2019年10月，新疆生地所与国内及国际机构在乌鲁木齐联合举办名为"2019年中亚防灾减灾技术应用"的培训班，培训内容涉及荒漠化防治、盐渍化治理，无人机在地质灾害、气象灾害等灾害中的应用等，学员共计40余人，包括来自中亚四国、蒙古国等国家的政府部门相关人员、高校院所相关代表及留学生。

2021年11月，新疆生地所通过线上方式承办了名为"中西亚生态环境监测与科学实践"的国际培训班，学员共计40余人，主要来自中亚四国、伊朗、蒙古国等国，包括技术人员和管理人员。

（六）主办或承办与上合组织国家相关的国际会议

2019年12月，新疆生地所在中国海口主办"中亚干旱区荒漠化防治国际研讨会"，会议重点讨论了中亚地区荒漠化防治等内容，参会代表约60人。2020年11月，新疆生地所举办"咸海生态修复与综合治理国际研讨会"，参会方式分为线上和线下两种，参会代表共计200余名，包括来自乌兹别克斯坦、哈萨克斯坦、吉尔吉斯斯坦、巴基斯坦等30多个国家与地区的政府官员、国际组织负责人和专家学者。
2023年3月19日，新疆生地所联合中国科学院生物多样性委员会共同举办了"中
亚和北亚植物多样性国际研讨会"。来自中国、塔吉克斯坦、哈萨克斯坦、俄罗斯、
全球生物多样性信息机构和国际山地综合发展研究中心等国家和国际组织的60余人
线上线下参加会议。

（七）巩固与上合组织国家建立的合作伙伴关系

新疆生地所与上合国家高校院所、企业等机构互访频繁，建立了良好的合作关
系。为继续巩固这种合作关系，2022年12月13—30日，新疆生地所代表团出访了
乌兹别克斯坦的8所高校院所。2023年2月至3月10日，新疆生地所代表团又前往
吉尔吉斯斯坦、哈萨克斯坦和塔吉克斯坦访问，与相关国立科研机构和大学负责人
就新冠疫情后建立全新合作对接机制、拓展合作新领域、巩固双边合作关系等进行
了深入交流与研讨，访问高校院所共计13家。

（八）与上合组织国家签署多项合作协议或备忘录

2014—2023年，新疆生地所积极拓展国际科技合作领域，在多个研究领域与上
合组织国家相关科研机构及大学建立了良好的合作关系，并与合作伙伴签署了多项
合作协议和备忘录（表2-4）。

表2-4　中国科学院新疆生地所与上合组织国家科研机构交流互访成果

年份	国外合作伙伴	成果
2014	哈萨克斯坦农业科学院、哈萨克斯农业创新集团	签署合作协议。根据合作协议，双方将共同建立中哈生态与环境研究中心，共同开展气候变化、农业、畜牧业、基因工程、土壤、土地高效利用、生态与环境等领域合作的科学研究和生产活动
2014	塔吉克斯坦科学院	签署《共建中亚中心杜尚别分中心备忘录》
2015	哈萨克斯坦赛弗林农业技术大学	签署《新疆生态与地理研究所—哈萨克斯坦赛弗林农业技术大学科学教育合作备忘录》，旨在推动中哈科技合作项目"阿斯塔纳生态防护林建设"
2017	中亚等22个单位	签署第二期《气候变化影响下的中亚生态系统监测与管理研究联盟备忘录》（2018—2022年）
2018	哈萨克斯坦、吉尔吉斯斯坦、塔吉克斯坦、乌兹别克斯坦相关高校和科研院所	签署一系列人才培养协议

（续）

年份	国外合作伙伴	成果
2019	乌兹别克斯坦卡拉卡尔帕克斯坦国立大学	签署《中乌生态和环境保护联合实验室合作协议》
2020	中亚区域经济合作学院	签署科技合作备忘录，双方将在能力建设与培训、中亚区域的联合研究、实习生交换和专家库建设等方面加强合作
2023	塔吉克斯坦国家科学院	签署共建"中塔生物资源保育与可持续利用'一带一路'联合实验室"的协议，该协议已列入中国—中亚峰会成果清单
2023	哈萨克斯坦阿拉法拉比国立大学	签署共建"中哈遥感技术与应用联合实验室"的协议，该协议已列入中国—中亚峰会成果清单

三、合作展望

新疆生地所地处中国西北边陲，依托其独特的自然、区位和学科优势，与中亚地区的科技合作与交流工作稳步发展并形成自己的特色。未来，新疆生地所将依托乌鲁木齐中亚总中心这一平台，充分利用3个境外分中心、3个海外联合实验室、3个境外信息分中心、15个境外野外观测研究站和4个境外农业与生态技术试验示范区，将中亚合作研究的工作重点放在水资源保护、农业与环境可持续发展等问题，在水资源保护与利用、农作物改良、植物病虫害防治、土壤荒漠治理、生态环境利用与保护、矿产资源的勘探与开发、共建联合实验室、人才联合培养等领域进一步开展务实合作，切实推进中亚地区科技合作与交流，以应对区域生态环境的挑战。

第三篇 >>>

地方合作篇

本篇选取内蒙古、新疆、陕西、河南4个具有代表性的省区，梳理其开展农业国际合作情况、措施途径以及与上合组织国家农业合作主要成效，可为了解国内地方部门参与同上合组织国家农业合作提供参考借鉴。

第一章
内蒙古自治区参与上合组织农业合作

一、合作概况

内蒙古自治区位于中国北部，与蒙古国、俄罗斯接壤，是全国重要的农牧业生产和加工大省。自上合组织成立以来，自治区与俄罗斯、蒙古国在包括农产品贸易在内的农业合作日益密切。近几年，内蒙古形成了乳业、玉米两个千亿元级产业和肉羊、马铃薯等九个百亿元级产业，实现"三品一标"产品多达3 000多个，有机农牧产品产量高达250多万吨，居全国首位。据统计，全国1/4的羊肉和1/5的牛奶均来自内蒙古，内蒙古凭借自身畜牧业的发展优势成为名副其实的全国"奶罐肉库"，跻身成为国家最重要的农牧产品加工和生产基地。自治区特有的生产优势为农牧业的对外开放提供了良好的发展机遇，借此机遇便可以乘势而上，实现农牧业高质量发展。

伴随自身投资环境的不断改善，自治区吸收外商直接投资自2000年起实现了飞跃式发展。2000—2013年，自治区累计实际利用外商直接投资达279.65亿美元，其间年均增长率达33.1%，远高于同期中国8.5%的年均增长率。但自2013年后，自治区利用外资首次出现负增长，实际利用外商直接投资额从2013年的46.40亿美元下滑至2019年的20.60亿美元，其间年均增长率下降了12.7%。

随着自治区农牧业对外贸易与投资规模的不断扩大，对外合作与交流工作推进有力，政策环境与体制机制持续优化。截至2022年底，内蒙古农业对外投资境外企业22家，其中，种植业4家，畜牧业10家。2020—2022年，海外注册资本总额从9.47亿美元增加到11.66亿美元，新增对外投资主要集中于畜牧业。

近年来，内蒙古自治区涉农企业累计对外投资额稳步增长。2020年累计投资额为12.69亿美元，较2019年增加5.08亿美元，增长66.64%。2021年涉农企业累计对外投资额达16.49亿美元，较2020年增加3.80亿美元，增长幅度达到29.87%，呈现良好的增长态势。但在2022年受俄乌冲突及新冠疫情影响，累计投资额为12.71亿美元，占全国总投资额的4.51%，较2021年减少3.78亿美元，减少比率达22.89%；其中畜牧业投资额为2.8亿美元。

二、相关政策措施保障农业对外合作

近年来，自治区政府为了贯彻落实中央有关要求，进一步加大农业对外开放力度，通过发挥内需潜力，将国内与国际市场更好地联通、更充分地利用国内国际两个市场、两种资源，积极出台了各种政策措施。例如，为进一步贯彻落实国家有关边民互市贸易政策，优化自治区边民互市贸易环境，2018年自治区政府出台了《内蒙古自治区边民互市贸易区管理办法》。为进一步优化自治区外贸进出口结构，提升经营主体创新能力和国际竞争力，改善外贸营商环境，2020年自治区政府制定了《自治区推进贸易高质量发展行动计划（2020—2022年）》。2021年自治区政府发布《内蒙古自治区国民经济和社会发展第十四个五年规划和二〇三五年远景目标纲要》，其中提出：要深度融入共建"一带一路"，全面参与中蒙俄经济走廊建设，深化同俄罗斯、蒙古国合作机制，深化生态环保、国际产能、基础设施等领域务实合作；大力发展泛口岸经济，推动中欧班列提质增效。在科技方面，2021年自治区政府发布《内蒙古自治区"十四五"科技创新规划》，其中提出：进一步深化与俄罗斯、蒙古国、以色列等共建"一带一路"国家的科技合作。

在对外经贸方面，2021年自治区政府发布《内蒙古自治区"十四五"商务发展规划》，其中提出了五大发展目标，包括国内贸易、对外贸易、利用外资、对外合作以及口岸发展。2021年自治区政府发布《内蒙古自治区"十四五"推进农牧业农村牧区现代化发展规划》，内蒙古自治区将新能源、新材料、高端装备制造、生态环境、现代农牧业等纳入重点领域，其中提出：深化与共建"一带一路"国家农牧业协同发展，在口岸沿边条件成熟地区探索开展农牧业对外开放合作试验区建设；鼓励各类农牧业企业、现代农牧业园区开展农牧业国际贸易高质量发展基地建设，带动全区优势农畜产品生产和出口。内蒙古针对不同类型区域，以建立农牧业绿色发展支撑体系、探索先进农牧业生产模式为重点，积极推动国家农业绿色发展先行区（以下简称先行区）建设，出台了《关于推进国家农畜产品基地建设实施方案》《关于高质量推动高标准农田建设的通知》等战略举措。

三、与上合组织国家农业合作成效

（一）对俄罗斯农业投资数额呈增长态势，成为主要投资国家

目前，内蒙古境外投资遍布全球六大洲，35个国家和地区，其中俄罗斯是其主要投资目的国。按内蒙古对外投资当期存量进行排名，截至2016年底，对俄罗斯投资存量占比为10.2%。按投资项目进行排名，自"一带一路"倡议提出以来，在内蒙古新备案的361个境外投资项目中，有130个对俄罗斯投资项目，占比为36%。

内蒙古对俄投资呈增长态势。2013—2016年，内蒙古对俄协议投资项目从10项增加到47项，协议投资额从80.2万美元增长到3.88亿美元，投资领域主要集中在矿产资源勘探开发、森林采伐、木材加工、房地产开发等。2018年，内蒙古自治区对俄贸易进出口197.04亿元，其中出口26.8亿元，进口170.21亿元；内蒙古自治区在俄新设对外投资企业15家，中方协议投资额2.18亿美元，同比增长61.48%。

（二）内蒙古积极开展与俄罗斯的农产品贸易

内蒙古对俄贸易额曾经仅次于黑龙江省。2012—2016年，内蒙古对俄贸易额始

终保持在 30 亿美元左右，分别为 27.30 亿美元、26.26 亿美元、30.54 亿美元、26.74 亿美元和 27.73 亿美元，年均约占全国对俄贸易总额的 3.54%。随着俄经济恢复及中俄两国经贸合作的进一步深化，中俄两国贸易额出现大幅提升，东北四省区对俄贸易也出现恢复性增长。2017 年内蒙古对外贸易额为 942.42 亿元，较上一年增长 22.8%，蒙古国、俄罗斯是内蒙古最主要的贸易伙伴。对俄罗斯进出口 205.9 亿元，增长 12.4%，其中仅满洲里海关区与俄罗斯贸易额就达到 330.3 亿元，同比增长 19.8%，高于全国对俄贸易增幅 9.4 个百分点，占全国对俄贸易额的 5.8%。2021 年，内蒙古对俄罗斯进出口值达 172.6 亿元。2022 年 1—10 月，内蒙古与俄罗斯贸易总值为 158.1 亿元，同比增长 5.5%；其中，对俄出口 36.2 亿元，同比增长 17.9%；自俄进口 121.8 亿元，同比增长 2.3%；在此期间内蒙古自治区对俄罗斯贸易额占该自治区对外进出口贸易总额的 13.2%。

在农业合作方面，俄罗斯、伊拉克和伊朗是内蒙古农产品出口的主要国家。2023 年，对俄农产品出口额达到 2.08 亿美元，占该省对外出口额的 15.6%；对伊拉克农产品出口额达 1.13 亿美元，占该省对外出口额的 8.5%；对伊朗农产品出口额达到 1.04 亿美元，占该省对外出口额的 7.8%。

俄罗斯、蒙古国和新西兰是内蒙古农产品进口的主要国家。2023 年，内蒙古自俄罗斯进口的农产品进口额为 4.08 亿美元，占该区农产品总进口总额的 31.8%；自蒙古国进口的农产品进口额为 2.37 亿美元，占该区农产品进口总额的 18.4%；自新西兰进口的农产品进口额为 2.17 亿美元，占该区农产品进口总额的 16.9%。

（三）大豆贸易是内蒙古与俄罗斯贸易的重点项目

中俄大豆贸易与投资对接会于 2023 年 10 月 17 日在黑龙江召开，来自两国 20 多个省州的近 200 家企业与会，内蒙古自治区 12 家企业参加了此次会议。会议期间，中俄双方有关代表全面介绍了中俄农业合作情况、俄罗斯农业与投资环境和相关政策，俄远东、中央、南部等联邦区重点进行了政策宣介。据海关统计数据，2018 年，俄罗斯位列中国大豆进口来源国第六位，中国自俄罗斯进口大豆 81.7 万吨，同比增长 64.7%，但占中国进口大豆总数的比重尚不足 1%；中俄两国深化大豆合作潜力巨大。内蒙古自治区与俄罗斯经贸合作具有广阔的发展空间。同时，内蒙古积极发挥口岸通道作用，2023年6月，首批粮食走廊俄罗斯大豆通过满洲里口岸运达天津。"中俄新陆路粮食走廊"是在中俄两国元首共同倡议下实施的重点项目，是中俄两国农业和粮食领域达成共识的重要举措，对落实国家粮食安全战略、促进中俄经贸合作具有重要意义。下一步将积极推动内蒙古企业参与俄罗斯农业合作与大豆贸易，拓展双方合作领域。

四、合作展望

内蒙古农牧业外向型经济发展在加快，但总体上在全国农畜产品外贸总额中占比及排名水平仍处于中后水平。全区农牧业产业化还存在诸多问题。例如，企业数量多但规模小，初加工产品多但产业链条短、附加值低，农畜产品以原料出口为主，利润空间较小；农畜产品出口企业缺少有效组织，在参与国际竞争中各自为战，无法掌握话语权和定价权；经内蒙古进出境的中欧班列占全国一半，但进口农畜产品很少在本区落地，大都流向东部地区进行转化加工增值，出口货源也基本上来自区外；涉农中小微企业融资难、贵的问题尚未有效解决，针对"一带一路"农业项目投资规模大、周期长、收益慢等特点，与之配套的融资、保险服务跟进滞后，对"走出去"企业境外融资难题办法不多，金融配套服务与实体经济发展脱节。

为深入贯彻落实中央和自治区有关工作部署，统筹利用国内国际两个市场、两种资源，坚持"引进来"和"走出去"相结合，加强农牧业对外交流合作，提升农牧业对外合作能力，合理规划区域布局和产业布局，提出一批重点项目，切实把区位优势转化为开放优势、发展优势，更加有力地服务、更加充分地融入新发展格局，以农牧业开放促进全区农牧业发展和转型升级。预计到2025年自治区农牧业对外开放发展取得阶段性进展，农牧业投资和口岸贸易便利化水平不断提升，农牧业进出口贸易结构、规模、层次不断优化；农牧业产业国际竞争优势不断凸显，培育一批出口规模大、科技含量高、带动能力强的外向型企业，努力培育具备核心竞争力的境外农牧业合作示范园区；进口农畜产品精深加工技术及标准化水平大幅提高、形成规模化的农畜产品和现代食品加工产业链。具体建议如下。

（一）打造农林牧渔业全方位合作机制

一是做好对俄罗斯果蔬出口，建立标准化出口果蔬生产基地与中转基地。二是在俄罗斯远东及西伯利亚地区建立大宗农产品综合开发基地。三是加强与俄农牧业技术合作，积极沟通协调，争取得到俄地方畜牧防疫部门支持，建立完善中、俄、蒙动物疫病联防联控机制。

（二）努力实现畜牧业深加工产业链一体化建设

开展牛羊肉全产业链环节合作，重点支持畜产品生产加工流通企业走出去，加强与哈萨克斯坦、吉尔吉斯斯坦、塔吉克斯坦优势畜牧业产业的合作，合作兴建畜产品养殖基地、加工和物流体系，推进肉牛、肉羊养殖场，屠宰加工厂，副产品深加工厂及物流冷链，以及加强良种种畜生产出口基地，动物胚胎、冷冻精液生产基地，及人工牧草基地建设。鼓励在哈萨克斯坦、塔吉克斯坦、乌兹别克斯坦开展动植物检验检疫技术合作。

（三）打造出口基地经济

一是布局优化外向型农牧业产业结构。按照主体功能区定位统筹区域差异化协调发展，通过扩大外贸出口促进自治区农牧业产业结构调整，鼓励农产品出口企业在境外布局建设"海外仓""中转仓"，拓宽农产品出口渠道。二是建设蔬菜标准化出口基地。布局建设一批高标准、数字化、订单式对俄罗斯出口蔬菜基地。进一步扩大对俄罗斯蔬菜供应规模，拓展对中亚国家蔬菜供应新渠道，做大做强自治区蔬菜出口贸易规模，加快完善全产业链科技支撑与保障供应体系。三是建立优势畜产品出口示范基地。布局建设一批结构合理、管理规范、示范作用明显、与国际标准接轨的外向型畜产品生产加工和示范基地，发挥乳品龙头企业的引领带动作用，抓好产业集聚集群项目，引领奶业全产业链发展。

（四）促进边境口岸经贸建设

一是促进农畜产品边境贸易便利化。充分发挥内蒙古边境口岸优势，合力推动在满洲里市、二连浩特市等地区开展农牧业对外开放合作试验区建设。提高进出口农畜产品物流业组织化程度和社会化配置能力，促进自治区现代物流业体系向专业化、规模化、集约化发展。二是提高进出口优势农畜产品口岸加工能力。促进农畜产品贸易，大力发展服务贸易，打造边境贸易加工特色产业集群，积极发展口岸经济。支持内蒙古自治区始发中欧班列提质扩容，推动大宗进出口农畜产品落地加工。

（五）提升畜牧业境外经贸的国际竞争力

一是建设"一带一路"农畜产品供应链。融入全球农畜产品全产业供应链，探索建立境外经贸合作区、农业产业园与示范基地，加快提升企业国际竞争力，服务以国内为主、国内国际双循环新格局。二是建设俄罗斯等境外优势农畜产品生产与加工基地。鼓励自治区龙头企业在俄罗斯远东地区等建设境外农牧场、仓储加工基地。三是创新投资合作形式，扩大乳品企业国外经营规模。鼓励乳品企业以合资、参股、并购等方式与国外公司开展农牧业合作，培育跨国企业全球资源整合能力，发挥产业集聚集群效应，引领自治区奶业全产业链发展。四是建设境外农牧业科技与产业合作示范区。有效利用国内国际两个市场、两种资源，由政府牵头，鼓励自治区跨国农牧业企业深度参与"一带一路"、中蒙俄经济走廊建设，与沿线国家和地区开展农牧业经贸投资与科技交流合作，重点在俄罗斯、蒙古国等建设境外农牧业科技与产业合作示范区，以外带内，以内促外，形成农牧业对外合作的双向开放格局，大力提升境外农业开发和国内现代农业发展的科技支撑水平。

第二章
新疆维吾尔自治区参与上合组织农业合作

一、合作概况

新疆维吾尔自治区位于我国西北边陲，随着西部大开发、惠农强农富农、丝绸之路经济带等政策的推行，新疆农业经济得到快速发展。作为中国重要的农业大省区，新疆是全国产棉量第一大省区、玉米制种第二大省区、最大的甜瓜制种基地以及第二大牧区，综合农机化水平处于全国前列。发展新疆农业对于改善当地民生和促进当地经济增长起着非常重要的作用。

近年来，新疆充分发挥区位优势，积极融入国家向西开放总体布局，推进丝绸之路经济带核心区建设，按照"互利共赢、合作开发"的原则，立足职能职责，积极担当作为，统筹谋划、精心组织，采取务实有效举措，进一步深化新疆与中亚国家及俄罗斯的交流合作，实现更高水平上优势互补和互利共赢，高水平推进农业对外开放，取得明显成效。一是农产品贸易"朋友圈"不断扩大。通过不断努力，新疆农产品已销到138个国家和地区。其中，中亚五国是新疆的主要农产品贸易伙伴国，哈萨克斯坦在中亚五国中位列第一。二是农产品进出口贸易额大幅增长。2022年，新疆农产品进出口总额达121.88亿元，与2013年相比，增长了约37.13亿元，增长率达43.81%。三是进出口农产品种类不断丰富。目前，进口农产品主要为植物油、小麦、大麦、棉花、饲料以及活鱼、冻鱼、冻牛肉等。出口农产品主要为蔬菜、水果、坚果、孜然、番茄酱、杏酱、茶叶等，进出口农产品较十年前大为丰富。四是涌现出一批重要外向型企业。在口岸周边逐步聚集了一批规模化的农产品加工及贸易企业，巴克图口岸的永利商贸有限公司、阿拉山口口岸的金沙河面业集团、霍尔果斯口岸的金亿国际贸易有限公司、喀什晨光生物科技集团等，成为依托口岸的重要外向型农业企业。五是建成一批出口农产品标准化生产基地。2019和2020年，争取了自治区财政资金800万元用于在特克斯县、伊宁县、塔城市、泽普县四个县市建设出口农产品标准化生产基地，积极推动自治区农产品出口。

二、相关政策措施保障农业对外合作

为深入贯彻新时代党的治疆方略特别是社会稳定和长治久安总目标，努力建设团结和谐、繁荣富裕、文明进步、安居乐业、生态良好的新时代中国特色社会主义新疆，积极出台了各种政策措施。例如，2021年自治区政府发布《新疆维吾尔自治区国民经济和社会发展第十四个五年规划和2035年远景目标纲要》，其中提出：推进喀什、霍尔果斯经济开发区高质量建设，完善中哈霍尔果斯国际边境合作中心体制机制，提升合作中心建设水平，推动跨境电商、跨境旅游等业态发展；构建面向中亚、西亚、南亚和欧洲的特色产业集群，打造辐射带动全区经济高质量发展的重要引擎。在科技方面，2021年自治区政府发布《新疆维吾尔自治区科技创新"十四五"规划》，其中提出：拓展"一带一路"开放合作空间，发挥新疆区位优势，积极融入国际国内创新网络，丰富合作交流载体，提升合作交流层次，增强创新开放合作整体效能。在对外贸易方面，2021年自治区政府为加快发展外贸新业态新模式，推动新疆贸易高质量发展，结合本区实际，制定了《新疆维吾尔自治区关于加快发展外贸新业态新模式的实施方案》。2022年自治区政府为进一步推动全区外贸保稳提质、外资保稳促优，助力稳经济稳产业链供应链，出台了"关于推动自治区外贸保稳提质外资保稳促优的若干措施"。2022年自治区政府为了加快构建跨境电子商务新型服务监管模式，扩出口促转型，扩进口促消费，出台《中国（阿拉山口）跨境电子商务综合试验区实施方案》和《中国（喀什）跨境电子商务综合试验区实施方案》。

三、与上合组织国家合作成效

（一）积极推动农业多双边合作，深化与中亚农业合作机制

一是与重点国家农业合作取得新成效。邀请哈萨克斯坦农业部长访问新疆。哈方代表团访问期间，自治区党委、自治区人民政府与哈农业部就持续深化农牧业经贸合作，加大农产品进口力度，扩大畜产品及饲草料贸易，加强农业科技合作达成了共识。同期，组织新疆伊犁州、博州、阿勒泰地区、塔城地区以及新疆生产建设兵团代表团分别与哈方代表团座谈，达成了一系列合作意向。先后举办"中国（新疆）·哈萨克斯坦农业科技合作论坛"、新疆农机博览会，促进双方农业交流与合作。二是农业对外交流实现新突破。先后出访俄罗斯、中亚国家等10多个国家，出访期间多形式讲好新疆故事、传播新疆声音、展示新疆形象，与这些国家达成了一系列合作意向，积极推动高水平对外开放。三是农业对外开拓实现新提升。召开乌兹别克斯坦、吉尔吉斯斯坦农业线下推介活动以及中国新疆—哈萨克斯坦、俄罗斯线上推介会，通过线上线下助力企业开拓国外市场。四是农业多双边工作迈出新步伐。通过中巴经贸联委会、中国新疆—吉尔吉斯斯坦工作组会议、中国新疆—塔吉克斯坦毗邻地区经贸合作分委会等多双边工作机制，加强与巴基斯坦、中亚国家的农业交流与合作，合作领域不断拓展。

（二）加大政策支持力度，引领农业"走出去"

一是加大政策支持力度，积极引领农业"走出去"。目前，新疆有10家企业在亚非欧开展农业对外投资，其中有6家企业在中亚及俄罗斯，投资金额占新疆农业对外投资总额的96.38%。二是积极争取农业机械境外购置补贴，为中泰新丝路、利华棉业、新吉贸易、五征绿色农业等四家企业争取农业农村部补贴资金706.31万元。

三是认真实施对外农业投资信息采集分析项目，每年编制《新疆农业对外投资合作分析报告》，为涉农企业应对农业对外投资风险提供理论参考。四是积极推进"两区"建设。吉木乃农业对外开放试验区是全国首批农业对外合作试验区，也是西部五省份唯一的试验区，被列入自治区"六重"清单中重大平台建设，目前已在冷链物流、粮食仓储物流、饲草料储备、活畜隔离场等建设中取得良好成效。利华棉业境外农业合作示范区已完成投资20多亿元，形成集种植与收购加工、油料加工、纺织、仓储物流、农用物资生产于一体的全产业链集群发展格局。

（三）多形式开展农业国际交流合作

一是实施援塔项目。2016年，分两批次为塔吉克斯坦培训农业技术人员30人次；完成1 250亩的节水示范项目；向塔吉克斯坦赠送25台拖拉机；援建拖拉机维修服务站。二是开展援助巴基斯坦相关项目。2018年组织实施"新巴开展农业生产技术合作"项目，组织巴基斯坦巴尔蒂斯坦地区近20名农业技术人员来疆参加农业技术培训。三是积极推动与周边国家农业领域合作。充分利用政府间经贸工作组会议机制与周边国家定期会晤协商，研究推进双方合作议题并组织实施。四是组织实施"联合国粮农组织提高化肥利用率改善农业生态环境技术合作项目（TCP）"；培训辅导员40余名，开办14间农民田间学校，500余名农民参加培训，辐射地块千余亩。

（四）积极支持农业科研院所建设，大力推进农业对外科技交流

一是新疆畜牧科学院与共建"一带一路"国家开展了草食家畜的遗传资源利用、营养调控、生产管理、干旱区草地生态恢复与草地生态畜牧业、边境动物疫病防御、毛绒皮质量标准等领域合作，取得了一系列成果。二是新疆农业职业技术学院牵头成立"丝绸之路亚欧院校（职教）联盟"，有中亚各国和俄罗斯、巴基斯坦等国的20多所院校和企业参与，并在哈萨克斯坦、吉尔吉斯斯坦建立现代农业技术培训基地。目前，该学院建设国际化专业标准4个，国际化课程15门，面向哈萨克斯坦、吉尔吉斯斯坦开展农业技术培训500多人次。三是先后与吉尔吉斯斯坦、哈萨克斯坦、塔吉克斯坦、乌兹别克斯坦和吉尔吉斯斯坦等国开展了高效栽培技术、

小麦品种引进、高效节水技术、农作物病虫害综合防控技术、农机设备、水产及畜牧等方面的交流合作。四是举办了援外农业技术人员的培训班，邀请中亚国家农业官员和技术人员来自治区进行技术交流，培训国外学员45人。

（五）组织参加农产品展销会活动，促进农产品对外贸易

一是承办中国—亚欧博览会农产品贸易促进活动。组织各省份及新疆名优特农产品企业参展，搭建农产品外销平台。近年来，共组织150多家涉农企业参加，意向签约总额达2亿元。二是组团参加中国—东盟农业合作展。新疆优质农产品在展会上受到众多国内外客商的追捧。近年来，共组织100多家涉农企业参加，意向签约总额达1亿元。据中国海关进出口相关数据，2023年新疆农产品进口额为13.6亿美元，较上年同期增长了33.1%，其主要进口国家为吉尔吉斯斯坦、俄罗斯和哈萨克斯坦。中亚五国占新疆农产品进口总额的45.4%。三是依托新疆农产品北京交易会、新疆特色林果产品（广州）交易会、新疆特色农产品武汉展销会、新疆农业机械博览会、新疆名优特及精深加工农产品上海展示会、中国国际进口博览会、哈萨克斯坦—中国商品展览会等农产品交易会和展销平台，努力促进农产品出口贸易。

四、合作展望

全面贯彻落实中国—中亚峰会成果特别是习近平主席与中亚各国元首达成的重要共识，充分发挥新疆区位优势，积极融入国家向西开放总体布局，深挖中国新疆同中亚国家及俄罗斯农业合作潜力，发挥科研院所、高校和企业的主体作用，以农业科技合作为重点，推动在农业领域的交流与合作，形成深度互补、高度共赢的合作新格局，加快构建新型农业对外合作伙伴关系，高质量推进新疆农业对外合作，实现更高水平农业对外开放。

（一）与中亚国家搭建交流合作平台

依托"上海合作组织""中亚区域经济合作机制""中国—中亚农业合作机制"和"中国—中亚农业部长会晤机制"等交流合作平台，不断拓展中亚五国农业交流

合作领域和范围，推动建立中国新疆与中亚国家及俄罗斯常态化农业交流合作机制，定期与其农业相关部门进行交流，商讨农业合作事项。

（二）与上合组织国家深化农业科技交流合作

充分调动科研院所、高等院校、农业企业的积极性，与政府、企业、金融、科研以及社会各界形成合力，通过"产学研用"合作方式加强与中亚国家及俄罗斯农业科技合作，在良种繁育、品种技术试验示范和推广、农产品加工、节水灌溉、智慧农业、荒漠化土地和盐碱地治理开发、病虫害防治、绿色和其他高效技术开展科技交流和合作，并针对关键技术开展联合攻关，争取取得一批突破性合作研究成果。

（三）积极推进新疆农业"走出去"

创新新疆农业"走出去"方式。改变过去在境外租地种地的投资方式，从农业技术推广服务端入手，提升农业国际合作水平。引导企业根据自身特点和优势，围绕农业先进技术研发和推广、农畜产品加工、装备制造、国际仓储物流等领域，与中亚国家及俄罗斯开展投资合作。研究制定对中亚国家及俄罗斯投资支持政策，对销售到中亚等国的种子、农机、节水灌溉设备等予以补贴，把新疆育种技术、生产技术、种植模式、农业装备、数字农业等先进产能"输出去"，把中亚国家及俄罗斯国内急需的粮食、油料、豆类、饲料等农产品"运回来"。

（四）发展展会经济，不断提高农产品贸易水平

大力发展展会经济，支持新疆企业参加中亚国家及俄罗斯各类农产品展销会。充分利用中国—亚欧博览会，新疆农机博览会，哈萨克斯坦、吉尔吉斯斯坦、乌兹别克斯坦—中国商品展洽会，俄罗斯圣彼得堡农业展等展会平台，提升新疆农产品在中亚国家及俄罗斯的影响力。加强优质农产品、畜产品、种苗和畜禽良种出口基地建设，支持农业国际贸易高质量发展基地开展品牌培育、标准制定、国际营销和售后服务等，以龙头为引领，不断提升农产品出口企业竞争力。

（五）支持地区开展农业交流合作

发挥地州市的主体作用，结合区域发展需要，准确定位，主动作为，用好地州市与中亚国家各地友好城市关系，开展农业交流合作。伊犁州、乌鲁木齐、塔城、喀什、博州充分利用国际陆港区、综合保税区、跨境电商综合试验区、国家重点开发开放试验区、边民互市贸易区政策优势，在农产品贸易、农产品加工方面先行先试，创设政策、总结推广先进经验，不断推进中国新疆与中亚国家及俄罗斯农业合作提质升级。

（六）积极发挥口岸平台及示范区的带动作用

依托霍尔果斯、阿拉山口、巴克图、吉木乃、吐尔尕特、伊尔克什坦、卡拉苏、红其拉甫等口岸优势，支持企业建设外向型农产品生产、出口、仓储、冷链、物流设施和境内外加工基地等。在重点口岸探索建设一批粮食、油料、饲草料战略储备库，稳步扩大进口中亚粮油等大宗农产品，大力发展粮食进口落地加工业态。支持吉木乃农业对外合作试验区、新疆利华棉业境外农业合作示范区、新疆生产建设兵团现代农业展示中心、昌吉国家农业高新技术产业示范区积极探索与中亚国家农业合作模式，不断拓展与中亚国家农业合作的深度和广度。

第三章
河南省参与上合组织农业合作

一、合作概况

河南省总面积16.7万平方公里，耕地面积751.41万公顷，人口9 872万人，其耕地面积远不能满足庞大的人口数量。作为全国农业大省，河南省粮棉油等主要农产品产量均居全国前列，是国家重要的优质农产品生产基地。近10年，河南省粮食种植面积基本维持在1 000万公顷以上，以全国1/16的耕地，生产出了全国1/10的粮食和1/4的小麦，有效解决了全省近1亿人口的口粮问题，同时每年还为全国各地提供数以千计的粮食和粮食加工品，在确保中国粮食安全方面作出了卓越的贡献，也为全省农业农村经济的平稳运行发挥了重要作用。

在"一带一路"倡议下，河南省积极适应国内农业经济发展新常态，将更多的优质农产品推向了国际市场，其中郑州中欧班列的开通则为河南农副产品出口到国际市场打开了陆路通道。近年来，河南省积极与沿线国家或地区建立农业合作关系，合作成效显著。一是全省农业对外合作呈现出多地区、多领域、多形式、多渠道的局面。截至2015年底，河南省对外农业投资的企业共计12家，其中2家为国有企业（河南省黄泛区实业集团有限公司和河南天冠企业集团有限公司），其他10家均为民营企业。另外，这12家对外农业投资企业在外共设立14家境外企业。截至2015年底，河南省累计对外农业投资额达到8 650.52万美元，其中畜牧业投资额4 963.99万美元，占累计投资额的57.38%；林业投资和渔业投资尚属空白。截至2022年底，河南省对外农业投资的企业增加到21家，其中种植业14家；累计对外农业投资额达到2.09亿美元，较2015年增长了141.6%。二是农产品贸易额增长显著，呈贸易顺差扩大趋势。2022年河南省农产品贸易总额286.6亿元，同比增长22.3%，其中出口额182.2亿元，同比增长27.6%，出口额位居全国第八；进口额104.4亿元，同比增长14.9%，贸易顺差77.9亿元，同比扩大51.4%。三是同世界各国或地区建立农产品出口贸易合作。2023年，巴西、澳大利亚、美国、阿根廷和新西兰成为河南省农产品的主要进口来源地，占河南农产品进口总额的57.1%；中国香港、马来西亚和越南成为该省农产品的主要出口国家和地区，占其农产品出口总额的43.1%。受新冠疫情影响，河南省农产品进出口额双双下降，但随着世界各国谨慎恢复经济活动，全球生产供应链逐步恢复，河南农产品对外贸易将持续向好。

二、相关政策措施保障农业对外合作

2018年，河南出台了"优化口岸营商环境促进跨境贸易便利化工作实施方案"，旨在深化"放管服"改革，优化口岸营商环境，实施更高水平跨境贸易便利化措施，加快河南省内陆开放高地建设。河南省以实施乡村振兴战略夯实"三农"根基，以黄河流域生态保护推动全省生态文明建设，以改革开放创新联动蓄积发展势能，为全方位对接区域重大战略，打造国内大循环的重要支点和国内国际双循环的战略链接。2021年发布《河南省国民经济和社会发展第十四个五年规划和二〇三五年远景目标纲要》，其中提出：依托多双边合作交流机制平台，扩大与东盟、日韩、中亚、欧盟等重点国家和地区双向投资和经贸合作，实施贸易投资融合工程。科技方面，2021年发布《河南省"十四五"科技创新和一流创新生态建设规划》，其中提出：加强与"一带一路"国家的科技交流与合作，主动融入国家"一带一路"科技创新行动计划，积极开展"数字丝绸之路""创新丝绸之路"务实合作。农业发展方面，2021年发布《河南省"十四五"乡村振兴和农业农村现代化规划》，其中提出：优化农业对外开放合作布局。坚持突出重点、科学统筹，围绕中亚、欧洲、中南半岛、中东地区、新兴经济体以及非洲等"一带一路"沿线农业合作重点区域，以农业种植、良种繁育、畜牧养殖与加工、冷链物流、国际贸易、现代农机、中药材等为重点方向，优化农业对外合作布局和产业发展模式，发挥境外重点农业产业合作项目孵化平台功能，推动省内外农业资源要素合理配置，实现企业抱团有序发展。

三、与上合组织国家合作成效

（一）在俄罗斯成立食用菌生产及精加工基地

河南世纪香食用菌开发有限公司是一家国家级农业产业化龙头企业，公司的食用菌菌丝、各类鲜品、罐头、干品等出口到欧洲、南美、东南亚等30多个国家和地区，年出口额1 700多万美元。2016年在俄罗斯列宁格勒州沃尔哈弗市成立了俄罗斯绿色庄园有限公司，占地176亩，主要以建设无公害食用菌工厂化生产及精深加工基地为核心，旨在通过这一基地，带动国内更多食用菌产品出口到欧洲以及更多国家和地区。目前，俄罗斯绿色庄园有限公司共有员工16名，规划年产鲜菇10 000吨以上，产值1.2亿元。2016—2019年一期工程投资3 600万元，已建设食用菌工厂化生产车间2座，配置了自动化生产线整套设备，建成自动化智能食用菌出菇温室和配套生产鲜菇的生产大棚。2019年4月项目一期通过当地政府验收，原计划2020年全面投产，但是生产计划受到新冠疫情和俄乌冲突影响，项目暂处于缓慢推进状态。

（二）在吉尔吉斯斯坦建立一体化农业深加工产业园区

河南贵友实业集团有限公司于2011年11月在吉尔吉斯斯坦首都比什凯克市东30公里的楚河州楚河区伊斯克拉镇工厂街1号，投资建设了"亚洲之星农业产业合作区"，总占地面积5.67平方公里，建筑面积19万平方米。截至目前，已形成了包括农业种植、畜禽养殖、屠宰加工、饲料加工、物流仓储、国际贸易等板块，是目前共建"一带一路"国家中亚地区产业链条较完整、基础设施较完善的农业产业合作园区。2016年8月，被商务部评定为国家级"境外经济贸易合作区"；2017年7月，被农业部认定为首批"境外农业合作示范区"建设试点单位。由于新冠疫情持续影响，企业经营出现一定困难，境外园区也受到较大冲击影响，目前正在积极推动境内外业务转型。

（三）中塔农业科技示范区创塔吉克斯坦农业生产最高纪录

2013年12月，黄泛区实业集团开始在塔吉克斯坦哈特隆州瓦赫达市投资建设"中塔农业科技示范区"，投资金额共计2.3亿元人民币，其中投资6 500万元用于公司资本注册；投资1 269万元用于配置146台（套）大型农机及配套农机具，投资4 000万元用于在首都杜尚别瓦赫达市建设占地15公顷的种子加工厂，投资8 000多万元用于建设占地面积170亩、年加工籽棉能力5万吨的棉花加工厂。集团在当地拥有长期使用权建设用地25公顷，20年经营权的土地25 000亩，订单农业面积67 500亩，主要开展小麦、玉米、棉花等农作物新品种选育示范推广、农业先进实用技术示范推广等。集团种植的小麦、玉米、棉花产量均为当地农户产量的2倍以上，创造了塔吉克斯坦农业生产最高纪录，取得了很好的社会和经济效益，也得到了塔吉克斯坦总统拉赫蒙及塔吉克斯坦农业部的一致好评。受新冠疫情冲击和塔吉克斯坦政策调整，棉花种植面积有所减少，其他经营活动基本正常运行。

（四）中乌布哈拉农业合作区为当地农业发展增值增产

河南万邦国际集团主营业务包括农产品物流园、生鲜超市、仓储物流、进出口贸易等，2020年交易额超过1 100亿元人民币，是中国最大的农产品交易中心之一。公司于2018年9月在乌兹别克斯坦投资建设"洛阳—布哈拉农业合作区"，由农业种植养殖区和产业园区组成。农业种植养殖区规划面积100平方公里，以谷物、经济作物种植和牛羊禽养殖为主；产业园区面积100公顷，包括谷物加工厂、干果加工厂、水果加工厂、肉类屠宰加工厂、饲料厂、仓储物流中心、国际贸易中心、商务及生活服务区。目前，合作区自有"东方红"农机及其他小农机设备近百台，建造并运营了2座粮食加工厂和1座干坚果加工包装厂，并获得对华准入资质。累计回运中国5万多吨绿豆，直接带动增加了当地5万公顷的绿豆种植面积。目前，合作园区绿豆种植与国际贸易正常进行。

（五）瓜达尔河南生态农业产业园建设初见成效

2016年9月，河南省育林控股有限公司参与"中巴经济走廊"——瓜达尔港的生态建设，建设瓜达尔河南生态农业产业园，取得初步成效。目前已完成当地生态环境和植物种质资源调研，以及瓜达尔自由区、起步区绿化生态建设工作。完成港口绿化带、自由区绿化带、中巴友谊大道绿化带、营地生态园、中巴友谊林公园、纪念公园等"三园三带"的绿化种植工作；完成《"一带一路"瓜达尔地区热带干旱经济植物志》编写工作；形成种苗繁育和种植技术流程。建成1 500平方米组织培养实验室、5 000平方米智能连栋温室，以及配套苗木栽培和炼苗区域。"瓜达尔河南生态农业产业园"以苗木、蔬菜、花卉培育生产为产业发展方向，以种子种苗科技研发为动力，以现代化农业、设施农业、智慧农业为系统支撑，努力实现从单一产业发展到农业深加工，形成农业全产业发展链条。

四、合作展望

（一）进一步深化农业技术合作

未来，河南省与中亚地区可以通过农业博览会、技术交流会等形式进行棉花种植管理技术、小麦种植管理技术以及其他种植和深加工技术的深入合作交流，旨在产出品质更高的农产品，提高农产品附加值。另外，中亚地区农业生产方式较落后，缺乏大型农用机械，为河南省农用机械输出提供了市场。河南省在进行跨国农用机械合作时，应仔细研判当地自然条件和耕种环境，对农用器械进行改进，以便能更好地适应东道国的耕种环境。

（二）借助中欧班列，带动更多优质农副产品走向世界

中欧班列（郑州）借助"一带一路"互联互通的渠道，为河南省农产品贸易带

来了很好的发展机遇,将带动河南省更多优质土特产、农副产品走出河南,走向世界。未来,河南省将会发展更多加工型贸易,同时对农产品冷链仓储物流的需求也会越来越大。通过中欧班列(郑州)冷链运输服务,定制更多特种专列(如"河南茶叶"专列、"河南大蒜"专列、"河南香菇"专列等),把河南省更多地区的多种农副产品冷链运往中亚及世界各地。

(三)利用跨境电商,促进农产品贸易实现高质量发展

跨境电商作为河南农产品扩大对外开放的重要突破口,已经为河南地区农产品贸易在国际互联网上架起了交易桥梁。目前,河南保税物流中心已发展成为国内农产品对外开放程度最高的"买全球卖全球"跨境电商平台。通过跨境电商这一重要的国际平台,帮助当地农民把农产品销往中亚、俄罗斯等国家和地区。另外,通过建立跨境电商平台,发展现代化农业项目示范区,提高平台综合服务能力,并且能够充分整合上下游行业资源,完善跨境电商运营体系,更好地助力河南农业企业和农户,实现河南农业经济持久高质量增长。

第四章
陕西省参与上合组织农业合作

一、合作概况

陕西省作为中国西部省份，总面积20.56万平方公里，耕地面积4 401.51万亩，属于粮食紧平衡、肉类基本自给和水果调出大省。陕北北部是中国马铃薯优势产区之一，也是设施农业、小杂粮、羊生产基地；渭北和陕北南部是全球最大的优质苹果集中连片基地；关中是全省粮食生产和设施农业的集中区，全国唯一的奶牛、奶山羊"双奶源"基地。

随着国家"一带一路"倡议的实施和推进，陕西省作为中国对外开放承东启西的关键支点，与共建国家的资源、技术、市场、资金、项目等优势互补性愈加凸显，农业对外合作取得了显著成效。一是农业对外交流逐步深化。依托丝绸之路经济带现代农业国际合作中心、国际农业科技论坛、农业技术示范园、农业对外援助、农业展览推介活动等多种形式，落实国家领导人后续行动及地方政府间农业合作交流项目，推动陕西交流合作型农业走出去、多元化发展。二是农业科技合作领域不断拓展。杨凌农业高新技术产业示范区在旱作节水技术、作物品种选育、生态环境修复、农作物高产栽培技术等领域取得一系列重大科技成果，与30多个国家和地区建立了合作关系。三是农业对外投资合作稳步发展。2023年，哈萨克斯坦北哈州粮油物资生产物流加工基地揭牌投用，陕西祥盛实业集团乌兹别克斯坦项目增资扩产，支持国有企业与非洲国家投资合作，指导杨凌示范区举办援外培训项目16期，培训40多个国家700多名农业及相关领域官员和技术人员。

二、相关政策措施保障农业对外合作

2020年，陕西为提升跨境投资贸易便利化，促进综合保税区高水平开放高质量发展，进一步提高口岸和综合保税区工作效率和服务能力，建立了"省口岸和海关特殊监管区工作联席会议"（以下简称联席会议）制度。在口岸建设方面，2021年，陕西为进一步提升口岸治理水平，在保障口岸安全的前提下推进贸易自由化和通关便利化，出台了"陕西省建立健全口岸安全联合防控工作制度"。在共建"一带一路"、新时代推进西部大开发形成新格局、黄河流域生态保护和高质量发展等重大战略叠加效应加速释放时期，2021年陕西省政府发布《陕西省国民经济和社会发展第十四个五年规划和二〇三五年远景目标纲要》，其中提出：加快上合组织农业技术交流培训示范基地建设，拓展同上合组织及共建"一带一路"国家农业领域技术交流、教育培训、示范推广、贸易和产能合作；依托上合组织农业技术交流培训示范基地建设，提升杨凌农高会国际化、高端化和专业化水平等。在科技创新方面，2021年发布《陕西省"十四五"创新驱动发展规划》，其中提出：引导在陕高校、科研院所、企业积极参与政府间合作交流、重大科学工程、重要国际会议以及国际组织，加强与国内外著名机构、高校、公司的战略合作，建立以技术和资本为纽带的合作机制。在农业合作方面，2021年政府发布《陕西省"十四五"推进农业农村现代化规划》，其中提出：支持杨凌示范区加快建设上合组织农业技术交流培训示范基地；发挥"一带一路"建设区位优势和农业比较优势，引进世界先进技术、种苗、农资设施等，推进农业提质增效；利用上合组织基地平台，培育具有国际竞争力的跨境农业企业，建立境外农业示范基地，加强农产品商贸及技术交流合作，促进农业对外开放。

三、与上合组织国家合作成效

（一）高质量落实上合组织农业示范基地建设

陕西省多方协调将上合组织农业基地纳入国家"十四五"农业农村现代化、国际合作和陕西省"十四五"农业农村现代化"三大规划"。2020年10月22日，上海合作组织农业技术交流培训示范基地（简称上合组织农业基地）在杨凌示范区揭牌运行，正式开启了上合组织农业基地建设。2021年8月12日，《上海合作组织农业技术交流培训示范基地建设构想》在第六次上合组织成员国农业部长会议顺利通过，基地法律程序圆满履行，确定了上合组织框架下首个共商共建共享的多边农业合作平台地位。2021年10月22日，上合组织农业基地主体上合组织现代农业交流中心建设启用，进一步丰富完善了基地框架体系，为深化中国与上合组织各成员国间的现代农业交流合作提供了有力的支撑平台。

近几年，上合组织农业基地围绕展示农业新技术、新设备、新模式创建上合组织农业实训基地20个（国内18个，国外2个），多层面展示陕西省现代农业丰硕成果，为上合组织农业对外合作提供了有效载体。上合组织农业基地创新农业科技示范推广模式，先后在上合组织国家建成10多个农业海外示范园区，开展农业多领域联合研究和示范推广，为上合组织国家的农业发展提供了强劲有力的科技支撑。杨凌示范区作为中国农业科教资源最为富集地区之一，以旱作农业技术、扶贫专项培训等农业领域公共服务为重点，面向上合组织国家及其他发展中国家培训学员共计2 000多人，得到越来越多的上合组织国家及其他发展中国家认可。

（二）高效率推进同中亚国家农业对外合作交流项目

陕西省"减贫惠农计划""中国—中亚综合农业科技示范园区"等重点项目正在逐步推进。2022年9月27日，"中国—中亚民间友好论坛"在陕西西安举办，其间，中国—中亚综合农业科技示范园区正式揭牌。中国—中亚综合农业科技示范园区包括西北农林科技大学在哈萨克斯坦、吉尔吉斯斯坦、乌兹别克斯坦、塔吉克斯坦筹建的4个综合农业科技示范园，各示范园在学术交流、联合科研、人才培养及校企合作等领域都已取得显著成效，目前已成为陕西省面向中亚国家开展农业科教合作的重要平台。另外，陕西杨凌示范区举办了农业产业发展、减贫、农业技术等主题培训共计5期，共为中亚国家培训了304名学员。

（三）高水平推动同俄罗斯农业对外合作交流活动

2014年陕西省政府与俄罗斯直接投资基金、中俄投资基金和俄罗斯斯科尔科沃创新中心四方共同签署了《关于合作开发建设中俄丝绸之路高科技产业园的合作备忘录》。2019年中国（陕西）—俄罗斯（乌拉尔）农产品推介会在西安举行，双方就其农业优势、农产品生产和合作意向等方面分别做了具体介绍。2021年10月20日，上合组织农业基地经贸投资促进中心在上合组织现代农业交流中心正式揭牌，作为上合组织农业交流培训示范基地框架下首个经贸投资促进平台和重要窗口，俄罗斯联邦总商会、亚美尼亚中国关系发展中心、亚欧国际物资交易中心3家机构已在上合组织农业基地经贸投资促进中心设立了相应的办事机构。2022年7月，首列俄罗斯进口食品专列抵达陕西省，本专列的开通是陕西省杨凌示范区立足常态化开展中俄涉农贸易的积极探索和良好开端，也是依托杨凌自贸片区和综保区开展共建"一带一路"国家农业合作交流的积极探索。

四、合作展望

陕西省将依托上合组织农业基地，聚焦基地"培训、交流、示范"核心功能，发挥部省联动机制效能，持续拓展基地功能，开展务实高效合作，在农产品贸易、农业科技联合创新、人文交流等方面搭建更高层次、更宽领域的合作交流平台，积极推动陕西省与上合组织、中亚国家间农业投资贸易合作交流。

（一）强化平台服务，加速外向型经济发展

充分利用上合组织农业基地的国际影响力和实训基地展示、示范作用，围绕陕西省九大产业链和特色优势农产品，创建上合组织农业基地优选基地（陕西），进一步拓展基地功能，加强陕西省与中亚国家间农业产能合作，由农技培训推广实现

更大范围、更专业化的技术输出及贸易往来。

（二）加大支持力度，推动农贸基地高质量发展

积极组织农业企业参与国际性展览展会，拓宽陕西特色农产品对外展示合作的平台，充分利用线上线下平台，推介陕西省优质特色农产品，多渠道、多方式扩大陕西苹果、猕猴桃、羊乳、富硒茶等优势产品市场影响力，唱响品牌，开拓市场，推动特色农产品"走出去"。

（三）加强对外交流，拓展农业领域务实合作

用好国际国内"两个市场"，积极探索俄罗斯、中亚地区农业可持续发展机制和模式，挖掘双方互补性贸易潜力，以粮食作物、畜牧养殖、蛋奶为合作方向，组织陕西省农业涉外企业负责人、相关从业人员外出学习考察，了解投资环境，掌握对华贸易政策，开展农业投资贸易，鼓励企业抱团"走出去"，合作共建海外科技示范园、海外仓，进一步推进与上合组织国家间更广泛和更高层次农业贸易合作。

第四篇 >>>

企业实践篇

　　企业是开展农业对外合作的重要主体。本篇选取了包括境外农业合作示范区实施单位在内的六家企业案例，分别梳理介绍与上合组织国家合作方向、领域和做法成效，反映中国农业企业面向上合组织国家开展农业合作的积极实践。

第一章

河南贵友集团在吉尔吉斯斯坦投资
建设亚洲之星农业产业合作区

    吉尔吉斯斯坦被誉为"山地之国"和"中亚水塔",作为中亚畜牧大国,耕地资源丰富,天然牧场广阔,呈现出以农牧业为主导的农业产业结构。近年来,中吉两国以共建"一带一路"为合作主轴,深化在农牧业、农产品加工、经贸投资、基础设施等领域的密切合作。2017年7月,吉尔吉斯斯坦亚洲之星农业产业合作区(以下简称合作区)被农业部评定为首批境外农业合作示范区。

一、基本情况

(一)建设背景

    合作区位于吉尔吉斯斯坦楚河州楚河区伊斯克拉镇,距吉尔吉斯斯坦首都比什凯克东70公里,距吉哈卡拉苏边境口岸3公里,北临吉哈高速公路,南临比什凯克—托克马克—巴勒克奇铁路,区位优势突出,交通运输便利。2010年10月,河南贵友集团公司在吉尔吉斯斯坦出资购买两个大型养殖场,先后成立了凯撒鸡场有限责任公司与亚洲之星股份有限公司。河南贵友集团自2011年11月开始将亚洲之星股份有限公司作为建区企业对合作区进行投资建设。目前合作区占地总面积和建筑面积分别为5.67平方公里和19万平方米，成为在共建"一带一路"国家中亚地区产业链条完整、基础设施完善的农业产业合作区，也成为河南企业响应"一带一路"倡议，深耕中亚农业合作的代表。2017年7月，合作区成为农业部首批境外农业合作示范区建设试点单位，是中国目前唯一获得三部委共同确认的境外经贸合作区。

（二）发展目标及定位

合作区利用吉尔吉斯斯坦的地理政策优势，面向中亚及俄罗斯等国际市场，充分利用吉尔吉斯斯坦良好的政策、市场和农牧资源以及中国技术与资金优势，遵循畜禽产业循环经济理念，建立动物防疫和产品可追溯系统，构建覆盖畜禽养殖屠宰加工、食品深加工、国际贸易物流的全产业链，打造集良种繁育—规模化养殖—屠宰加工—农畜产品深加工—仓储物流—国际营销于一体的综合性农业产业合作区，实现海外农业产业聚集，形成中国在中亚地区具有国际影响力的农业领域国际产能合作平台及中国—中亚国家农产品加工贸易保税平台。

（三）建设情况

合作区分三期建设。一期建设基本完成，包括年出栏12万头育肥牛、60万只育肥羊项目；年屠宰15万头牛、150万只羊及年产5万吨清真速冻食品、5万吨清真肉类食品建设项目；年产10万吨面制品加工项目；年产200万吨混合饲料项目；以及哈萨克斯坦年种植粮食作物70万公顷、牧草7万公顷基地项目。拟建二期项目包括：铁路专用线、武术学校、医院、标准化厂房、职工宿舍楼等。拟建三期项目包括：商贸物流、房产开发、物流集散中心、保税中心、旅游休闲。

2017年河南省农业科学院下属的河南秋乐种业在合作区注册成立"秋乐亚洲之星种业有限公司"，由合作区和秋乐种业共同出资组建，主要从事农作物种子繁育、技术推广及种植。同年，河南贵友实业集团有限公司继续进行投资和建设。2019年河南贵友实业集团有限公司继续完善和开发多条生产线，加强物品包装项目和物流发展建设。目前已拥有厂房面积达21万平方米，包括蔬菜大棚种植基地、种子繁育基地、屠宰加工园区及肉类深加工园区等。

二、合作区主要建设成效

（一）打造产业集聚优势，建设国际化基地

合作区采用"内引外联、组团发展、产业链条一体化"的发展模式，目前已有8家企业入驻合作区，并顺利投产运营，涵盖种植、养殖、饲料加工、畜禽屠宰、物流等行业，从而建立了从农业规模化种植、畜禽规模化养殖和屠宰加工、冷链物流到国际贸易四条完整产业链，较大程度上丰富了当地民众的菜篮子，已被吉方认定为第一家规模化养殖加工企业。合作区在吉尔吉斯斯坦建成了影响中亚地区的四大国际化基地。一是77万公顷粮食牧草种植基地，包括年产牧草70万吨，年产粮食121.5万吨，其中小麦60万吨、玉米52.5万吨、大豆9万吨；二是养殖基地，包括年出栏肉鸡600万羽、育肥牛15万头、羊100万只；三是屠宰基地，包括年屠宰牛15万头、羊150万只、肉鸡600万羽；四是深加工基地，包括年深加工速冻食品5万吨、肉类食品5万吨。

（二）加强基础设施建设，打造现代化合作区

合作区不断完善基础设施建设，现拥有深井7眼，水塔4座，大型蓄水池3个，8公里供水管道；万伏变电站1个，变电间26个，16 000千瓦时的双回路高压供电线路；主干道两条，长15公里；污水处理厂2个；鸡舍84栋（包括孵化、养殖）及先进的鸡孵化生产线、900万只活禽屠宰生产线和5 000吨冷冻、储藏为一体的冷库；年产20万吨饲料生产线一条；占地566.7公顷的厂区。同时，合作区有效结合吉尔吉斯斯坦的资源禀赋和消费市场，将畜牧养殖与加工确定为未来主要发展方向，同时以"生态适宜"为原则，发展现代畜牧业，重点引进具有技术、生产、经营优势的企业，把引进、育种、繁育、加工、销售统一起来，大力发展产业链专业分工的大型企业，利用合作区平台的政策优势，建立高效快捷的市场网络，为生产者、经营者和管理者提供各种信息和服务，创立多个跨国农业品牌，提高合作区产业优势和国际竞争力。

（三）扩大招商引资，争取优惠政策

合作区充分发挥平台的资源优势，搭建入区企业与政府和市场联系的桥梁，引导合作区产业发展方向，通过为入区企业提供优质服务，帮助企业解决生产经营活动和发展过程中所面临的重大问题，探索合作区经营和盈利模式，实现合作区可持续发展。合作区建设坚持"统一规划，滚动发展"的原则，突出重点，兼顾一般，将重点引进种植、畜禽养殖、屠宰加工、饲料生产、食品加工、轻工纺织、电子产品制造、进出口贸易等共300家入园企业，合作方式包括土地厂房租赁、双方合资运营、项目承包、土地厂房、设备转让等。同时，合作区得到了中国与吉尔吉斯斯坦政府的高度重视。2016年吉尔吉斯斯坦对亚洲之星农业产业合作区制定了有针对性的优惠政策，使得国外投资者享受吉尔吉斯斯坦国民待遇，所有资产可以到境外进行融资抵押，承诺绝不用政治力量干涉合作区企业经营活动。具体包括：一是税收政策。合作区享受农业生产免缴所有税收的优惠税收政策。二是土地政策。合作区采取三免五减（即免收三年土地房产租金，五年减半收取租金），新入园企业免除一年土地租赁费和半年厂房租赁费，土地租赁费为150～200美元/（年·亩），房屋租赁费为1美元/（年·米^2）。三是金融政策。企业在境外融资，可与当地银行进行对接，也可以与中国国开行、中信保等金融部门对接。

三、前景展望

为打造产业链完整的综合园区，合作区未来将继续进行相应的基础设施建设，加大投资，保证发展速度和发展质量，因此需要政府强化对大型企业的资金与技术支持，也需要双方政府提供支持与帮助。通过大型企业带动和双方政府支持，合作区的功能不断完善，将吸引更多企业加入其中。随着合作区发展规模的扩大，当地优势资源得到充分利用，形成自己的产业特色，进而扩大其市场影响力，带动当地经济不断发展。例如，吉尔吉斯斯坦作为欧亚经济联盟成员国，更有利于合作区进行产业链的国际化布局，在其他中亚国家建立粮食牧草生产基地，将其畜牧产品销往欧亚经济联盟其他成员国。

第二章
新疆利华棉业投资建设塔吉克斯坦
—中国农业合作示范区

　　塔吉克斯坦拥有丰富的人力、农业、矿产和水电等资源优势，中方具有广阔的市场、资金和技术等优势。近年来，中塔两国以共建"一带一路"为合作主轴，深化在农业、农产品加工、经贸投资、基础设施等领域的密切合作。2017年10月，塔吉克斯坦—中国农业合作示范区项目（以下简称示范区）被中国农业部评定为首批境外农业合作示范区。目前示范区已成为中塔绿色合作的新亮点，实现了中塔两国在农业领域的深度合作。

一、示范区基本情况

（一）建设背景

　　2011年新疆利华棉业在国内业务稳步发展之时，判断出了棉花市场下行、新疆棉花加工业产能过剩等趋势。为缓解国内棉花市场下行和竞争压力，新疆利华棉业决定走入中亚市场，利用国内国际两个市场、两种资源，不断发展壮大自己。经过前期综合考察，新疆利华棉业发现塔吉克斯坦区位优势明显，政策条件优惠等情

塔吉克斯坦总统拉赫蒙为境外农业合作示范区
开工剪彩
来源：中塔农业合作示范区。

况，决定在塔吉克斯坦成立金谷农业联合体有限公司，并于2014年开始投资建设示范区。

（二）示范区建设情况

截至2022年底，示范区已累计投资超过25亿元，现已形成"两园三基地"的发展格局，构建起"农业基地＋产业园区＋国际贸易"的运营体系，示范区以棉花种植、采收、加工、纺纱、织布印染、成衣生产的棉纺全产业链为主导，配套水利、电力等基础设施，在农业基础设施建设、产业链延伸、技术优化、人才培养等方面取得了初步成效。

示范区棉花种植基地
来源：中塔农业合作示范区。

示范区棉花滴灌设施
来源：中塔农业合作示范区。

示范区农机具基地
来源：中塔农业合作示范区。

示范区开展棉花高效栽培技术培训
来源：中塔农业合作示范区。

目前，示范区已建成的空桑给农产品加工园，包括年加工2.5万吨长绒棉加工厂1个，年加工2万吨稻米加工厂1个，日处理500吨粮食作物烘干设施1套，食用油精炼及成品小包装厂1个，2万吨储藏能力冷藏保鲜库1个。已建成的丹加拉轻纺园，包括30万锭棉纺织厂1个，棉纱织布厂1个。另外，"胡罗孙加工仓储基地"、"丹加拉加工仓储基地"及"吉利库尔加工仓储基地"建成具有国际先进水平、年加工2.5万吨皮棉的棉花加工厂合计5个。具体项目建设情况如下。

示范区棉花加工厂
来源：中塔农业合作示范区。

一是在塔吉克斯坦获批种植基地36万亩，并全部办理长期土地使用权证。二是建设5个合计产能12.5万吨的棉花加工厂，1个产能2万吨的稻米加工厂，1个产能30万锭的棉纺织厂。三是配套包括拖拉机、联合收割机、打药机等大型农机具470余台（套）。四是开发建设18万余亩现代化、标准化的农业种植基地。五是建设完成两座110变电站（12 500千伏安容量），并架设供电线路100余公里，为加工厂、水利设施的运转和职工办公生活用电提供电力保障。修建水泥道路及田间道路200余公里。投资至今建设6座大型扬水站并配备成套水泵设备，每小时抽水量可达26万立方米，并修建修复渠道188.75公里。共铺设地下管网4.1万亩，安装完成固定中心支轴式大型自动化喷灌机42套。六是建设占地15公顷农产品加工园区，包括两个合计10 000平方米的农机库房、六座合计21 000平方米的成品库房和原料库房、3 000平方米的职工生活用房、1 000平方米办公用房，并配套相应的办公及生活设施。七是建设完成滴灌PVC管生产车间一座，主要进行地下铺设所需PVC管道的生产，完成3.26万亩滴灌地下管网的铺设及配套水泵设备的安装。

示范区30万锭纺织厂
来源：中塔农业合作示范区。

二、示范区主要建设成效

（一）通过合资投资，获得塔方支持

塔吉克斯坦国内社会不够稳定，法律体系不够完善，投资风险较大，中国企业往往不被当地政府和市场充分接受。新疆利华棉业与塔方采用合资投资方式形成利益共同体，获得当地政府、企业和民众的支持，在税收征用、土地使用、企业用工、水电保障等方面提供便利，减少交易费用，提高风险管控能力。

（二）利用区位优势，推动示范区与中亚地区深度合作

利用塔吉克斯坦在"丝绸之路经济带"的战略节点地位和优良的农业资源条件，重点围绕境外农业合作示范区建设，整合示范区内优势资源，聚焦棉花产业，通过自主开发、合作种植、购销合作的模式，扩大示范区企业与中亚地区农业产能合作规模，增强中国农业企业在中亚地区的影响力与话语权，巩固扩大示范区与中亚地区的互利合作，形成公平、统一的市场竞争环境，促进资源的自由流动，实现

以示范区为中心、辐射整个中亚的农业国际产能合作平台。

（三）布局棉花全产业链，推动棉花产业快速转型升级

示范区新建并投产30万锭棉纺织厂，实现"农产品就地加工转化为工业品"，形成棉花全产业链发展格局，提高棉花产业效益。棉花加工厂及纺织产业园建设提升产品附加值和品牌效应，形成了从优质棉种植管理、农业社会化服务、生产资料供应、轧花加工、优质棉纱生产的全产业链发展格局，巩固了产业发展基础，进一步提升了示范区竞争力和抗风险能力。

（四）加大招商引资，促进示范区可持续发展

示范区已有6家合作单位企业，除建区企业金谷农业联合体有限责任公司外，有中泰（丹加拉）新丝路纺织产业有限公司、中泰（哈特隆）新丝路农业产业有限公司、吉峰农机连锁股份有限公司、塔中农业开发有限公司、新疆农科院。其中，中泰（哈特隆）新丝路农业产业有限公司已建成15万亩农业种植基地及吉利库尔加工仓储基地。重点针对小麦、玉米、棉花等作物，开展品种筛选、病虫害防治、农机农艺配套等技术集成示范研究，夯实农业发展基础和技术创新，制定高产高效农作物栽培技术规范。河南省黄泛区实业集团有限公司，以塔中农业开发有限公司为实施单位，重点进行土地综合开发和作物良种繁育，建成5万亩标准化示范农场，实现良种繁育及全程机械化生产，提升农产品的附加值，为园区相关企业提供种子资源。

（五）推动示范区农业机械化转型升级，提高国际市场竞争力

借鉴国内外先进农机化技术和管理模式，秉持创新、协调、绿色、开放、共享的发展理念，深化精准施药技术、节水农业等现代农业合作，发展区内优势作物。围绕农业全程机械化、农机服务高效化，开发适于塔方农业生产的农机产品，引进推广先进适用性农机装备技术，补齐全程机械化短板，发展农机社会化服务体系，全面提升示范区农机现代化水平，提升中国国际市场竞争力和影响力。

（六）充分发挥国内外市场优势，促进双边贸易合作

示范区充分发挥国内国外两个市场的优势，具有稳定的种子、农资、农机供应渠道。对大规模集约化种植所需的棉花、水稻、小麦等作物种子将积极开展品种繁育工作，不仅保障示范区农业生产用种，还将示范推广销售到周边中西亚地区。示范区具有较完备的市场销售渠道和农产品加工处理设施，能够充分利用当地闲置的农产品原料资源，所生产农产品如皮棉、小麦粉、稻米、食用油等不仅能填补满足塔吉克斯坦缺口需求，一定程度上还能打入中亚五国、巴基斯坦、土耳其、伊朗等市场。

（七）关注民生领域，积极履行社会责任

示范区项目投身塔吉克斯坦农业基础设施建设，利用闲置农业生产资源，生产出优质农产品和轻工产品，为塔吉克斯坦提供优质稳定的粮棉油、纺织用品，填补了塔吉克斯坦农业及轻工产品缺口，有效缓解了塔吉克斯坦大部分粮油、纺织产品依赖进口的现实问题。另外，示范区在建设运行过程中注重履行社会责任。向当地政府缴纳各项税收近2 500万元人民币，带动当地就业4 000余人次，其中纺织项目3 000人，农业项目1 000余人，显著提高了当地村民的收入水平，增加了当地财政收入。通过投入建设相关交通道路和水利设施，促进了当地农业生产发展，造福了当地农民，产生了良好社会影响。

三、前景展望

下一步，示范区将从三个方面来推进自身可持续发展。一是进一步完善服务机制，发挥好平台作用，形成境外产业集群，优化分工、延伸产业链条、拓展产业功能，构建开放型农业对外投资合作新载体和新样板。二是进一步扩大示范区企业规模，深度开发利用当地资源优势，促进国内技术、人才、资金等输出，增进两国双边贸易，巩固扩大中国与中亚市场经贸合作。三是打造农业资源战略储备区。农业是国家战略性行业，示范区处于中亚粮棉主产区，对该国农产品供应体系影响较大，巩固扩大示范区规模既可保障所在国农产品自主供应，也可调剂国内农产品市场。

第三章
爱菊集团在哈萨克斯坦打造粮油产业"爱菊模式"

一、基本情况

西安爱菊粮油工业集团（以下简称爱菊集团）始建于1934年，成立于2007年12月，是我国西北地区最早的粮食加工、生产和销售的地方性民营企业，其发展模式被中国粮食行业誉为粮企发展的"爱菊模式"。目前旗下公司共有19家，经营范围包括：粮油、熟食和豆制品加工、物流配送、粮油储备、连锁网点、经营销售、房产开发等，构建了"线上＋线下"完善的连锁销售网络体系。自2015年起紧抓我国"一带一路"倡议、哈萨克斯坦"光明大道"计划的重要契机，爱菊集团建立"在中亚粮仓建立粮食原料基地—在中国边境口岸建立进出口节点—在中国重点枢纽城市建立物流基地"的粮食进出口陆路通道，形成包括西安国际港务区农产品物流加工园区、新疆阿拉山口农产品物流加工园区、哈萨克斯坦农产品物流加工园区在内的"三位一体"跨国经营发展模式，实现了跨国优质粮油供应链的构建。其中，哈萨克斯坦爱菊农产品物流加工园区"内"可辐射北哈州乃至周边数百公里其他州，"外"可连接西西伯利亚平原优质农产品产地，进口俄罗斯、乌克兰等周边国家优质小麦、油菜籽等原料。

二、爱菊集团在哈主要发展成效

自2015年，爱菊集团积极响应"一带一路"倡议，哈萨克斯坦爱菊农产品物流加工园区在哈萨克斯坦建立了15万吨的粮库和30万吨的油脂加工厂，以新型订单农业合作模式推广150万亩订单种植，实现了从"种子"到"筷子"，从"田间"到"餐桌"的全产业链运营，成为陕西省在境外发展创业的典型案例，被哈萨克斯坦誉为"中哈产能合作的典范"。

（一）推动粮油进口

2015年6月，爱菊集团与哈萨克斯坦马斯洛德粮油公司达成合作意向，进口一批粮油原料。2016年3月，爱菊集团搭乘"长安号"从哈萨克斯坦进口2 000吨非转基因油脂（菜籽油和葵花籽油），这是哈萨克斯坦首次向中国出口大宗商品。2016年，爱菊集团累计推动"长安号"返程专列12趟次，运回小麦5万吨，油脂1万吨，面粉1万吨，休闲小食品50吨。2018年，爱菊集团从哈萨克斯坦运回20万吨粮油产品和原料。

（二）建立农产品加工种植基地

为积极响应"一带一路"倡议，2015年12月，爱菊公司与哈方政府签订了价值5 700万美元的产能投资项目协议，该项目被中哈两国政府列入"中哈51个产能合作项目"（其中唯一一个农产品加工项目）。爱菊集团还与哈方签订了土地租赁合作意向书，计划在北哈州租赁150万亩土地，建设优质小麦和油脂原料种植基地。爱菊集团在哈萨克斯坦投资的产能合作项目，主要由"爱菊农产品物流加工产业园区"和"原料种植基地"两部分构成。哈萨克斯坦爱菊农产品物流加工园区于2016年5月开建，总占地面积5 000亩，计划投资20亿元，分五大板块，包括：粮油生产收储与食品加工板块、牛羊养殖与牛羊肉加工板块、乡村旅游板块、产业技术服务板块以及境外特色餐超综合体板块。目前已投资约2亿元，建成年加工30万吨的油脂厂1个，仓容合计15万吨的粮库2个，配备年物流能力50万吨的铁路专用线4条，推广小麦、油菜籽、葵花籽"订单农业"种植150万亩，建成日处理1 000吨的烘干塔1个、日处理500吨油脂浸出车间2个。

（三）推行多方参与的新型"订单农业"合作模式

爱菊集团创新粮食企业产业经济的发展模式，通过"订单农业、订单收购"的发展模式，实现了土地、技术、资本等多种资源融合，也提高了企业自身的国际影响力。为保证加工原料供应，爱菊集团在北哈州组建新型订单农业合作社，与当地农场主签订150万亩土地的"订单农业"合作协议，采取"订单农业、订单收购"方式，实施种子研发、种植、管理、收割、收购、存储一条龙运营策略，指导当地农户"种什么、种多少"，不仅解决了他们"卖粮难"的问题，同时也保障了原材料的供应量。目前"订单农业"的主要参与方包括政府、银行、企业、高校院所和农场主。

（四）创新管理理念，积极承担社会责任

爱菊集团将"走出去"转变为"融进去"，注重本土化经营。哈萨克斯坦爱菊农产品物流加工园区的员工主要为哈萨克斯坦本地居民，为便于加强管理与沟通，结合本地风俗习惯，在经营管理上采取了一些措施，包括：一是适度增加工人工资；二是增加了包括全勤奖在内的"名目繁多"的奖励；三是及时发放日常工资和当天发放加班工资；四是加强企业文化建设，举办各种聚会活动，增强员工凝聚力；五是制定人性化的晋升体系；六是传授生产知识和技术，提高员工业务素质。哈萨克斯坦爱菊农产品物流加工园区人员岗位按1：10进行配置，即中方岗位为1人，需要给哈方配置10个岗位。目前，园区为哈方提供了150多人的就业岗位。其中油脂加工厂的工人工资比其他工厂高出25%，而且年年都有增加，进而稳定了员工在厂工作的意愿。

（五）构建海外粮源网络，布局海外粮仓

爱菊集团积极推行新型"订单农业"合作模式，并通过多种方式布局海外粮库，积极构建哈萨克斯坦北哈州、俄罗斯额木斯克"两大粮食集结中心"，打造"海外粮仓"，将收购的粮食存储在自家粮库里，让粮食"买得到、运得回"，不但提高了企业的抵御外来风险的能力和企业的境外影响力，而且还确保了国内优质粮源的供给，增强了在哈萨克斯坦乃至其周边国家的粮食话语权。目前，爱菊集团已建有2个粮库，每个粮库合计仓容为15万吨。

（六）树立良好企业形象，建立良好的合作关系

爱菊集团通过互利共赢的经营理念树立了良好的企业形象，赢得了当地尊重，并获得了各级政府的高度关注和支持。2018年8月17日，哈萨克斯坦时任总统纳扎尔巴耶夫莅临园区进行视察，对园区建设给予了充分肯定，并指出爱菊集团在哈项目是中哈产能与投资合作的典范。爱菊集团在哈萨克斯坦经营期间，与很多政府机关、企业机构建立了良好的合作关系，包括哈萨克斯坦共和国农业部、哈萨克斯坦共和国投资和发展部、哈萨克斯坦粮食出口公司、哈萨克斯坦Forte银行、哈萨克斯坦国立大学等，这为爱菊集团进一步发展提供了良好的合作基础。目前，哈萨克斯坦爱菊农产品物流加工园区已获得当地补贴3 200万元人民币，获得当地银行低息贷款折合人民币8 000万元。

三、未来发展战略

未来，爱菊集团将实现境外规模种植，依托哈萨克斯坦优质种植基地，在哈萨克斯坦建设油脂加工厂，在阿拉山口建设面粉厂和油脂精炼厂，从而搭建境外规模种植、产地加工、国内再加工销售的"从种植到销售"的跨国产业链，进而实现西安、阿拉山口、哈萨克斯坦三地联动效应。

另外，爱菊集团将继续推行"政府+银行+企业+农场主+高校院所"的新型"订单农业"合作模式，在企业与农户之间打造"命运共同体"，从源头把控粮源，

推广原料种植面积预测将达 1 000 万亩；在哈萨克斯坦、俄罗斯新建 10 ～ 20 个兼具粮食收购物流职能的跨国粮库；从 2023 年开始，在哈萨克斯坦北哈州、科斯塔奈州建设百万吨级的粮食和物资集结中心，使其成为海外的一个"支点"；目前，年加工 10 万吨的面粉厂、10 万吨的立筒仓、9 000 平方米周转仓库和日处理 300 吨饲料车间及仓容 5 万吨周转库已在阿拉山口综合保税区农产品物流加工园区建成，在此基础上，将新建 5 万吨小麦筒仓、6 万吨油脂仓储罐，完成饲料加工配备周转仓库建设，未来仓储能力达到 30 万吨，实现年周转能力 150 万吨。经营品种将从基础粮油延伸到饲料、农副产品以及农机、种子等全产业链相关产品。

此外，爱菊集团还将从哈萨克斯坦进口其他特色农副产品，包括哈方优质乳制品、小食品、牛羊肉制品及蜂蜜等。另外，依托进口优质面粉、油脂、牛羊肉等产品和爱菊品牌，在西安市探索集餐饮、销售、体验于一体的运营新模式。

第四章
佳北农业在俄罗斯开展农产品产业投资及国际贸易

一、基本情况

佳沃北大荒农业控股有限公司（以下简称佳北农业），于2015年11月成立，总部位于黑龙江省哈尔滨市，主营海外农业产业投资、国际农产品贸易以及品牌农业产品业务。2021年佳北农业对俄投资总额累计超过10亿卢布，在俄罗斯的产业布局形成了集种植、加工、仓储、物流、港口转运、国际贸易于一体的农业垂直全产业链运营模式。佳北农业作为一家现代农业公司，是由联想控股成员企业佳沃集团、北大荒农业股份、九三集团、智恒里海北京咨询有限公司联手打造而成。借力股东的产业资源和市场经验，佳北农业在俄罗斯开展农业经营活动具有得天独厚的条件。

二、佳北农业在俄主要发展成效

（一）成立境外公司，充分利用国外资源

2018年，佳北农业在俄罗斯设立全资子公司——佳北远东控股，开展农业种植、农产品贸易、物流运输和港口转运等业务。经过多年发展，佳北远东控股通过充分调研论证，深耕本土经营模式，促进对金融保险工具的综合应用以及政府之间的良性互动，有效缓解了新冠疫情和乌克兰危机的影响，克服了基础设施不完善和资金短缺等问题，现已成为俄罗斯远东地区最大的农业集团公司之一。佳北远东控股作为俄远东地区新兴粮食贸易商，成长迅速，目前，其客户主要分布在中国、日本和韩国，出口品类包括大豆、小麦、大麦、玉米、燕麦、油菜籽、葵花籽、亚麻籽、豆油、葵油、菜籽油、豆粕和菜粕等农产品。

（二）采用农业垂直全产业链的运营模式，提升产业韧性

佳北远东控股利用远东地区独有的"超前发展区"和"自由贸易港"等经济特区优惠政策，先后建立远东滨海、远东耕地、远东物流、俄罗斯贸易等多家公司，分别从事农业种植、土地租赁、运输物流、港口粮食转运、农产品出口贸易等业务。从2019年起，佳北远东控股滨海公司在滨海边疆区购置优质耕地，种植品类为大豆、玉米和大米，除大米在俄罗斯本地销售外，大豆和玉米分别出口中国和日本。为增强粮食出口运输能力，佳北远东控股于2020年组建了远东地区规模最大的粮食汽车运输物流车队，并在远东两个重要港口符拉迪沃斯托克和扎鲁比诺港购置仓储和装船设施，提供农业配套服务。2021年，佳北远东控股进一步延伸产业链，在滨海交通枢纽中心乌苏里斯克收购并扩建粮食仓储、烘干、清筛和装卸粮仓综合体。佳北远东控股建立集种植、仓储、初加工、物流、港口装运、贸易于一体的农业垂直全产业链运营模式，有效规避了单一产业链环节经营带来的风险，同时对抵消新冠疫情、俄罗斯出口关税调整、乌克兰危机等外部因素影响以及提升价值链都具有重要作用。

（三）落实本土化策略，培养复合型人才

员工本土化是跨国企业提高海外生存能力、快速融入当地的重要途径。佳北远东控股90%雇员都来自当地。为减少由于文化背景差异带来的管理协调成本，公司建立了符合当地实际的关键绩效指标（KPI）考核制度。公司的核心岗位上，既有来自股东智恒集团且拥有多年俄语区业务经验的中方管理人员，也有原俄罗斯友谊集团CEO的俄方管理人员，形成了中俄混合的"三明治"管理模式。此外，公司也注重本土人才培养，为优秀员工提供学习与进修的机会，努力打造复合型人才。2021年佳北远东控股为大幅提升未来三年公司贸易业务规模，加强贸易人才培训计划和优秀员工快速提拔计划，组织一批贸易得力干将派往俄罗斯，分布并驻扎在俄不同的粮食主产区，与当地农户建立独特的利益共同体合作模式。

（四）积极承担社会责任，树立良好社会形象

佳北远东控股在当地主动承担起了多项社会责任，包括参与农业基础设施改善，提供就业岗位，致力慈善公益，赞助教育基金，修缮幼儿园等活动。截至2022年上半年，佳北远东控股所创建的农业综合体为滨海边疆区创造了190多个就业岗位，三年累计缴纳税金1.9亿卢布。佳北远东控股还给当地的孤儿院捐赠大米，为儿童游乐园的建设提供资金，为儿童节活动提供赞助，为"东方经济论坛"举办提供寿司用大米等。目前，佳北远东控股已成为远东地区被俄罗斯联邦政府和地方政府高度认可的外资农业企业。2021年12月，佳北远东控股获得俄罗斯"远东之星"第四届"最佳外国投资者"奖，成为远东地区唯一一家获此殊荣的中资企业。

（五）与当地政府积极沟通，争取更多优惠政策

佳北远东控股在俄罗斯合法合规经营，以人文友好的企业运营理念，在当地获得系列好评，同时与当地监管机构和政府部门保持良好互动，获得了俄罗斯政府提供的农业补贴、专项低息贷款、快速退税等一系列优惠政策。例如，2021年12月，俄罗斯总统驻远东联邦区全权代表兼副总理特鲁特涅夫亲自接见佳北远东控股人员，并亲自吩咐远东发展部、远东开发集团等当地政府机构对佳北远东控股提供必

要的协助和制定具体的支持方案。2023年3月，俄联邦农业部副部长在佳北远东控股访问考察时表示，愿意为佳北农业办理种业发展所需证照资质文件提供便利与协助，并为育种基地建设提供政策性补贴，激励种业原始创新，推动双方在种业领域建立紧密合作关系。

三、未来发展战略

（一）核心目标

佳北农业对俄投资的核心目标是通过对境外粮食产区和运输关键节点进行储运、加工等设施建设，打造农业垂直产业链，全面提升俄罗斯粮食回运中国能力，将俄罗斯优质农产品更高效地出口中国。未来将从远东向西伯利亚延伸，扩大种植面积，进军产品深加工领域，创建远东地区港口专业粮食码头，争取未来5年内成为西伯利亚和远东地区具备一定资源掌控能力的粮食贸易商。

（二）综合园区

佳北远东控股在俄罗斯滨海边疆区卢戈沃伊地区收购土地，拟构建以农业种植为主，涵盖生产资料供应、农产品加工、粮食贸易等产业链上下游核心环节的综合园区。佳北农业在俄项目总投资达10亿元人民币，未来计划将园区总面积扩展至7万公顷，完成园区基础设施建设，使园区升级为涵盖种植、加工、运输、贸易、品牌各环节的综合运营商。同时积极对俄远东港口进行参股，扩建粮食码头，提升园区出口能力，为园区成为中国乃至亚太地区优质谷物油脂产品供应基地奠定基础。

第五章
金骆驼集团在哈萨克斯坦发展骆驼奶生产加工产业

一、基本情况

大庆金土地节水工程设备有限公司作为一家民营企业和黑龙江省重点龙头企业，于2013年7月成立，是一家集研发、设计、生产、销售于一体的农业节水灌溉企业。2016年哈萨克斯坦金骆驼集团有限公司由大庆金土地有限公司在哈萨克斯坦图尔克斯坦州工业园区注册成立。

二、金骆驼集团在哈主要发展成效

（一）借助海外优势资源实现转型升级

2015年大庆金土地节水工程设备有限公司作为节水灌溉领域的一家企业，正处在转型升级的困境中，恰逢此时，"一带一路"倡议让企业看到了新机遇。在一次考察调研中，该公司意外发现了骆驼奶可降低血糖的市场商机。后经长期考察和多轮论证，该公司撰写完成了一份"日处理100吨骆驼奶、马奶乳粉项目"可行性研究报告和一份商业计划书，并于2016年6月获得中哈两国政府部门批复，同年在哈萨克斯坦图尔克斯坦州工业园区注册成立了金骆驼集团有限公司，主营产品包括：全脂驼乳粉、儿童驼乳粉、中老年驼乳粉等乳粉系列及驼乳酸奶、驼乳奶片等，成为一家全球规模领先的骆驼乳粉生产加工企业。

（二）积极承担社会责任，促进当地就业

金骆驼集团有限公司拥有全球规模最大、世界领先的骆驼奶生产线，与哈萨克斯坦骆驼养殖户合作，收购当地骆驼奶并研制而成骆驼奶粉，帮牧民实现了骆驼奶"一滴都不浪费"的愿望，带动了哈萨克斯坦2 000多个骆驼养殖专业户扩大了自家的骆驼饲养规模，大幅度提高了当地牧民收益，不但为哈萨克斯坦带来了出口创汇收入，而且还一定程度上解决了当地居民的就业问题，除12名技术员工来自中国外，其余员工均为哈萨克斯坦本地人。另外，为防止奶质酸化，生产线需要连续作业，为此企业采取工人换班制，让工人一年可获休息日180天，从而保障了企业员工的休假权。

（三）坚持科企合作，促进产品开发创新

金骆驼集团有限公司为生产出更加丰富多样的产品，尽力让驼奶营养不流失，先后与哈萨克斯坦骆驼研究所、阿拉木图大学农学院、中国内蒙古大学农业食品科学与工程学院等研究机构和大学合作，研发骆驼奶加工新工艺。另外，公司加大研发投入，促进新产品的研发速度，以骆驼产品深加工产业链为目标，致力把更多绿色产品销往世界各地。

（四）严把质量关，产品成功打入国际市场

"金骆驼"产品以哈萨克斯坦野骆驼牧场的生鲜驼乳为原料，利用世界先进设备及领先技术精制而成，生产全程层层把控，严把产品质量关。"金骆驼"是中国国内同行中唯一经过两国双重权威商检的品牌，目前注册品牌已有11个。另外，"金骆驼"牌全脂骆驼乳粉还通过了包括HACCP食品安全体系、ISO9001质量体系、

欧盟出口许可等在内的九项认证。2019年中哈两国就进口骆驼奶粉达成协议。2020年4月，"金骆驼"纯骆驼乳粉正式通过中国海关商检进入中国。目前，"金骆驼"产品已销售至中国、俄罗斯、德国、埃及等国。

（五）获得当地政府支持，争取更多优惠政策

"金骆驼"项目得到了哈萨克斯坦政府大力支持。2017年1月金骆驼项目顺利投产之际，哈萨克斯坦首任总统纳扎尔巴耶夫亲临现场启动投产仪式，并发表重要讲话。另外，哈萨克斯坦相关部门代表亲自到金骆驼产业园区现场考察，帮助解读海关与税费减免等优惠政策。

三、未来发展战略

目前，骆驼奶的价值被逐渐认识和挖掘，除了天然富含的维生素、矿物质、优质蛋白以外，还有牛奶中没有的乳铁传递蛋白和溶菌酶。因此，随着消费结构的调整以及科学保养观念的提升，居民对增强免疫力的诉求，市场对骆驼奶的需求量将会越来越大。下一步，金骆驼集团有限公司将继续在骆驼奶相关产品研发上下功夫，与相关科研院所合作，借助哈萨克斯坦的地理优势，除了生产骆驼乳粉外，还将发展骆驼循环经济，提高骆驼产品利用率，向日化用品、功能食品、驼血多肽等大健康产品迈进，全部达产后面向全球销售，预计年产值可达2.61亿美元。

第六章

中泰（丹加拉）新丝路纺织产业
有限公司在塔吉克斯坦投资建设
农业纺织产业园

一、基本情况

2014年9月，中泰集团投资3.2亿元在塔吉克斯坦丹加拉市设立中泰（丹加拉）新丝路纺织产业有限公司，简称中泰（丹加拉）。为积极响应国家"一带一路"倡议，中泰本着资源共享、优势互补、强强联合的原则，在塔吉克斯坦建设集棉花种植、加工、纺纱、织布、印染、成衣制造于一体的农业纺织产业园项目。目前，该产业园已成为中亚地区规模最大、产业部门最齐全的示范性园区，世界农业纺织产业最完整的园区之一。另外，该项目作为建设丝绸之路经济带早期收获项目之一，已成功入选第二届"一带一路"国际合作高峰论坛成果清单，成为中塔务实合作的标志和中塔两国人民友谊的象征，为中塔两国全面深入合作起到了积极的示范引领作用。

二、中泰（丹加拉）在塔主要发展成效

（一）园区建设有序推动，为当地构建完整棉纺织产业链

2014年，中泰（丹加拉）开建农业纺织产业园区。园区项目共分四期建设，其中一期项目建设于2016年8月投产，内容包括农业种植（10万亩）、轧花厂（两座）、6万锭精梳紧密纺车间等。二期项目建设已于2018年6月投产，内容包括9万锭气流纺纱车间；三、四期纺织项目已于2019年3月启动，并于2021年9月投产，其中三期形成了1条印染生产线，生产针织坯布约8 000吨/年，各类服装100万件/年，四期投产的216台喷气织机生产各类机织坯布约1 600万米/年。三、四期项目的建成投产，使得塔吉克斯坦的农业产业链得以延长，填补了棉纺织全产业链行业空白。

（二）完善原料深加工产业链，拓展当地农业发展潜力

中泰（丹加拉）充分利用塔吉克斯坦当地资源优势、区位优势、政策优势，结合中国先进的科技、资金、市场等优势，引进美国约翰迪尔数字化、智能化农业机械和瑞士立达世界尖端的纺织设备及国际最先进的乌斯特检验设备，同时还采用一流的企业管理理念，将农业种植与工业生产紧密结合起来，改变了当地的棉花种植、采摘及原料加工方式，增加棉花新品种培育数量，提高原棉产量和质量，从而使塔吉克斯坦种植技术、纺织技术以及企业管理理念实现了根本性创新，并提升了当地农业发展水平。在园区项目建设之前，塔吉克斯坦棉花种植技术落后，棉花单产显著低于中国，棉花加工量仅占塔吉克斯坦棉花总产量的10%，目前园区已将这一数字提升至40%。农业纺织产业园项目既改变了塔吉克斯坦的棉花种植方式，也完善了原料深加工产业链，拓展了农业发展潜力，带动了当地税收和就业。

（三）实施本地化策略，注重人才培养

中泰（丹加拉）注重提高本地员工素质和技能，并在员工招聘之前有针对性地开展员工挑选和技能培训工作。例如，2017年中泰（丹加拉）从塔吉克斯坦国立语

言大学、库尔干秋别技术学院选派40名纺织员工到江苏省无锡市经纬纺织科技试验有限公司进行为期4个月的系统性技能培训，从设备安装调试到产品生产对学员进行全过程全方位的指导和实践。学成归国后，学员基本能从一名普通员工成长为技术骨干，把他们从中国学到的纺织专业知识与技能带回到塔吉克斯坦，并对其他员工进行技术培训，从而提升了企业员工的整体专业技能以及企业的整体实力与竞争力。此外，中泰（丹加拉）始终坚持"人才强企战略"，根据企业实际需求，从企业内部挖掘人力资源，加大人才培养力度，这为企业发展提供了人才保障。同时，在2019年举办了塔语、中文培训班，根据实际情况制定了塔语、俄语、中文的长期培训计划及培训管理制度。

（四）紧把产品质量关，在国际舞台树立良好企业形象

2016年，中泰（丹加拉）荣获"中塔经贸合作成功范例"。2017年，中泰（丹加拉）获得塔吉克斯坦工业会议颁发的塔吉克斯坦"2017年度纺织行业最佳企业奖"和"2017年度纺织行业最佳产品质量奖"两项殊荣。2020年4月，中泰（丹加拉）荣获"欧洲国际质量大会拱门奖杯和欧洲国际质量金奖""欧洲国际质量技术卓越和质量领导奖""欧洲国际质量拱门奖"和欧洲国际质量会员证书。2021年9月，中泰（丹加拉）荣获塔吉克斯坦独立30周年工业、农业最高荣誉贡献勋章四枚。此外，公司还收到了塔吉克斯坦工业部、农业部、水利部、哈特隆州政府发来的感谢信及4块卓越贡献奖牌，成为塔吉克斯坦工业及农业领域唯一获此殊荣的国外企业。

（五）积极承担社会责任，促进当地就业和创汇

中泰新丝路农业纺织产业园带动塔吉克斯坦棉纺产业向世界先进水平前进20年，显著促进了当地居民就业。目前，中泰（丹加拉）开展的四期项目解决就业岗位总计1 250个，间接拉动就业上万人，未来园区通过提高产能等方式预计带动大概2 000人上岗就业。此外，园区加工生产的纯棉纱线质量达到国际一流标准，90%以上产品销往海外市场，如土耳其、俄罗斯、埃及、意大利、波兰、巴基斯坦、中国等10余个国家和地区，产品质量获得国内外客户一致好评。同时，园区为

塔吉克斯坦创造了可观的外汇收入。目前纺织产业园已经成为塔吉克斯坦出口创汇第一大户，为其经济可持续发展提供了动力与保障。

三、未来发展战略

未来，中泰（丹加拉）为在国际市场上提高其核心竞争力，将贯彻新发展理念，打造绿色供应链体系，多措并举实现纺织产业高质量可持续发展。一是持续提升员工职业技能，严把过程质量关，持续开展质量创新，与世界一流标杆企业对标，助力公司可持续发展，进一步提升品牌实力和核心竞争力。二是继续加大研发和设备投入，使企业拥有一流的棉花资源和国际一流纺织设备，并在生产、检验、管理等各环节对标世界先进水平，努力做到产品质量一流、员工技能一流和管理水平一流，实现塔吉克斯坦纺织产业高质量发展。三是继续发挥产业引领带动作用，在塔吉克斯坦大力发展现代工农业，推动中塔两国产业对接、优势互补、政策沟通、设施联通、贸易畅通、资金融通以及民心相通，为中塔两国全面深入合作发挥示范引领作用。

第五篇 >>>
口岸发展篇

上合组织国家多为中国周边国家，加快建设陆路口岸、优化通关措施，对扩大中国与上合组织国家农产品贸易具有积极意义。本篇重点介绍了霍尔果斯、阿拉山口、巴克图、满洲里、绥芬河等口岸建设发展情况、主要成效和下一步发展展望。

第一章
霍尔果斯口岸

一、基本情况

（一）地理位置

霍尔果斯口岸是一个集公路、铁路、管道、航空、光缆、邮件"六位一体"的国际综合交通大枢纽和综合性多功能口岸，位于新疆伊犁哈萨克自治州霍尔果斯市境内，与伊宁市和乌鲁木齐市的距离分别为90公里和670公里。与之相对的境外口岸为哈萨克斯坦霍尔果斯口岸，距中方口岸15公里，距哈萨克斯坦雅尔肯特市35公里，距哈萨克斯坦阿拉木图378公里。霍尔果斯口岸作为中国的"西大门"，是连接中哈两国的重要纽带，作为新疆对外开放的一个重要窗口，目前与红其拉甫口岸和阿拉山口口岸同为新疆向第三国开放的三个口岸。

（二）建设情况

霍尔果斯公路口岸于1881年正式通关，1992年正式向第三国开放，是中国西部地区通关历史最长、综合运量最大、自然环境最好、功能最齐全的国家一类陆路公路口岸。霍尔果斯铁路口岸于2012年12月22日实现通车运营，2017年6月8日铁路客运正式开通，是中国最大的常年开放的铁路客货运输口岸。霍尔果斯口岸先后设立了霍尔果斯经济开发区、中哈霍尔果斯国际边境合作中心、霍尔果斯综合保税区、中国（新疆）自由贸易试验区霍尔果斯片区等。

霍尔果斯经济开发区。2010年5月中央新疆工作座谈会决定设立此开发区，总面积73平方公里，呈"一区三园"空间布局，包括30平方公里的霍尔果斯口岸园区、35平方公里的伊宁园区和8平方公里的清水河配套园区。

中哈霍尔果斯国际边境合作中心。合作中心是中国与其他国家建立的首个跨境经济合作区中心，总面积为5.6平方公里，包括中方区域3.43平方公里，哈方区域2.17平方公里。2006年国务院批复设立合作中心中方配套区。2012年4月合作中心正式封关运营，实行"一线放开、二线管住"的"境内关外"管理模式，主要功能包括：贸易洽谈、商品展示与销售、仓储运输、宾馆饭店、商业服务设施、金融服务和举办各类区域性国际经贸洽谈会等。

霍尔果斯综合保税区。2020年9月国务院批复将合作中心中方配套区整合优化设立保税区，规划面积为3.61平方公里，享受"配套区＋综保区"双重政策，主要功能包括：保税加工、保税物流、保税服务等业务，与合作中心中方区形成"前店后厂""前店后仓"的联动发展格局。

中国（新疆）自由贸易试验区霍尔果斯片区。2023年10月21日获批，同年11月1日揭牌成立，总实施面积16.58平方公里（含综合保税区3.61平方公里）。根据《中国（新疆）自由贸易试验区总体方案》，该片区依托跨境合作及陆上边境口岸型国家物流枢纽等优势，致力于将跨境物流、跨境旅游、金融服务、展览展示等现代服务业作为重点发展产业，将特色医药、电子信息、新材料等产业做大做强。

（三）战略地位

作为新疆对外开放的重要窗口，霍尔果斯口岸是联结中亚五国和"一带一路"沿线市场的重要枢纽，在构建新发展格局中占有重要地位、具有特殊作用，是促进国内国际双循环的开放前沿。口岸发展的主要定位包括：一是畅通向西开放通道；二是带动本地经济发展；三是打造开放合作平台；四是助力丝绸之路经济带核心区建设的重要支点。

二、对外农业贸易发展概况

（一）对外贸易规模

除2015年和2016年受国际形势不稳定和邻国经济下滑影响外，霍尔果斯口岸自2011年以来进出口贸易总额总体上呈上升趋势。2018年口岸的进出口货运量及贸易额实现"双增"，进出口货运量3 574.26万吨，同比增长23.3%；进出口贸易额1 352亿元，同比增长22.2%，进出口货运量、贸易额分别占新疆关区的60.2%和45.6%，居全疆口岸之首。2022年前10个月，口岸进出口货运量3 372.7万吨、进出口贸易总额2 444.2亿元（其中出口总额1 571.2亿元，进口总额873亿元）。其中，出口货运量444.7万吨，同比增长17.5%；进口货运量2 928万吨，同比增长1.8%（表5-1）。2023年上半年，口岸进出口货运量1 946.1万吨，进出口货运量位居全疆口岸首位。

表5-1 霍尔果斯口岸对外贸易规模

年份	进出口货运量（万吨）	进出口贸易额（亿元）
2018年	3 574.26	1 352
2022年1—10月	3 372.7	2 444.2

（二）对外农业贸易产品结构

经霍尔果斯口岸出口的商品主要包括服装、鞋类、机电产品等产品，占口岸出口总额的60%～70%。近年来，服装类产品的出口比重逐渐下降，机电类产品出口比重呈逐年增长趋势且占比最大。同时，灯具、塑料制品及优势农产品鲜、干水果等产品的出口比重也呈现逐年增长趋势，但是占比仍然偏小。

近十年间的对外贸易产品结构不断优化。2014年口岸出口货物主要为工程机械、食品、百货、建材等；进口货物主要为返程空集装箱、尿素、红花籽、铁矿石、棉花、红酒、小麦等。2023年前10月，霍尔果斯口岸进口商品主要有金属矿砂、粮油

149

作物、化工原料等传统大宗资源性货物；出口商品以机电产品、汽车配件、服装鞋类、日用百货、果蔬为主。其中，2023年1—8月，肥料进口量同比增长72.7%，这反映了国内市场强大的消费和生产能力。2024年1—3月，口岸进口商品主要有机电产品、未锻轧铜及铜材、农产品、食品、金属矿及矿砂等；出口商品主要有新能源汽车、机电产品、高新技术产品、服装、纺织纱线、织物及其制品等。其中，进口农产品、食品贸易额增长显著；果蔬出口额同比增长510%，出口量（11.2万吨）同比增长690%，占新疆出口总量五成以上。

在农业方面，伊犁为了适应市场需要，提升综合生产能力，分别从粮食、蔬菜、油料、林果、畜产品和出口农产品加工这六个方面进行建设。优化了农业结构的生产区域布局，加强了农产品和特色经济作物的种植力度，优势特色农产品产业带动初见成效，已基本形成农牧结合、粮食并重的发展局面。

（三）对外农业贸易主要国别

"一带一路"倡议提出后，在共商、共建、共享的原则下，中国与中亚国家的经贸合作不断加深并拓展到多个领域。在中亚地区，与霍尔果斯口岸贸易往来最多、贸易额占比最大的是哈萨克斯坦，其次是吉尔吉斯斯坦，而乌兹别克斯坦、塔吉克斯坦三国占比较小。根据霍尔果斯海关数据显示，2016年霍尔果斯口岸与哈萨克斯坦进出口贸易额占其与中亚五国进出口贸易总额的63.2%，吉尔吉斯斯坦占比25.26%，其余三国占比总和仅为11.54%。2023年前10个月，霍尔果斯口岸主要目的地为中亚五国、俄罗斯和波兰。2024年1—3月，霍尔果斯口岸果蔬出口进入旺季，通过中哈农副产品快速通关"绿色通道"，从公路口岸出境，销往哈萨克斯坦、乌兹别克斯坦、俄罗斯等国家。

三、前景展望

（一）对外贸易"朋友圈"将会越做越大

2023年5月，六国元首出席中国—中亚峰会并共同发布了"中国—中亚峰会西安宣言"。在此次峰会上，中国与中亚五国签署了多份共建"一带一路"合作文件。

之后，中亚五国部门负责人纷纷来新疆落实领导人峰会协议。2023年，霍尔果斯口岸进出口货运量4 178.4万吨，同比增长4.4%，创历史新高，进出口货运量位居全疆口岸首位。未来，随着中国与中亚国家经贸往来不断深入，霍尔果斯口岸开放水平也将会不断提升，"朋友圈"范围也将会继续扩大。

（二）对外农业贸易总额将呈持续增长趋势

霍尔果斯口岸既是新疆贸易量和贸易额最大的口岸，也是中哈两国贸易往来最为密切的口岸。未来，随着霍尔果斯口岸基础设施和口岸管理体制的不断完善，再加上对外贸易环境的不断优化和长效贸易合作发展机制的建立，口岸的物流效率也将会有明显的提高。在此背景条件下，未来，中国与中亚国家的进出口贸易总额，尤其中国与哈萨克斯坦的进出口贸易总额将呈持续增长的趋势。

（三）对外农业贸易产品结构将不断优化

2023年是"一带一路"倡议提出十周年，作为中国向西开放的重要口岸，霍尔果斯口岸出口商品十年前主要以百货为主，如今高附加值的"中国制造"，如汽车、机电产品等迅速增长，在出口贸易额中的占比不断攀升。未来，由"一带一路"倡议所带来的物流畅通（如中欧班列等）必将会为中国与中亚间农产品物流创造条件，带动霍尔果斯口岸进出口货物的数量和结构发生很大变化。

（四）对外农业贸易多元化程度不断加深

霍尔果斯经济开发区目前已获批粮食口岸、肉类进口口岸、进境水果指定口岸、进口活畜指定隔离区、整车进口口岸、进口植物种苗指定口岸以及进出口药品集散中心。另外全疆首个进境动物指定隔离检疫场地也已通过验收。未来，随着霍尔果斯口岸区位优势的不断挖掘以及越来越多的功能性口岸的日趋完善，其对外贸易也将会越来越呈现多元化。

第二章
阿拉山口口岸

一、基本情况

（一）地理位置

阿拉山口口岸作为一个集铁路、公路、管道、航空4种运输方式于一体的国家一类陆路口岸，以国际铁路运输为主，位于新疆博尔塔拉蒙古自治州，距州博乐市73公里，是"丝绸之路经济带"上的重要支点和新疆对外开放的重要门户，是国内货物输送中亚、欧洲的重要通道。邻国口岸为哈萨克斯坦的德鲁日巴口岸，距新疆阿拉山口口岸12公里。

（二）建设情况

1990年6月国务院批准设立了阿拉山口口岸，其中铁路口岸于1991年7月过货运营，公路口岸于1995年12月开放。2003年被列为国家重点建设和优先发展口岸；2016年定位为国家中欧班列枢纽；2022年获批设立跨境电商综合试验区、边民互市试点、市场采购贸易方式试点、进口贸易促进创新示范区、二手车出口试点等。

阿拉山口综合保税区。作为新疆第一个综合保税区，于2011年5月经国务院批准设立，因其拥有独特的区位优势，成为中国与中亚、南亚及欧洲贸易往来的重要关口。2022年保税区进出口值达195.3亿元，同比增长192.5%；累计注册企业257家，同比增长44.4%。

跨境电商综试区。2022年，口岸获批设立跨境电商综合试验区。2022年2月至2023年2月，阿拉山口跨境电商全年累计出口包裹1 585.5万票，完成贸易额24.83亿元，同比增长484.4%，占自治区跨境电商贸易额的30%，增速排名全疆前列。

（三）战略地位

亚欧大陆桥的中转枢纽。阿拉山口口岸是中国联通中亚的重要口岸，是亚欧陆路交通咽喉、东西双向运行最便捷的中转枢纽。第二亚欧大陆桥的贯通使阿拉山口成为中国西端的桥头堡和物流集散中心，在国际贸易中的战略地位更加突出。凭借地理与经济上的优势，阿拉山口口岸已经成为中国向西开放与哈萨克斯坦、俄罗斯及欧洲国家进行贸易往来的重要通道。

中国能源、资源、粮食陆上安全大通道。阿拉山口口岸作为"一带一路"西部通道的中转枢纽，驶出的中欧班列途经中亚、俄罗斯可达欧洲，因此是中国重要的进口能源、资源和粮食陆上安全大通道，发挥着保障中国能源、资源进出口的作用。未来随着中国对外开放战略与共建"一带一路"倡议的推进，阿拉山口口岸在国家打通西部陆海新通道，构建新发展格局中的重要地位将更加凸显，对促进口岸经济的高质量发展具有重要作用。

二、对外农业贸易发展概况

（一）对外农业贸易规模

2021年，阿拉山口口岸进出口贸易总额为3 054.5亿美元，其中进口贸易额1 304.4亿元，同比增长24.7%；出口贸易额1 750.1亿元，同比增长19.4%。口岸进出口货运量为2 066.1万吨，其中进口1 780万吨，占进出口货运量的86.2%；出口286.1万吨，占比13.8%。阿拉山口口岸进出口贸易额从铁路口岸和公路口岸上看，铁路运输进出口贸易额达到2 643.9亿元，占口岸进出口贸易值的86.6%，公路运输进出口贸易额仅为77.6亿元。2022年，阿拉山口口岸进出口货运量2 530.99万吨，同比增长14.21%。其中，铁路进出口货物1 365.85万吨，同比增长22.72%；公路进出口货物40.18万吨，同比增长352%，过货量创历史新高。由此看出，铁路口岸进出口贸易值占比较高，是阿拉山口口岸进出口贸易额的主要来源。

在农业方面，借助口岸优势，发展中蒙农牧业，助推过境市场发展。阿拉山口市坚持"走出去"和"引进来"相结合，加快推进国际综合物流园区基础项目建设，不断提升口岸综合功能，正在争取进口饲草、畜产品指定口岸，落实出口农畜产品减免政策，开展粮食、牲畜、饲草等跨境贸易业务，拉动口岸经济的快速发展。通过与蒙古国开展粮食、牲畜、饲草等贸易往来，既拉动了口岸经济的快速发展，又推动过境游实现常态化、多元化。

（二）对外农业贸易产品结构

阿拉山口口岸的贸易商品主要以进口能源资源类产品为主，从铁路进口的贸易产品主要包括：金属矿石、钢材和有色金属、原油及制品、粮食、棉花、集装箱、木材等，出口的产品主要包括：工业机械、矿物性建材、化工产品、钢材及有色金属等，并且进口量远大于出口量。从公路口岸进口商品主要包括：液化石油气、亚麻籽、红花籽等；出口商品主要包括：机电产品、高新技术产品、服装、鞋靴等。与阿拉山口口岸的较高过货量和较低贸易额相比，该口岸贸易产品的层次相对较低。

（三）对外农业贸易产品国别

阿拉山口口岸主要贸易国为中亚五国和俄罗斯，其中出口到哈萨克斯坦的贸易额最高，其次是乌兹别克斯坦、俄罗斯、塔吉克斯坦。阿拉山口线上口岸馆于2016年10月设立，通过聚贸平台成功对接了来自全球80多个国家的80多万家国内外企业，从而显著提升了阿拉山口口岸的品牌知名度。

三、前景展望

（一）口岸城市辐射力与吸引力将越来越强

国家将边境口岸设立为城市，其目的之一就是以边境城市为依托，加快促进边境地区的发展，实现富边、强边、安边、固边、睦边、管边的战略目标。在"一带一路"倡议不断推进和中央及地方政府对口岸发展的大力扶持下，未来，随着口岸基础设施建设的不断加强、口岸通行能力的日益增强，以及口岸经济的不断发展，阿拉山口市以口岸为依托，把外贸加工、专业商场、物流、仓储、旅游等产业打造成自己的主导产业体系，其辐射力与吸引力将会越来越强。

（二）持续提高口岸跨境电商贸易额

近年来，阿拉山口口岸持续扩大跨境电商进出口规模，释放外贸增长新动能。中央和地方政府为了进一步推动阿拉山口综合保税区、跨境电子商务综合试验区高质量发展，加快融入"一带一路"建设，全面贯彻落实"口岸强州"战略，制定了多项政策。未来，中国优质商品搭载"中欧班列"从阿拉山口口岸出境销往欧洲，跨境电商零售货值将会持续增长。

（三）口岸数字化转型工作将继续加强

目前，阿拉山口口岸实现"智慧口岸、智能边境、智享联通"等数字化转型仍然面临多重挑战，如缺少协同办公与数据共享系统；缺少统一的检验场所，以及缺少对物流运输监管的手段等。未来，阿拉山口口岸若要提高通关效率，实现电子化转型，仍需要继续优化数字口岸基础设施建设，推进信息共享、物流共检和信息溯源机制，实现智慧通关，多部门监管协同、资源共享、风险共防。

（四）口岸通关模式将不断创新

新疆乌鲁木齐海关针对新疆公路口岸顺畅通行面临的难点、堵点等问题，在全国首创"公路口岸+属地直通模式"，并在阿拉山口口岸正式运行。在该模式带动下，通关时间由以前平均34.5小时压缩为现在平均5小时，压缩率达85%，同时企业的通关成本也因此降低50%。未来，为了持续聚焦优化口岸通关效率，不断创新口岸通关模式，应继续发挥口岸区位优势，加强科技赋能，优化人力资源配置，进一步推进智慧海关建设。

第三章

巴克图口岸

一、基本情况

（一）地理位置

巴克图口岸是中国与独联体国家最便捷的陆路人货出入口岸，位于新疆伊犁哈萨克自治州塔城地区，是新疆境内少有的百年口岸，1995年正式对外开放，是新疆除阿拉山口口岸、霍尔果斯口岸之外的第三个对外开放的一类陆路口岸（主要是公路口岸），其通商历史已有200多年，是中国与中亚乃至欧洲进行经贸与文化交流的重要窗口。作为中哈边境陆路口岸之一，巴克图口岸距塔城17公里，距乌鲁木齐621公里；巴克图口岸对面为哈萨克斯坦的东哈州，出境至哈萨克斯坦的巴克特口岸约800米，至哈萨克斯坦的马坎赤市60公里，至哈萨克斯坦的乌尔加尔机场110公里。

（二）建设情况

1995年7月1日，巴克图口岸正式对第三国开放。1996年10月5日，在巴克图口岸设立边民互市贸易点，并将塔城市国际边贸商城作为边民互市点纳入边境小额贸易管理范围。2009 年 2 月 12 日，中国外交部批准允许哈方公民"一日免签"进入巴克图口岸边民互市贸易区。2019 年 5 月 30 日，克塔铁路 K9858 次列车正式开通运营。

塔城市边境经济合作区。规划面积 6.5 平方公里，1992 年经国务院批准设立，距塔城市 1 公里，东至花园街，西至巴克图检查站自然干河沟，南至南环路，北至北环路。作为 16 个国家级边境经济合作区之一，合作区的产业定位包括：依托塔城市资源优势和口岸优势，以市场需求为导向，重点发展农副产品精深加工，逐步发展建材加工以及仓储物流等，将合作区建设成为北疆向西出口的重要物流通道和全疆最大的出口果蔬集散地。

（三）战略地位

巴克图口岸功能定位为客货通道型口岸和贸易型口岸。一是作为"绿色通道"。2013 年 12 月 23 日，新疆巴克图口岸农产品快速通关"绿色通道"正式开通。2015 年 12 月，国家质量监督检验检疫总局将巴克图口岸定为边境陆运粮食指定口岸。作为全国首个开通农产品快速通关"绿色通道"的巴克图口岸，自"绿色通道"开通以来，经巴克图口岸进出的农产品数量和通关效率大大提升。二是作为中国西北地区重要战略通道。巴克图口岸是经哈萨克斯坦通往俄罗斯、欧洲最近的陆路枢纽。另外，巴克图口岸主要面向哈萨克斯坦、俄罗斯的十个新兴工业城市，对农产品需求量较大。

二、对外农业贸易概况

（一）对外农业贸易规模

巴克图口岸的"绿色通道"是农产品进出口的快速通关通道。2017 年上半年，口岸进出口农产品 5.37 万吨，货值 3 517.15 万美元，其中果蔬出口约 3 万吨，货值 2 400 万美元，约占总出口贸易的七成。2018 年，巴克图口岸全年果蔬出口 3.4 万吨，货值 3 055 万美元，占全疆果蔬出口量的 52%。2022 年，巴克图口岸累计进出口货物 34.56 万吨，同比增长 64.91%，货值 20.67 亿美元，同比增长 24.67%，口岸吞吐量突破 1990 年开关以来最高纪录。

2003 年以来，塔城海关不断优化巴克图口岸通关流程，持续压缩通关时间，口岸农产品进出口总量和货值总体呈现递增态势，农产品结构也日趋多元化。据统计，2023年1—6月，巴克图口岸进出口外贸总值119.9亿元，同比增长1.2倍；其中，进口值1.9亿元，同比增长23倍，出口值118亿元，同比增长1.2倍。同期巴克图口岸农产品进出口总值2.4亿元，其中，出口值1.6亿元，进口值0.8亿元。

（二）对外农业贸易产品结构

近年来，随着巴克图口岸"绿色通道"的政策红利落实，其农产品进出口总量呈逐年递增态势，农产品结构也日趋多元化。目前，巴克图口岸进出口农产品种类已达30余种。2021年1—7月，巴克图口岸出口的农产品主要包括干鲜瓜果、坚果、蔬菜及食用菌，其中干鲜瓜果及坚果出口额为1.1亿元，同比增长56.7%，占农产品出口总值的37.7%；蔬菜及食用菌出口额为0.91亿元，同比增长81.4%，占农产品出口总值的31.2%。食用油为主要进口农产品，贸易值为0.04亿元。2022年，口岸农产品出口总值4.7亿元，同比增长160.1%，其中，进口农产品主要包括食用油、葵花籽等农副产品；出口农产品主要包括蔬菜及食用菌、干鲜瓜果、坚果等。2023年1—11月，口岸进出口农副产品贸易值5.97亿元，其中出口2.96亿元，进口3.01亿元。

（三）对外农业贸易国别

经巴克图口岸出口的农副产品主要销往哈萨克斯坦、吉尔吉斯斯坦等中亚国家及俄罗斯等国。2021年前7个月，巴克图口岸农产品出口贸易国主要集中在吉尔吉斯斯坦、俄罗斯、哈萨克斯坦三国。其中，对吉尔吉斯斯坦出口农产品贸易值居首位，达1.13亿元；对俄罗斯出口0.98亿元，增速最为强劲，增长2 631.6%；对哈萨克斯坦出口0.48亿元，增长145.7%。哈萨克斯坦为巴克图口岸农产品进口贸易国，前7个月哈萨克斯坦进口额为0.15亿元。

三、前景展望

（一）口岸"绿色通道"对促进农产品进出口贸易将继续发挥重大作用

2013年12月，巴克图口岸开通全国首个农产品快速通关"绿色通道"，农产品通关时间由3天缩短至3小时，塔城地区乃至全疆全国的果蔬等农副产品通过巴克图口岸快速直达哈萨克斯坦、俄罗斯等国外市场，巴克图口岸也为境外粮食、油料作物等优质农副产品和冻牛肉、冻鱼等冷冻肉类、水产品的进口提供了便利的通关环境。基于巴克图口岸输出的农产品正好与中亚、俄罗斯及其他市场物产具备互补性，借助"绿色通道"，可以让新疆及全国特色农副产品"走出去"，进而提高口岸农产品进出口贸易量。

（二）不断完善口岸"绿色通道"体系框架

巴克图口岸把中国的资源与中亚国家的市场需求紧密连接在一起，逐步深入中亚腹地经济，将新疆乃至全国农产品销售到中亚、欧洲甚至更远的地方，同时也把中亚、欧洲及其他市场的农副产品快速进口到中国。未来，在中央和地方政府的政策支持下，口岸将继续补充、完善中哈巴克图—巴克特口岸农产品快速通关"绿色通道"体系框架，建立从存放、装卸、运输到出境环节的"快捷通道"，全力保障农副产品"优鲜"通关，继续从口岸功能拓展入手，在保障"零延时"通关的基础上，继续丰富进出口农副产品的种类。

（三）口岸贸易模式将不断创新

巴克图口岸依托"绿色通道"的政策优势，2022年9月在新疆率先运行"边民互市+落地加工"模式。2022年底又在新疆率先实现落地加工"整进整出"模式。在这两种贸易模式的带动下，塔城目前已初步形成食用植物油加工集聚效应，辐射带动了更多边民就业、增收。同时，鼓励边民抱团发展，通过成立边民合作社，扩大交易规模，让更多的边民享受互市贸易红利。未来，借助绿色通道和边民互市政策叠加优势，再加上国内正在不断拓宽粮油生产加工原料的来源渠道，因此，口岸的贸易模式也会在新形势下不断发展和创新。

第四章
满洲里口岸

一、基本情况

（一）地理位置

满洲里口岸作为中国规模最大、通货能力最高的铁路口岸，是中国沿边口岸中唯一的公、铁、空三位一体的国际口岸，也是唯一实行24小时通关的陆路口岸，位于内蒙古境内，地处中俄蒙三角地带，北接俄罗斯，西邻蒙古国，是第一亚欧大陆桥的交通要冲，是中国通往俄罗斯等独联体国家和欧洲各国的重要国际大通道，也是中国最大陆路口岸，承担着中俄贸易65%以上的陆路运输任务。

（二）建设情况

满洲里口岸于1901年正式开通，1998年投入使用，2013年9月经满洲里口岸出境的首列"苏满欧"国际集装箱班列顺利开行，截至2018年10月，经满洲里口岸的中欧班列出境线路32条，入境线路16条，货源地辐射长三角、珠三角、环渤海地带以及华南、中南、西南等地区，货物出口至俄罗斯、德国等13个欧洲国家的

28个城市。2022年7月中欧班列"上海号"班列实现中欧线、中俄线、中亚线三大中欧班列主要线路全覆盖，运送货物到达德国、波兰、俄罗斯、白俄罗斯、哈萨克斯坦、乌兹别克斯坦、吉尔吉斯斯坦、塔吉克斯坦8个国家，联通境外城市与站点超40个，并通过这些站点发往欧亚其他国家。

满洲里中俄互市贸易区。作为满洲里市提升对外开放格局的重要区域，其主要功能包括国际贸易、边民贸易、出口加工、仓储物流、金融服务、旅游休闲等。目前已初步形成集国际铁路口岸、国际公路口岸和国际航空口岸于一体的空间布局和出口加工、商贸旅游、仓储物流等三大产业集群。

满洲里综合保税区。2015年3月23日，保税区由国务院正式批复设立，规划建设面积1.44平方公里，总投资4.6亿元，2016年12月20日正式封关运营，成为内蒙古首个综合保税区，以及服务全国、面向俄蒙、辐射东北亚的重要载体和平台。

（三）战略地位

满洲里口岸因其特殊的地缘位置、区位交通和口岸基础设施条件，使得满洲里能够进口大量俄蒙能源资源，从而接续和保障国家能源与资源战略安全和储备。目前，满洲里口岸已经成为"一带一路"建设的黄金通道以及欧亚物流大动脉的钻石节点。作为东北亚区域经济合作的重要战略支点以及国内国际两个市场、两种资源的交汇点，从地理位置上看，满洲里口岸在中俄、中蒙贸易中一直扮演着极其重要的角色。

二、对外农业贸易概况

（一）对外农业贸易规模

2018年，口岸过货量为3 192万吨，同比增长3.0%。口岸外贸进出口总额为354亿元，同比增长6.7%，其中，进口额224.5亿元，同比增长0.3%，出口额129.5亿元，同比增长19.9%。2019年，口岸货物过货量完成3 259万吨，同比增长2.1%。其中，进口量1 609万吨，同比增长0.6%；出口量439万吨，同比增长8.9%；转口量1211万吨，同比增长1.8%。口岸外贸进出口总额351亿元，同比下降1.0%，其中，进口额218.7亿元，同比下降2.8%，出口额132.3亿元，同比增长2.2%。2023年，铁路口岸全年进出口运量实现2 107万吨，同比增加551万吨，增幅35.4%，其中进口运量完成1 910.7万吨，同比增长41.5%，口岸过货量创十年来新高。2015—2017年，满洲里口岸农产品进口呈现较大波动，其中，2015年、2016年和2017年农产品进口总额分别为6.3亿元、23.9亿元和12.2亿元。2015—2017年，满洲里口岸农产品出口额呈逐年上升趋势，其中2015年出口总额为17.2亿元，2016年为21.2亿元，2017年为21.7亿元（表5-2）。另外，2023年1—7月，经满洲里口岸出口果蔬9万吨，同比增长102.8%；货值6.1亿元，同比增长101.1%。

表5-2　满洲里口岸农产品进出口额

年份	进口额（亿元）	出口额（亿元）
2015	6.3	17.2
2016	23.9	21.2
2017	12.2	21.7

（二）对外农业贸易产品结构

从口岸进口商品种类来看，资源型商品占据主导地位。具体包括：木材、锌矿砂、煤炭、基础油、液化气等。2018年1—12月，木材进口1 066.2万立方米，同比下降11%；铁矿砂进口116.7万吨，同比增长7.7%；煤炭进口397.7万吨，同比增长39.6%；化肥进口108万吨，同比增长36.6%。果菜出口44.3万吨，同比增长5%；轻工品出口159.1万吨，同比增长1%；矿产品及建材出口34.1万吨，同比增长6.7%。口岸进出口集装箱16.5万标箱，同比增长13%。

口岸农产品进口以鲜、干水果及坚果、粮食、油料作物为主，出口的农产品以鲜、干水果及坚果和蔬菜为主。2017年，口岸全年粮食进口量为7.34万吨，货值为2 723万美元，全年同比增长分别为35.3%和29.5%，进口农产品品类从2016年的油菜籽和亚麻籽增扩为2017年的小麦、燕麦、荞麦、油菜籽、亚麻籽、葵花籽六个品类，在数量、货值、品类上都呈现出良好的增长趋势。

（三）对外农业贸易国别

目前，俄罗斯已成为满洲里口岸最大的消费市场，满洲里口岸承担了中俄贸易60%以上的陆路运输业务。2016年满洲里对俄出口农产品为23.9亿元，同比增长30.8%，占同期农产品出口总值的96.6%；对印度尼西亚出口3 384万元；对日本出口1 670万元；其余出口至荷兰、蒙古国、越南等国家和地区，但均未超过千万元，占有份额有限。2017年，满洲里对俄出口农产品24.8亿元，同比增长3.8%，占同期关区农产品出口总值的96.9%；同期，对俄进口4.2亿元，下降24.1%，占同期关区农产品进口总值的97.7%。2017年，口岸对俄进出口农产品货重和货值均创历史最高水平，俄罗斯依然是满洲里最大农产品进出口国。

三、前景展望

（一）口岸农产品出口总额仍将呈上升趋势

在两国领导人的共同努力推动下，双方经贸往来日益密切，农产品进出口量逐年增长。俄罗斯远东地区气候寒冷，劳动力稀缺，不利于农作物生产，但俄罗斯对中国传统优势作物甘薯、芹菜等蔬菜和鸭梨、葡萄等水果的需求则不断增多，这将会大大促进满洲里口岸的农产品出口贸易。

（二）不断完善口岸通关能力和通关环境

在"一带一路"倡议不断推进和中央及地方政府对口岸发展的大力扶持下，未来，随着口岸基础设施建设的不断加强，口岸电子商务平台、口岸物流体系及口岸仓储环节的不断完善，再加上口岸联检联运部门紧密配合，以及口岸整体通关时间压缩等协作机制的落实，口岸的通关能力和通关环境都将会得到较大的提升。

（三）口岸出口商品结构仍需调整

与俄罗斯双边贸易是满洲里口岸贸易的主体，但是双边贸易结构单一，出口商品类别单一，附加值低。口岸出口俄罗斯的产品主要包括果蔬、轻工纺织产品、机电产品、建材等初级产品，其中劳动密集型产品果蔬出口成为满洲里口岸对俄农产品出口的最主要商品，年均占满洲里口岸农产品出口总值的70%以上。因出口商品结构层次较低，产品优势不突出，导致跨国竞争能力弱，市场波动风险大。未来，满洲里口岸需要继续利用好当地资源和生产要素成本相对较低的优势，以发展加工贸易为突破，加大资本引进力度，吸引有实力的外向型生产加工企业落户，将出口商品转型升级，提升出口商品的附加值，进而提高出口商品的市场竞争力。

第五章
绥芬河口岸

一、基本情况

（一）地理位置

绥芬河口岸作为一个百年口岸，位于黑龙江东南部，与俄罗斯滨海边疆区接壤，向东距俄罗斯对应口岸波格拉尼奇内26公里，距俄罗斯远东地区最大港口城市

绥芬河口岸
来源：刘洪霞摄。

符拉迪沃斯托克230公里，向南距吉林省珲春市164公里，西距牡丹江260公里，距哈尔滨460公里。2013年绥芬河正式被国务院批复为中国首个卢布使用试点市，这是新中国成立以来首次允许一种外币在中国某个特定区域行使与主权货币同等功能。

（二）建设情况

自1903年中东铁路建成通车以来，绥芬河口岸在边境贸易中发挥了重要作用，特别是对俄贸易地位尤为突出。1953年绥芬河口岸被确定为国家一级口岸，1992年绥芬河被批准为国家首批沿边开放城市。目前，绥芬河已获批建设自由贸易试验区、重点开发开放试验区、国家级边境经济合作区、综合保税区、互市贸易区、跨境电商综合试验区、跨境经济合作试验区等特殊功能区。2019年8月中国（黑龙江）自贸区绥芬河片区获批，在片区内设立了全国首个中俄互市交易结算中心，并开通了全国首个铁路互贸交易市场。

（三）战略定位

绥芬河口岸地处东北亚经济圈的中心，是中国通往日本海的唯一陆路贸易口岸，是连接中、俄、日、韩、朝等国家和地区陆海通道的关节点，是中国参与东北亚多边国际经济合作与竞争的窗口和桥梁，也是中国沿边开放重点口岸和黑龙江省对俄合作主通道。作为国际通商口岸和黑龙江对俄最大口岸，绥芬河口岸同时拥有公路和铁路两个国家一类口岸，是中欧班列重要的出入境口岸之一，拥有东出西联、南下北上的区位优势。凭借国家赋予口岸的优惠政策、有利的地缘优势、独特的通道优势、悠久的商贸历史以及浓厚的商业氛围，绥芬河口岸充分整合利用国内国际两个市场、两种资源，闯出了一条以贸兴业、富民强市、富有地方特色的振兴发展之路。目前，绥芬河口岸已成为中国参与俄远东大开发的重要出发地、黑龙江对外贸易进出口商品的重要集散地和俄罗斯能源、资源等战略物资进口集散地。

二、对外农业贸易概况

绥芬河铁路口岸与公路口岸经过扩能改造后，大大提高了口岸的运输能力。

2017年，铁路口岸换装能力达到3 300万吨，过客能力达到2 200万人次；公路口岸年通关能力达到600万人次、车辆55万辆次、货物550万吨。绥芬河市铁路贸易额大于公路贸易额，铁路贸易约占贸易总额的48%，公路贸易额约占贸易总额的15%，海运贸易额占比23%，互市贸易和空运贸易额占比14%，进口贸易额大于出口贸易额。2018年8月，绥芬河口岸正式开通中欧班列集装箱运输业务，截至2023年8月，口岸累计通行中欧班列2 290列，发送货物212 469标箱，班列运输持续保持高位运行。

（一）对外农业贸易规模

2018年绥芬河生产总值为155亿元，同比增长4%；外贸进出口总额为23亿美元，口岸过货、过客分别实现1 052万吨和111.4万人次。2019年绥芬河口岸进出口运量突破1 100万吨。2022年1—8月，口岸货运量完成588万吨，约占全省陆路口岸的90%；外贸进出口总额实现99.23亿元，同比增长7.7%。2023年第一季度，绥芬河口岸外贸发展势头良好，对外货物贸易进出口总值达78.9亿元人民币，同比增长87.8%。

（二）对外农业贸易产品结构

绥芬河口岸为中国最大的俄罗斯木材进口集散地和重要的资源能源进口口岸。绥芬河市进出口商品高达200余大类，3 000余品种；其中，对俄进出口商品达171大类，1 400余品种。

出口的商品主要以轻工业产品为主，包括果蔬、服装、纺织纱线、鞋类、建材、木制品、塑料制品、机电产品和农副产品；进口的商品主要以资源类商品为主，包括木材、化肥、纸浆、铁矿砂、煤炭等，并且资源类商品进口占全市贸易总额的80%。

目前，绥芬河口岸作为全国首批进境粮食指定口岸，拥有猪肉出口和冰鲜水产品、食用水生动物、肉类、整车等进口资质。另外，绥芬河口岸现已成为中国重要的进口俄罗斯水产集散地，例如，水产已实现帝王蟹、鲜活扇贝、鲜活河蟹、海参、虾类等进口。绥芬河口岸进口的粮食种类主要是大豆和玉米。

（三）对外农业贸易国别

2017—2019年绥芬河市与96个国家和地区具有贸易往来，其中对俄贸易414.91亿元，占对外贸易总额的77%，另外与伊拉克、巴西、印度尼西亚、沙特阿拉伯、阿联酋、新西兰、加拿大等国的贸易额也相对较高。2020年5月，口岸首次进口俄罗斯油菜籽，并在综合保税区内就地加工。

三、前景展望

（一）口岸对俄外贸易额将持续增长

2019年，绥芬河口岸外贸进出口总额完成160.5亿元人民币，同比增长11.1%。预计未来，随着绥芬河口岸过货能力提升、贸易便利化水平提高、基础设施改善、落地加工业规模扩大、俄货市场发展、跨境企业融资难等问题的不断解决，绥芬河口岸对外贸易额将会呈现持续增长的趋势。

（二）口岸物流枢纽功能有待提高

目前，口岸物流体系还未建设完善，以铁路、公路、航空等不同运输方式为组合的多式联运物流系统还未完全实现。同时，俄方边境铁路段线路条件和技术标准低，口岸铁路改造升级后形成的运输能力未能得到充分释放。口岸的信息化与智能化建设仍存在短板，口岸装卸作业设备损耗严重，并且靠近俄方一侧口岸的基础设施建设落后，大堵车问题严重，通关效率也因此受到严重影响。未来，口岸将以打造国际综合枢纽为目标，提升口岸枢纽经济建设，构建口岸物流信息网络系统，实现口岸信息化建设，进而提升口岸的运输水平。

（三）口岸对外合作增长点仍需培育和挖掘

绥芬河本地产品出口与进口产品落地加工的份额偏小，三大产业结构比例分别为0.8%、11.2%、88.0%，其对应GDP增长贡献率分别为2.4%、6.8%与90.8%，从口岸进出口商品来看，绥芬河出口主要以轻工业产品为主，进口以资源类商品为主，精深加工产品较少，而且边境贸易以小额贸易和一般贸易为主，加工贸易所占比重较少。因此，未来，绥芬河需要在农产品、海产品、乳制品、名优商品引进上实现更大突破，推动进口来源多元化、贸易门类多元化、合作渠道多元化，促进大宗贸易、加工贸易、服务贸易、电商贸易、旅游贸易、互市贸易协同发展。

（四）口岸进口俄罗斯鲜奶指日可待

随着科学技术的不断发展，口岸物流和交通基础设施的不断完善，绥芬河与俄罗斯之间的运输效率将会得到提升。如果通关速度保持在2～3小时之内，那么俄罗斯牛奶便可运入绥芬河。未来，俄罗斯优质鲜牛奶将会逐渐出现在国人的餐桌上，从俄罗斯进口的鲜牛奶量将会不断增加，进一步在绥芬河投资建厂，将鲜牛奶制成酸奶、酸奶块等奶制品，便可在国内市场销售。

（五）不断扩大口岸肉类进口规模

依托进境肉类指定口岸资质，未来，绥芬河口岸将加快固化白俄罗斯和俄罗斯到绥芬河的肉类运输渠道，推动口岸进口肉类规模持续扩大，品种日益丰富。同时，利用外贸新业态优势，汇聚更多肉类加工企业，加速形成产业聚集效应，推动肉类产品精深加工产业发展，提升绥芬河口岸对外开放水平。

第六篇 >>>

多边合作篇

　　中国同上合组织国家在多边层面也在积极探索农业合作，特别是落实习近平主席在上合组织成员国元首理事会第十九次会议上的重要承诺，中方建立的"上海合作组织农业技术交流培训示范基地"为机制下多边合作搭建了重要平台。此外，亚洲开发银行、联合国粮农组织、国际农发基金、世界粮食计划署等多边机构也在上合组织国家区域积极推进农业多领域合作，中国均作为成员国发挥重要作用。

第一章
上合组织农业技术交流培训示范基地

一、建设背景

上合组织成员国均属于发展中国家，农业作为一个重要的产业部门，在国民经济发展中占据重要地位。但是，由于他们在自然资源禀赋、生产力发展水平、政策环境等方面存在差异，其在农产品、农业技术、农业人才等方面都具有各自优势和劣势。目前，大多数成员国农业发展都面临一系列问题，如水资源短缺、土地资源退化、农业技术水平落后、农业机械化水平低、化肥使用过度或不足、农业科技研发投入不足、人才队伍建设滞后、粮食产后损失和浪费严重、粮食安全风险长期存在等。因此，上合组织成员国迫切需要提高本国农业科技发展水平，发展现代农业，以此推动农业转型升级和提质增效，提高粮食安全保障水平。那么，立足中国经济实力与经验，对上合组织成员国开展农业技术交流与培训就具有非常重要的战略意义。为此，2019 年 6 月 14 日，中国国家主席习近平在吉尔吉斯斯坦首都比什凯克出席上合组织成员国元首理事会第十九次会议上，提出"中国愿在陕西省设立上合组织农业技术交流培训示范基地"，旨在与上合地区国家加强在现代农业领域的合作，协同推进各成员国现代农业高质量发展。

二、建设进程

为落实习近平主席关于"中国愿在陕西省设立上合组织农业技术交流培训示范基地"的决定，中共陕西省委、陕西省政府坚持把上海合作组织农业技术交流培训示范基地（以下简称上合组织农业基地）建设作为重大任务，积极争取中办、国办及农业农村部、外交部、科技部等部委的大力支持，以"强机制、建平台、做示范、促合作"为主线，充分发挥杨凌农业高新技术产业示范区的作用，调动各方资源推进上合组织农业基地的建设。

目前，上合组织农业基地建设按照"互信、互利、平等、协商、尊重多样文明、谋求联合发展"的"上海精神"，立足上合组织国家农业资源禀赋、经济社会发展基础和未来农业发展方向，以政府主导、多方联动、需求导向、聚焦关键、开放引领、共建共享的原则，按照"交流、培训、示范"核心功能定位，提出了"一基地多平台、一中心多园区、一院多所"的建设思路，初步确定了"农业技术交流合作""农业技术教育培训""农业技术示范推广""农业贸易和产能合作"四个方面的主要功能，各项工作有序推进（表6-1）。

表6-1　上合组织农业培训基地建设进程

日期	建设进程
2020年10月	上合组织成员国第五次农业部长会议通过上合农业基地建设框架构想并签订会议纪要，上合组织农业基地建设由单边倡议成为集体行动
2020年10月	上合农业基地在杨凌正式揭牌
2021年8月	《上海合作组织农业技术交流培训示范基地建设构想》在第六次上合组织成员国农业部长会议上顺利通过，完成基地从中方倡议到上合组织成员国集体意志的质变转化
2021年9月	上合组织成员国杜尚别峰会将基地建设列入上合组织20年农业合作重要成果
2021年10月	上合组织现代农业交流中心在中国陕西杨凌启用
2022年7月	农业农村部、外交部、科技部、陕西省人民政府印发《上海合作组织农业技术交流培训示范基地建设方案》（以下简称《方案》），强调精准服务上合组织国家农业现代化、产业化和可持续发展
2022年9月	上合组织成员国元首理事会第二十二次会议在乌兹别克斯坦撒马尔罕市举行，各成员国领导人签署并发表《上海合作组织成员国元首理事会撒马尔罕宣言》。《宣言》中提到：考虑到农业生产周期中的诸多问题，成员国支持采用现代农业技术，积极加强粮食安全、跨境动物疫病防治领域合作；相关成员国支持利用中国杨凌上合组织农业技术交流培训示范基地开展现代农业技术交流和培训

三、建设意义

目前，各成员国的农业投资规模总体不大，均面临保障粮食安全、加快农业现代化的任务，另外，成员国之间的农业合作也将会从单纯解决粮食供应不足问题开始，发展成为覆盖整个产业链的农业合作。可以说，上合组织国家对农业合作都展现出了很强烈的需求，对基地发展也寄予厚望。

截至目前，基地建设已有四周年，对上合组织国家的农业发展起到了非常重要的推动作用，主要表现在以下几个方面：一是基地建设有利于推动成员国现代农业共同发展；二是有利于合力应对成员国粮食安全挑战；三是有利于提高成员国农业科技发展水平；四是有利于加强成员国农业高级别官员的沟通交流；五是有利于帮助成员国培养高素质农民；六是有利于帮助成员国应对土壤荒漠化；七是有利于加强成员国跨境动植物疫病联合防控；八是有利于携手成员国消除贫困；九是有利于携手成员国应对气候变化等。

四、建设成效

上合组织成员国政府首脑（总理）理事会以会议公报形式指出，上合组织农业基地成功设立对落实《上合组织成员国政府间农业合作协定》具有重要的现实意义。目前，上合组织农业基地作为一个多边合作平台，地位正在不断巩固和提升，其建设成效主要从六个方面得以呈现。

一是成功举办 20 多场双多边活动。例如，2022 年 12 月 21 日，上合组织农业基地经贸投资对接会暨中国（陕西）商品交易中心启用仪式在乌兹别克斯坦首都塔什干举行。2022 年 6 月 15 日，在杨凌示范区举办了上合组织农业基地云上推介会。2023 年 4 月 24 日，上合组织农业基地建设协调机制第二次会议在北京召开。2023 年 5 月 29—31 日，在上合组织农业技术交流培训示范基地举办了"上海合作组织减贫和可持续发展论坛"，这是 2023 年上合组织农业基地杨凌示范区迎来的首个高级别国际盛会。2023 年 6 月在陕西杨凌示范区召开了"上合组织农业基地建设及中国—

中亚峰会成果落实专题会议"。2023年9月20日，在陕西杨凌举办了"上合组织国家农业合作与发展大会"。2023年10月22—28日，上合基地杨凌示范区与联合国可持续农业机械化中心及联合国世界粮食计划署共同筹办"2023旱区智慧农机创新与实践研讨会"。

二是创建多个实训基地。截至2023年6月，上合组织农业基地共创建了21个上合组织农业技术实训基地，主要包括杨凌良科种业示范基地、大荔新颖现代农业园区、陕西省杂交油菜研究中心杨凌繁育基地、杨凌智慧农业示范园、杨凌职业农民创业创新园、中乌现代农业科技示范园、哈萨克斯坦爱菊农产品物流加工园区、千阳县莎能奶山羊良种繁育基地、西北农林科技大学榆林马铃薯试验示范站、杨凌青皮她园火龙果种植基地、杨凌菲格无花果庄园、渭南市临渭区现代农业产业园葡萄基地、西北农林科技大学洛川苹果试验站、杨凌百恒有机猕猴桃种植基地、杨凌初心农场、西安市阎良现代农业试验示范站、金棚种业育种基地等。

三是完成多期援外培训、农业技术远程培训和线下培训。上合组织农业基地成立四年来，杨凌示范区立足上合组织农业基地这一平台，面向上合组织国家和其他发展中国家开展援外培训项目共计54期，累计培训学员1 900多名，上合组织国家占比35%，官员占比70%以上，培训学员数量位居全国前列。例如，2021年4月，聚焦电子商务合作，由中国商务部主办、杨凌示范区国际交流中心承办的上合组织农业基地首期援外培训班以线上方式在陕西杨凌开班，来自5个国家的84名学员参加了此次培训。杨凌示范区为上合组织国家、上合组织农业基地开展农业技术远程培训内容主要包括农产品国际贸易、新型经营主体、农业废弃物处理、节水灌溉技术、设施农业、植物病虫害防治等内容。例如，2023年第五期上合组织农业基地设施蔬菜生产组织与管理系列远程培训于6月29日在线上举行。此外，2023年上合组织农业基地线下培训有序开展。例如，2023年5月16日，由中国商务部主办、杨凌示范区承办的"发展中国家生态文明与绿色发展"研修班在上合组织现代农业交流中心开班，来自塞拉利昂、埃塞俄比亚、肯尼亚、尼日利亚、加纳、莱索托、尼泊尔、哥斯达黎加、斯里兰卡、古巴、亚美尼亚、乌兹别克斯坦12个国家41名学员参加了为期21天的交流培训。总之，上合组织国家对基地培训品牌的认可度和关注度正在不断提升。

　　四是进一步拓展了合作领域。上合组织农业基地建设让中国与上合组织国家间的开放与合作领域更加广泛，国内国际市场资源的联动效应也更加凸显。例如，2022年12月底，中国（陕西）商品交易中心在乌兹别克斯坦首都塔什干启用，旨在对接双方市场需求，为商贸发展提供订单支持，为产能合作提供平台支撑。2023年5月31日，乌兹别克斯坦国家商品原料交易所入驻上合组织农业基地经贸投资促进中心，这是进一步推进上合组织国家间农业合作交流的重要举措，也是建设上合组织农业基地经贸投资促进中心的重要内容，标志着上合组织国家间经贸合作迈出了重要一步。2023年6月，一批产自乌兹别克斯坦的车厘子，搭乘圆通航空飞机，由乌兹别克斯坦首都塔什干运抵西安机场，这是上合组织农业基地完成与乌兹别克斯坦农业贸易往来的首次包机。

　　五是进一步健全了基地建设工作机制。例如，国家层面建立了由农业农村部牵头，外交部、科技部、国家发展改革委、教育部、财政部、商务部、国合署等8部委和陕西省政府参加的上合农业基地建设协调机制，制定了《上海合作组织农业技术交流培训示范基地建设协调机制方案》和《上海合作组织农业技术交流培训示范基地建设方案》。此外，基地建设四年来，在北京、杨凌等地多次召开与上海合作组织农业技术交流培训示范基地建设协调机制相关的会议。如2023年4月24日，在北京召开了上合组织农业技术交流培训示范基地建设部级协调机制第二次会议。会议强调了基地建设是一项系统性、综合性工程，需要统筹各方力量，纵向、横向形成合力对其进行建设。

　　六是进一步增强了基地影响力。组建成立上合组织农业基地现代农业发展研究院、上合组织国际联合实验室、上合组织成员国农学高校联盟、上合组织现代农业交流中心等10多个农业科研交流合作平台，与上合组织秘书处、联合国粮农组织、世界粮食计划署等国际组织建立合作关系，举办上合组织现代农业发展圆桌会议、金砖国家农村发展和减贫研讨会、粮食安全研讨会、合作创建农业产业化集群研讨会、特色产品展等30多场双多边交流活动，来自上合组织国家的160多名农业官员参与交流活动，达成合作意向10余项，进一步增强了上合组织农业基地的国际影响力。

五、前景展望

（一）基地科技协同创新机制将不断探索

作为上合组织所涵盖地区的农业技术引领者和示范者，未来，上合组织农业基地不仅要关注科技本身发展（研发和示范），还需要以科研为媒介，在机制建设方面不断探索和创新，利用自身优势发挥组织协调功能，挖掘和整合各成员国、各领域的资源潜力，从关注增产降本到重视全产业链和价值链，从关注质量和数量到重视个性化需求，从而得以吸引越来越多的合作伙伴、开发越来越多的合作项目、建立起越来越多元化的合作机制（包括对话磋商、展览会、博览会、研讨会、推介会、项目招标、咨询服务、援助等）。

（二）基地科技协同创新水平将有效提升

未来将依托基地现代农业发展研究院、国际联合实验室、农业科技创新联盟、国际旱作农业联合研究中心等平台的建设，围绕上合组织国家对于农业技术设施引进、农业生产结构调整、粮食增产增效等发展需求，以及上合基地建设需要，在动植物品种选育、节水灌溉、病虫害综合防治、检验检疫、盐碱地改良等方面实施一批科技协同攻关项目，努力在更高层次实现农业科技协同创新，进而保障国家粮食安全，提升上合组织国家间农业互助水平和战略互信水平。

（三）基地智慧农业合作将不断加强

目前，云计算、物联网、大数据等新兴技术运用于农业生产、加工、运输到电商销售等产业链环节，使得农业生产过程更加数字化、自动化和智能化，农业传感数据采集更加系统化，农业监测预警更具科学性。因此，智慧农业将引领成员国未来农业的发展。上合组织农业基地建设也将推动成员国从传统农业向数字化、网络化、智能化发展，为成员国之间的智慧农业合作提供重要平台。

（四）基地人才培养功能将不断加强

基地将以上合组织国家农学高校联盟为平台，一是加强面向上合组织国家涉农硕博研究生培养，促进上合组织国家优质教育资源交流互补，推动上海合作组织大学（现代农业方向）建设；二是与上合组织国家农业资源禀赋、经济社会基础和未来农业发展方向紧密结合，有针对性地开展农业技术培训和推广，培养现代农业高素质人才，服务农业相关领域经贸合作，进而促进上合组织国家从传统农业向现代农业的转型。

（五）基地政策研究将不断加深

基地将以上合组织农业基地现代农业发展研究院为平台，围绕上合组织农业合作总体战略，以切实解决上合组织国家现代农业发展所面临的共同问题为核心，组织上合组织智库专家开展前瞻性、针对性、储备性的政策研究，旨在为中国与上合组织国家在农业领域开展合作提供决策依据和行动方案。

（六）基地平台功能将不断健全

自上合组织农业基地在杨凌示范区挂牌起，正式开启了上合组织农业基地建设的新阶段。未来，需要不断构建和完善平台功能，包括：一是同步建立基地建设内部推进机制，例如建立国家层面基地建设部际协调机制、省级层面基地建设领导小组等；二是不断完善基地平台框架体系，例如根据现代农业发展需要，继续构建一批科研创新平台；三是持续释放基地核心效能，例如举办上合组织现代农业发展圆桌会议等大型国际交流活动，并达成多项合作共识。

（七）基地示范带动能力将不断提升

目前，上合组织农业基地与多个上合组织成员国合作建立了农业科技示范园区，并在农业多个领域开展了联合研究、示范推广等活动，如进行了小麦和其他农作物的品种示范。未来，基地将继续围绕展示农业新品种、新技术、新设备、新模式等内容，让优良品种和农业科技在上合组织国家落地生根，使其示范带动功能不断提升和完善。

第二章
亚洲开发银行参与上合组织农业合作

一、基本情况

亚洲开发银行（ADB，简称亚行）作为一个国际组织，致力于实现亚太地区的繁荣、包容、适应力和可持续性，同时坚持消除极端贫困。为促进社会和经济发展，亚行通过贷款、技术援助、赠款和股权投资为其成员国及合作伙伴提供援助。同时，亚行通过政策对话和咨询服务等方式提供融资和精准的知识解决方案，使其向成员国所提供的援助能够产生最大的社会影响力。亚行经官方、商业和出口信贷等来源的联合融资调动资金资源。国家伙伴关系战略（CPS）是亚行在国家一级设计业务以实现发展成果的主要平台。亚行与每个发展中成员国合作，制定中期发展战略和实施《三年国别业务计划（COBP)》。

二、亚行与上合组织国家农业合作成效

多年来，亚行与上合组织国家在多个领域开展了合作，并取得显著成效。例

如，作为一个中高收入国家，哈萨克斯坦向亚行的亚洲发展基金捐款了860万美元，主要用于向亚洲和太平洋地区的低收入国家提供赠款。目前，亚行在哈萨克斯坦的业务主要是支持其经济多元化、包容性发展和可持续增长。截至2023年4月，亚行对哈萨克斯坦的累计承诺额为65.7亿美元，涉及147个项目，其中，向农业、自然资源与农村发展部门的累计承诺额为1.91亿美元，涉及19个项目。

在乌兹别克斯坦，亚行在该国支持重点是推动该国向包容性和市场驱动型经济转型的改革。截至2023年4月，亚行对乌兹别克斯坦的累计承诺额为120.53亿美元，涉及268个项目，其中，向农业、自然资源与农村发展部门的累计承诺额为9.53亿美元，涉及39个项目。

在塔吉克斯坦，亚行在该国业务三大战略重点是：支持结构性改革以加强资源配置和调动，通过人力资本开发提高劳动生产率以及通过对与土地挂钩的经济进行投资，以改善生计。截至2023年4月，亚行对塔吉克斯坦的累计承诺额为24.8亿美元，涉及184个项目，其中，向农业、自然资源与农村发展部门的累计承诺额为2.70亿美元，涉及42个项目。

在吉尔吉斯斯坦，亚行通过主权和非主权融资、技术援助和知识解决方案向该国提供支持。截至2023年4月，亚行对吉尔吉斯斯坦的累计承诺额为25.5亿美元，涉及224个项目，其中，向农业、自然资源与农村发展部门的累计承诺额为2.14亿美元，涉及31个项目。

在中国，亚行在项目贷款、区域合作和知识合作等领域与中国开展了全方位合作。2021年亚行审批通过了新的《中华人民共和国国别伙伴战略（2021—2025年）》，总体目标是支持中国实现高质量的绿色发展。战略重点关注以下三大相互关联的战略优先领域：环境可持续发展；适应和减缓气候变化；应对老龄化社会和卫生安全问题。截至2023年4月，亚行对中国的累计承诺额为476.6亿美元，涉及1 351个项目，其中，向农业、自然资源与农村发展部门的累计承诺额为81.8亿美元，涉及291个项目。

三、CAREC机制下中国与上合组织成员国农业合作成效

（一）中亚区域经济合作机制

中亚区域经济合作（Central Asia Regional Economic Cooperation，简称CAREC）

机制是1996年由亚洲开发银行发起成立的区域性合作机制，作为以贷款项目为基础的合作机制，其成员包括阿富汗、阿塞拜疆、哈萨克斯坦、吉尔吉斯斯坦、蒙古国、巴基斯坦、塔吉克斯坦、土库曼斯坦、乌兹别克斯坦、格鲁吉亚、中国11个国家，另外，还有6个国际金融机构也参与了此合作机制，包括亚行、欧洲复兴开发银行、国际货币基金组织、伊斯兰发展银行、联合国开发计划署及世界银行。在CAREC成员国中，有6个为上合组织成员国，5个为中亚国家。

2002年以来，CAREC共举行了21次部长级会议，先后确定部长会、高官会、行业协调委员会、专门工作组四大工作机制，其中，部长级会议每年举办一次，负责确定CAREC的基本合作领域、方向和措施。CAREC机制为中亚国家协调关系、开展对话提供了一个良好的平台，推动了中西亚各国经济发展和民生改善以及区域经济合作。CAREC机制重点关注四大重点领域合作，包括交通、能源、贸易政策以及贸易便利化，并为其提供援助资金和技术支持。2012年以来，CAREC机制又增加了人力资源开发、环境、农业和旅游等新领域的特别倡议。亚行在此合作机制中主要起倡导者、组织者、协调者、融资者等作用。从2001年到2023年12月，CAREC机制合计投资总量近510.2亿美元，涵盖276个区域项目，其中，亚行投资超过176亿美元。

在农业领域，CAREC机制旨在帮助成员国融入全球和区域农业价值链，支持卫生和植物检疫措施与国际标准保持一致，提高产品质量和多样性能力建设，同时考虑支持跨境动物疾病控制，包括生物安全协调和兽医措施的统一。另外，CAREC机制充分利用其中间人角色，促进有关水资源管理问题的对话。其中，灌溉和高效农业发展、改善河流管理以减少洪水风险以及解决水污染问题是一些可能获得支持的"早期收获"领域。此外，还可以在流域水管理方面提供援助，特别是在跨境地区。2022年，CAREC国家就《中亚地区农业发展与粮食安全合作框架》（以下简称《框架》）达成一致，该《框架》涉及五个重点领域（农业现代化、加强政策框架、食品价值链的发展、利用食品的国际贸易以及加强粮食安全信息共享）以及六个跨领域优先事项（创新和数字化、环境保护、适应和减缓气候变化、改善食品安全、私营部门发展以及促进性别平等和青年就业）。在该框架下的区域合作模式主要包括：包括三角技术合作在内的南南技术合作；协调、统一和数据交换；相互承认区域投资项目。

（二）中方积极参与区域经济合作机制

中国和亚行及区域内其他各国一道为CAREC机制在重点领域取得突破性进展发挥了重要作用，也为推动本地区减贫和发展开创了新的有效途径。近年来，CAREC机制凭借其资源优势组织实施了公路建设、电力供应、环境保护等项目，对中亚国家交通、能源、贸易便利化、贸易政策等重点领域发挥了实质性的推进作用。中方一直积极参与CAREC框架下的区域经济合作，并取得重要进展。

在CAREC运输和贸易便利化战略以及其行动计划中，重点是发展CAREC六条走廊，其中四条走廊与中国有关，包括CAREC1走廊：俄罗斯联邦—东亚（俄罗斯联邦、哈萨克斯坦、中国新疆维吾尔自治区）；CAREC2走廊：地中海—东亚（阿塞拜疆、哈萨克斯坦、吉尔吉斯斯坦、塔吉克斯坦、乌兹别克斯坦、中国）；CAREC4走廊：俄罗斯联邦—东亚（俄罗斯联邦、中国内蒙古自治区、中国新疆维吾尔自治区）以及CAREC5走廊：东亚—中东和南亚（阿富汗、吉尔吉斯斯坦、塔吉克斯坦、中国新疆维吾尔自治区）。目前，中国直接参与了中吉乌公路、中蒙俄公路过境运输通道、中吉乌铁路等多条重要交通走廊的建设项目，在资金技术等方面提供支持，并重视在贸易便利化、农业、人力资源开发等领域推进与中亚合作。例如，中国已经在中国—吉尔吉斯斯坦—乌兹别克斯坦公路项目中，向吉尔吉斯斯坦提供了6 000万元人民币的资金援助。

中亚区域经济合作学院（以下简称中亚学院）于2015年在新疆乌鲁木齐实现实体化运营，共由11个成员国组成，分别是阿富汗、阿塞拜疆、中国、格鲁吉亚、哈萨克斯坦、吉尔吉斯斯坦、蒙古国、巴基斯坦、塔吉克斯坦、土库曼斯坦和乌兹别克斯坦。中亚学院由理事会管理，理事会主席由CAREC机制的轮值主席国代表担任。中亚学院研究主题有五项，分别是经济和金融稳定贸易，旅游与经济走廊，基础设施与经济互联互通，农业和水，以及人类发展，确保政策、计划和项目设计和实施的一致性，以促进区域经济合作和一体化。中方积极发挥东道国与主要捐款国作用，引领推动中亚学院发展，引导中亚学院制定并更新五年发展战略，开展培训研究，开发特色旗舰产品，为中亚区域合作提供智力支持，同时也进一步助力高质量共建"一带一路"。

另外，2022年CAREC第21次部长级会议以视频方式召开，作为此次会议的轮值主席国，中方积极推动CAREC成员国在农业发展和粮食安全、绿色能源等领域加强务实合作，鼓励CAREC机制加强与全球发展倡议、"一带一路"倡议等全球及区域倡议的衔接，同时表示，愿与CAREC各成员国并肩前行，共同推动CAREC地区乃至全球经济实现绿色、可持续和包容发展。

（三）中方与亚行一起参与技术援助项目

中国跨境电商发展迅速（包括农产品跨境电商），既推动了中国进出口贸易的进一步增长，也成为世界贸易复苏的重要增长点，同时也积累了非常丰富的发展经验。在2018年国别规划任务期间，中方执行了亚行的一个有关跨境电商培训方面的技术援助项目，即"与CAREC成员国分享亚行在中国开展技术、职业教育和培训的实践知识"。该项目基于亚行自2006年以来对中国职业技术教育与培训发展的贷款和知识服务技术援助，作为亚行在中国与其他CAREC机制成员国分享技术和职业教育培训方面的业务知识和经验的平台。这与CAREC机制新战略《CAREC 2030》相一致，该战略将包括职业技术教育在内的人类发展作为其五大优先领域之一。另外，该项目技术协议被纳入亚行中国国别业务计划（2019—2021年），并与亚行与中国的国别伙伴战略（2016—2020年）的战略重点保持一致。在项目内容安排方面，例如，2022年3月，项目组组织了一系列关于中国跨境电商最佳实践的培训，旨在加强中国与其他CAREC成员国之间的交流。在项目投入方面，亚行共投入12.74万美元，中国政府估计配套提供3万美元的实物捐助，包括相应的工作人员、数据和信息、协助安排与政府机构的会议和实地访问、后勤支持和其他实物捐助。

（四）中方在亚行设立并运营中国基金

2004年5月，中国在"上海全球扶贫大会"上正式宣布中国向亚行捐款2 000万美元，设立"中国减贫与区域合作基金"，旨在向有关国家提供技术援助，主要用于农业开发、环境保护和能力建设；2011年5月，中国政府再次捐资2 000万美元续设"中国减贫与区域合作基金";2017年1月,中国再次向亚行出资5 000万美元,旨在亚行能够在"中国减贫与区域合作基金"下扩大提供赠款技术援助。截至2023年底,中方累计向基金捐款9 000万美元。亚行中国基金共批准132个项目,金额约7 329.2万美元,涉及农业和自然资源、能源、金融、交通、公共部门管理等多个领域。

第三章
联合国粮食及农业组织参与上合组织农业合作

一、基本情况

联合国粮食及农业组织（FAO，简称粮农组织）于1945年成立，是联合国各成员间讨论粮食和农业问题的国际组织，拥有194个成员，1个成员国际组织（欧洲联盟），2个准成员（法罗群岛和托克劳群岛）。中国是粮农组织的创始成员和主要经费提供者。现任粮农组织总干事是中国原农业部副部长屈冬玉。

粮农组织工作重点是提供粮食生产和贸易信息，帮助发展中国家制定农业发展政策和战略以及为发展中国家提供技术援助；讨论国际粮农领域的重大问题，制定有关国际准则、法规、协议和标准，加强成员之间的磋商和合作，维护粮食安全；可持续地管理与利用自然资源，包括土地、水、空气、气候和遗传资源；推动农业技术合作；以及促进环境保护与可持续发展。

二、FAO与上合组织国家农业合作成效

粮农组织在包括跨境动物疾病在内的多个领域和活动与上合组织进行了合作。现在，双方同意以更结构化的方式分享与粮食安全和发展有关的信息、研究和最佳做法。双方同意进一步加强合作，确保根据《联合国2030年可持续发展议程》和《联合国可持续发展目标》实现粮食安全和可持续发展。同时，双方未来可能引导开展联合行动，包括推动减轻气候变化影响，自然资源可持续管理，农业数字化，农业和粮食市场联合研究，改善植物检疫和兽医工作框架，在城市地区促进健康饮食以及南南合作计划等。

多年来，粮农组织与上合组织国家保持了密切的合作关系，并取得显著成效。例如，粮农组织与哈萨克斯坦在多个领域开展了卓有成效的合作，例如，在支持保护性农业方面，早在1999年，粮农组织就在哈萨克斯坦举办了第一届区域保护性讲习班，并自那时起在哈萨克斯坦和其他中亚国家实施了多个保护性农业项目，并且哈萨克斯坦迅速采用了保护性农业的做法。为了支持哈萨克斯坦植物检疫控制行动，粮农组织通过一个区域联合项目，审查现有的植物卫生立法和机构能力并使其现代化，帮助哈萨克斯坦发展农业生产和贸易活动。在粮农组织的技术支持下，高级植物检疫人员接受了有害生物风险分析和监测方面的培训，同时向政策工作人员、监管机构及其他公共和私营利益攸关方介绍了国际公约和协定的相关知识。

粮农组织与乌兹别克斯坦也在多个领域开展了合作。例如，为促进可持续粮食体系，2021年4月粮农组织和乌兹别克斯坦签署了一项指导粮食和农业合作的协议，并正式启动了"粮农组织—乌兹别克斯坦国家计划框架"。该框架涵盖了在2021—2025年，根据乌兹别克斯坦国家可持续发展的优先事项，支持政府实施《联合国2030年可持续发展议程》，并帮助乌兹别克斯坦沿着整个农业粮食价值链实现可持续粮食体系，执行该框架预算资金为1 700万美元。2022年10月，乌兹别克斯坦加入联合国粮农组织"一国一品"全球倡议，旨在推介和宣传本国的农产品，引进资源节约型技术、扩大集约化种植、增加高附加值农产品的生产与出口。

在塔吉克斯坦，为了提高其蝗虫治理能力，粮农组织在塔吉克斯坦实施了一项

为期三年的项目，在项目实施的前两年，塔吉克斯坦获得了价值为120万美元的资助，用于蝗虫调查和防治设备购置。在吉尔吉斯斯坦，为了改善山区生态环境，粮农组织帮助吉尔吉斯斯坦制定了《山区可持续发展五年计划（2023—2027年)》，并于2022年组织专家实地考察，提出人造冰川解决吉尔吉斯斯坦南部地区山村用水需求，粮农组织提供了专家指导和资金支持，2023年8月完工，取得显著成绩。此外，为了提高土地生产力，作为粮农组织支持塔吉克斯坦实施《土地改革计划（2012—2020年)》的一部分，粮农组织在欧盟资助的一个价值500万欧元的项目下，通过机构发展和能力加强向塔吉克斯坦农业部提供支持。

中国是粮农组织的创始成员和主要资金援助者以及现代农业技术的支持者，1982年与粮农组织正式签署协议，1983年驻华代表处在北京设立。粮农组织在华历经四十周年，见证了中国农业农村发展所取得的卓越成就，目睹了庞大农村人口生活质量的极大改善，帮助转变了中国农业发展道路，努力建设更加高效、更加包容、更有韧性且更可持续的农业粮食体系。中国在农业科技、信息、政策和项目实施等领域，逐渐与国际接轨，与重要国际伙伴建立良好的合作关系，共同为农业现代化和农村减贫而努力。与此同时，粮农组织一直致力于在中国推广技术知识，促进信息共享，支持能力发展，协调标准和政策制定。1978年至今，粮农组织在华实施了近500个国内、区域和国际项目，同时中国积极履行成员国义务，广泛参与和支持粮农组织活动。

三、FAO机构框架下中国与上合组织国家农业合作成效

中国主要通过支持粮农组织全球性项目参与其规范工作。作为首批支持粮农组织南南合作计划的国家，中国已成为粮农组织促进农业领域南南合作和三方合作的战略合作伙伴，且一直坚持不懈地对该计划予以支持，并与全世界其他发展中国家分享经验和先进技术。信托基金是中国在增加会费之外为粮农组织提供预算外资源的主要方式，自2009年"粮农组织—中国南南合作信托基金"成立至今，中国已向该基金捐资1.3亿美元，开展17个南南合作国家项目、2个区域项目、8个区域间/全球项目和2个三方合作项目。其中，一期2009年中国共捐资3 000万美元；二期

2015年共捐资5 000万美元；三期2020年共捐资5 000万美元，并于2022年正式启动，其目标是帮助发展中国家开展扶贫、应急、抵御力建设以及构建可持续粮食体系等工作，力争到2030年实现人人享有粮食安全和营养的目标。

自1996年起，中国积极参与粮农组织"粮食安全特别计划"框架下的南南合作。中国—粮农组织南南合作项目执行期限多为2～3年，经费预算一般在100万～200万美元，迄今已有1 000多名中国专家被派往亚洲（包括部分上合组织国家）、非洲、拉丁美洲和加勒比及南太平洋地区28个发展中国家，通过与当地合作，提供以需求为导向的示范和实践培训、转让实用且适应性强的技术，通过提高农业生产力和可持续性，提高了当地小农生产者的粮食安全、生计和收入能力，中国—粮农组织南南合作项目已惠及数十万受益者，另有数百万人受到间接影响。例如，粮农组织—中国南南合作项目在中国、尼日利亚和吉尔吉斯斯坦举办了约15个高级别全球研讨会和培训课程，旨在促进发展中国家的多样化能力需求。为了支持粮农组织开展全球行动来防控几十年来最严重的沙漠蝗虫大暴发，2020年6月，中国农业农村部与粮农组织共同签署文件，批准中国—粮农组织南南合作项目下的首个沙漠蝗虫防控紧急项目，经费预算共200万美元，实施地区为非洲和亚洲，包括巴基斯坦。2021年，为提升发展中国家特色农产品可持续发展能力，针对粮农组织在全球发起的"一国一品：特色农产品绿色发展全球行动"倡议，中方作为该行动最大出资方，在中国—粮农组织南南合作框架下出资500万美元支持全球15个国家的"一国一品"行动（例如，乌兹别克斯坦的甜樱桃）。为了促进中国与塔吉克斯坦在农业科学与技术领域的合作，2022年3月21日，中国甘肃省农业科学院与联合国粮农组织签署谅解备忘录，明确提出双方将在塔吉克斯坦共同推进作物生产、综合用水管理、采后处理、旱地农业等多个领域的合作，并通过技术培训、人员交流、联合研究等方式加强"南南合作"，进一步提升塔吉克斯坦等"一带一路"沿线发展中国家农业科技和生产水平。

第四章
国际农业发展基金参与上合组织农业合作

一、基本概况

国际农业发展基金（IFAD，简称农发基金），作为联合国系统专门向发展中的成员国提供粮食和农业发展贷款的金融机构，根据1974年11月在罗马召开的世界粮食会议，于1976年开始筹建，1978年1月正式开展业务。农发基金总部设在意大利罗马，其宗旨是筹集资金，以优惠条件提供给发展中的成员国，用于发展粮食生产，改善人民营养水平，逐步消除农村贫困。截至2023年4月，成员国共计177个，其中包括中国、印度、巴基斯坦、吉尔吉斯斯坦、塔吉克斯坦和乌兹别克斯坦6个上合组织国家。

二、IFAD与上合组织国家农业合作成效

多年来，农发基金与上合组织国家保持了密切的合作关系，并取得了显著成

效。在吉尔吉斯斯坦，农发基金的资金主要是用来帮助农村贫困人口增加其收入和提高其生活水平，帮助牧民社区减少贫困和促进经济增长。农发基金的活动主要是针对弱势家庭，特别是妇女户主家庭和一般畜牧生产者家庭，对其提供支持以增加产量，同时进一步向价值链上游移动。截至2022年底，农发基金对吉尔吉斯斯坦的7个项目提供了资助，总价值2.36亿美元（其中农发基金融资总额1.25亿美元），惠及38万多农户。

在塔吉克斯坦，自2008年以来，农发基金通过加强地方机构和基层组织，对塔吉克斯坦的农村贫困人口进行了投资，扩大他们获得土地、生产技术和资源的机会。截至2022年底，农发基金对塔吉克斯坦的5个项目提供了资助，总价值1.62亿美元（其中农发基金融资1.15亿美元），惠及12.7万多农村家庭，目前正在资助的项目包括社区农业支持项目"plus"（总价值为6 925万美元）和社区农业支持项目（总价值为4 064万美元）。

在乌兹别克斯坦，农发基金的贷款致力于通过可行的小规模农业生产和农村企业制度使农村人口的收入实现可持续增长。截至2022年底，农发基金对乌兹别克斯坦的4个项目提供了资助，总价值5.0亿美元（其中农发基金融资总额1.37亿美元），惠及9.8万多农户，目前正在进行的项目有1个，即农业多样化和现代化项目，总价值为3.641 7亿美元。

农发基金自1981年开始与中国合作，截至目前已有40多年的历史。40多年来，农发基金项目在偏远村庄道路修建、灌溉系统修复以及土地管理改善等方面起到非常重要作用，另外在引进农业技术、改进政府推广服务、推行可持续农业实践、提高农民应对气候变化的能力、改善贫困和偏远地区民众的生活和生计、增强妇女和其他弱势群体的权利和能力等方面也作出了积极贡献。中国既是农发基金最大的资源接受国之一，同时也逐步成为农发基金最大的增资捐助国之一，农发基金也从与中国的伙伴关系中获得了良多收益。中国坚定不移地支持农发基金的各项改革议程，积极倡导南南合作。农发基金通过在华项目引进的许多技术创新成果也已被其他国家采用。截至2023年5月，农发基金在中国已批准16个侧重于减贫、抗击营养不良和促进农村青年就业的赠款项目。截至目前，农发基金在中国已累计资助了33个高度优惠贷赠款项目，总投资额达29.8亿美元，其中农发基金自有资金11.4亿美元，惠及 460 多万户农村家庭。目前，农发基金与中国正在进行的合作项目包括：一是湖南省乡村振兴示范工程，总成本 1.732 7 亿美元；二是云南省乡村振兴示范工程，总成本 2.345 1 亿美元；三是创新扶贫项目：四川和宁夏农业综合企业专业化发展，总成本 1.835 4 亿美元；四是以农业综合企业发展带动陕南地区持续减贫，成本 2.567 亿美元。

三、IFAD机构框架下中国与上合组织国家农业合作成效

2018 年 2 月，中国向农发基金捐资 1 000 万美元等值人民币，设立中国—IFAD 南南与三方合作基金，旨在拓展南南与三方合作，支持农村减贫和发展领域的南南经验和技术交流、知识分享、政策对话、能力建设和投资促进等，该基金已于 2021 年底使用完毕。基金资助期间，共批准 19 个项目，涉及非洲、亚洲（包括一些上合组织国家）、拉美等地区的 30 多个国家，对于促进有关发展中国家落实《联合国 2030 年可持续发展议程》，不断推进绿色、韧性、包容发展具有重要意义。其中，中国—IFAD 南南与三方合作基金前两批赠款项目共投资实施 14 个，项目投资金额共计 629 万美元，项目所在地包括印度、巴基斯坦等发展中国家。该基金项目不但促进并深化发展中国家之间的合作，而且还带来了显著的社会效应。2020 年，"中国—巴基斯坦农业合作项目"获得第二批中国—IFAD 南南与三方合作（SSTC）基金支持，资助金额为 50 万美元，执行期限 2 年，旨在通过诊断研究了解巴基斯坦农业发展现状，识别确定其对中方农业技术以及相关品种的具体需求，并开展能力建设、技术转让和知识分享等活动。

第五章
世界粮食计划署参与上合组织农业合作

一、基本情况

世界粮食计划署（WFP）总部设在意大利罗马，由联合国和联合国粮农组织合办，是联合国内负责多边粮食援助的机构，负责在123个国家和地区开展工作，其宗旨是：以粮食为手段帮助受援国在粮农方面达到生产自救和粮食自给。援助方式包括紧急救济、快速开发项目和正常开发项目。活动资源主要来自各国政府自愿捐献的物资、现金和劳务。主要认捐者包括11个国家和地区。WFP将紧急援助与长期发展结合起来，同时使WFP的活动适应每个地方及其人民的情况和挑战。在上合组织成员国中，包括中国、印度、吉尔吉斯斯坦、塔吉克斯坦和印度在内的5个国家都与WFP保持密切合作关系，并取得一定的成效。

二、WFP 与上合组织国家农业合作成效

在塔吉克斯坦，WFP 自 1993 年以来就在该国开展紧急行动，在内战期间提供拯救生命的援助，此后，其战略从提供危机援助转向越来越注重三个长期目标：确保在国家战略、政策和计划中优先考虑粮食安全和营养问题；通过为最弱势群体提供社会"安全网"，增强政府实施和监测可持续饥饿解决方案的能力；以及支持社区应对危机，提高长期粮食安全和抵御冲击的能力。

在吉尔吉斯斯坦，自 2008 年以来，WFP 一直在该国社会的各个层面开展工作，从基层到政府部门，以确保决策者能够听到生活在最偏远山谷的弱势社区的声音和需求。

自 1979 年以来，WFP 一直在中国开展工作，在 2005 年逐步停止业务后，却在北京一直保留着一个联络处，直至 2016 年。WFP 认识到中国在消除饥饿和贫困方面的专长，于 2016 年与中国进入了伙伴关系的新时代。2017 年 3 月，WFP《中国国别战略规划 2017—2021》发布，重点通过南南合作与三方合作分享中国的专业知识、国内小型创新示范项目和资源调动。

三、WFP 机构框架下中国与上合组织国家农业合作成效

2016 年，世界粮食计划署中国卓越中心成立。目前，该中心不断加强其支持南南合作的承诺，通过政策对话、技术支持和知识管理，积极介绍并推广中国减贫经验，尤其是中国政府和社会各界在减贫中采取的创新措施，从而为亚洲（包括与部分上合组织国家）、非洲和拉美等区域国家提供思路与参考。目前，世界粮食计划署中国卓越中心已支持在 19 个发展中国家开展了国别项目试点，分享中国在创新扶贫领域的成功经验，帮助各国应对粮食安全和营养挑战，加强粮食系统和恢复力建设。例如，2020 年 8 月，中国国家粮食和物资储备局支持世界粮食计划署中国卓越中心连续举办 3 期粮食产后减损管理网络研讨会，与发展中国家（包括部分上合组织国家）展示分享中国在新冠疫情期间保障粮食安全、粮食供应、市场稳定及减

少产后损失方面的经验、技术和做法，来自70个国家600余名代表在线参加了研讨会。2021年在COVID-19大流行背景下，世界粮食计划署机遇基金成立。其中，由中国农业农村部和世界粮食计划署共同出资设立了一个国别试点项目，旨在通过与中国开展南南合作和三方合作，围绕四个重点领域，包括小农价值链发展、产后减损与粮食系统、气候变化应对与灾害风险管理以及农村发展与扶贫创新，通过提高小农生产力、社区合作能力、气候变化应对能力等来提高一些发展中国家的抗风险能力与粮食安全保障水平。2022年4月，中国—世界粮食计划署南南合作知识分享平台上线，旨在向发展中国家分享中国在粮食安全、营养改善、乡村发展、创新扶贫等方面的经验和解决方案。

附　录

上海合作组织涉农合作部分文件摘编

上海合作组织成员国多边经贸合作纲要

签署时间：2003 年 9 月

签署地点：中国北京

参与国家：哈萨克斯坦、中国、吉尔吉斯斯坦、俄罗斯、塔吉克斯坦、乌兹别克斯坦

文本摘编：哈萨克斯坦共和国政府、中华人民共和国政府、吉尔吉斯共和国政府、俄罗斯联邦政府、塔吉克斯坦共和国政府和乌兹别克斯坦共和国政府（以下称"上海合作组织成员国"或"各方"），致力于加强成员国间的相互信任、睦邻友好，发展多领域合作以保持和加强区域内和平、安全与稳定、促进建立公正合理的国际政治经济秩序，将在平等互利基础上建立经济关系。

《上海合作组织宪章》和《上海合作组织成员国政府间关于区域经济合作的基本目标和方向及启动贸易和投资便利化进程的备忘录》的条款是制定《上海合作组织成员国多边经贸合作纲要》（以下称《纲要》）的基础。

成员国将在完全平等、市场关系、相互尊重、互利、非歧视和开放性、循序渐

进、通过相互协商建设性解决出现的问题以及兼顾各国利益的原则基础上发展和扩大合作。

将关注各国发展水平及其国际义务。

一、《纲要》的基本目标和任务

《纲要》旨在长期实施业已商定的一揽子举措，支持和鼓励上海合作组织成员国经贸合作，发展互利经济联系，使各国经济重点领域生产和投资合作取得进展，并在此基础上增加相互贸易额，以提高居民生活水平。

长期内（2020年前），上海合作组织成员国将致力于在互利基础上最大效益地利用区域资源，为贸易投资创造有利条件，以逐步实现货物、资本、服务和技术的自由流动。

为此，成员国将分阶段实施精心制订、符合区域合作要求的措施，将进行必要的磋商以提出实现上海合作组织长期目标的具体建议。

中期内（2010年前），任务是共同努力制订稳定的、可预见和透明的规则和程序，在上海合作组织框架内实施贸易投资便利化，并以此为基础在《上海合作组织宪章》和上述《备忘录》规定的领域内将开展大规模多边经贸合作。鉴此，将制定共同规划和方案并建立优先发展方向支持体系以加强区域经济合作。

短期内将积极推动贸易投资便利化进程。将共同制定落实本《纲要》所必需的多边协议和各国法律措施清单，确定其制订顺序和办法；在现代化的组织和技术水平上建立和发展经贸投资的信息空间；确定共同感兴趣的经贸合作优先领域和示范合作项目并付诸实施。

为实现上述目标要完成以下任务：

协商共同立场，确定互利的经济和科技合作的途径；

在世界贸易组织框架内相互协作，支持正在加入世贸组织过程中的成员；

根据各方本国法律，为保证经营主体生产活动的平等机会和保障而创造条件；

制订经济合作的共同专项规划和投资项目，促进建立良好的投资环境；

提高贸易和投资政策的透明度，就该领域法律法规进行信息交流；

发展本地区各国银行间合作和金融信贷关系；

就利用和进一步发展交通运输和通讯领域现有基础设施进行合作；

以公认的国际标准和规则为基础，在商品标准和合格评定方面开展合作；

完善海关程序；

在各方国际义务框架内逐步消除相互贸易中的关税和非关税壁垒。

二、合作的优先方向

根据《上海合作组织成员国政府间关于区域经济合作的基本目标和方向及启动贸易和投资便利化进程的备忘录》，能源、交通运输、电信、农业、旅游、银行信贷领域、水利和环境保护领域，以及促进中小企业实体间的直接交流是合作的主要方向。

鉴此，将研究下列具体可能性：

开展在燃料和能源领域的合作，提高现有能源生产能力和能源网络的效益；

在开发石油和天然气新产地及其加工方面扩大互利合作；

加深上海合作组织成员国在地质勘探研究领域的合作，开发矿产和原料资源。

在使用现有运输基础设施领域开展合作，并对上海合作组织成员国境内运输和分拨服务市场的形成和运作所必需的运输体系进行现代化改造；

共同利用上海合作组织成员国的过境运输潜力；

在采用高级信息和电信技术、完善相应基础设施方面开展合作；

实施发展本地区农业及农产品加工业的共同项目；

就引导居民存款流向投资领域交流经验；

建立开展技术创新合作的法律基础和机制；

在区域内自然保护和保持生态平衡方面协调努力；

卫生领域的合作；

科学和新技术领域的合作；

教育领域的合作。

上海合作组织成员国将促进中小企业经营主体间的直接交流。

在开展经贸合作方面，上海合作组织成员国应就成员国与国际组织的合作问题，首先就世界贸易组织问题进行磋商。

在上海合作组织成员国间货物或服务的贸易中出现问题时，成员国将预先进行相互磋商。

三、《纲要》的实施机制

为实施本《纲要》，将制订出阶段性《措施》（《行动计划》），从完成未来短期、中期和长期任务的角度对《纲要》进行细化，并有计划地开始实施。

为进行《措施》方案相应部分制订的准备工作，根据需要，可成立由上海合作组织成员国有关部门组成的联合专家组。

《纲要》的实施将通过国家机构和经营主体（在签订条约和合同的基础上）执行《纲要》及其《措施》中规定的具体行动的方式予以完成。

经上海合作组织成员国协商可对《纲要》及其《措施》条款做出修改和补充。上海合作组织秘书处和上海合作组织成员国经贸部长会议负责协调《纲要》及其《措施》的实施工作。

本《纲要》及其《措施》的实施进展情况应通报上海合作组织秘书处，秘书处每年度向上海合作组织成员国政府首脑（总理）会议提交（以书面形式）相关报告。

上海合作组织成员国政府间农业合作协定

签署时间： 2010 年 6 月

签署地点： 乌兹别克斯坦塔什干

参与国家： 哈萨克斯坦、中国、吉尔吉斯斯坦、俄罗斯、塔吉克斯坦、乌兹别克斯坦

文本摘编： 上海合作组织成员国政府（以下简称"各方"），在平等与相互尊重的基础上，为发展和巩固上海合作组织成员国人民的友好关系，遵循《上海合作组织宪章》（2002 年 6 月 7 日）和《上海合作组织成员国长期睦邻友好合作条约》（2007 年 8 月 16 日），以及其他上海合作组织有关文件的原则，致力于上海合作组织成员国农业合作，达成协议如下：

第一条

各方根据上海合作组织成员国本国的法律，在以下领域开展合作：

（一）种植业；

（二）畜牧业；

（三）养蜂业；

（四）兽医；

（五）育种和良种繁育；

（六）土壤改良和农业灌溉；

（七）农产品加工与贸易；

（八）农业机械制造；

（九）农业科研。

经各方协商同意，可以增加其他合作内容。

第二条

各方将根据上海合作组织成员国本国的法律，通过以下方式开展本协定第一条确定的合作内容：

（一）交换农业科研和创新成果；

（二）交换农业先进技术和现代工艺；

（三）制定和实施共同的农业投资项目；

（四）参加由各方举办的农业新技术展览和交易会；

（五）研究并推广农业创新工艺；

（六）交换成员国关于农产品、农业加工品生物质量和安全的法律、标准的信息；

（七）举办农业国际科学会议、研讨会和圆桌会议；

（八）开展农业研究、科学考察，交换专家、学者和技术人员；

（九）交换种子、苗木和动物育种材料；

（十）植物保护和检疫，研究和推广植物保护生化方法方面的科研成果；

（十一）调查和防治跨境动植物疾病及特别危险的检疫性有害生物；

（十二）支持农业企业与相应的农业经营机构建立直接的经济联系；

（十三）农业管理人员技能培训与提高。

经协商同意，各方还可以采取不违反上海合作组织成员国本国法律的其他合作方式。

第三条

各方应根据上海合作组织成员国本国的法律和其参与的国际条约，保护本协定落实过程中的知识产权。

第四条

各方应根据上海合作组织成员国本国的法律，独自承担与执行本协定义务有关的所有费用，除非各方以单独纪要形式另外达成协议。

第五条

为协调执行本协定的相关合作事宜，各方将成立上海合作组织成员国农业专业工作组。专业工作组将根据相关条例开展工作。

第六条

为落实本协定的相关规定，各方可以签署单独纪要，该纪要是本协定不可分割的一部分。

第七条

经各方同意，可以对本协定内容进行修改和补充，并形成单独纪要，该纪要是本协定不可分割的一部分。

第八条

本协定不应影响各方参与的其他国际条约规定其应享有的权利和应承担的义务。

第九条

在解释或执行本协定过程中，各方若产生分歧和争议，应通过协商和谈判加以解决。

第十条

中文和俄文是开展本协定框架下合作活动的工作语言。

第十一条

本协定有效期5年。本协定自保存机关收到各方已完成各自国内必要生效程序的最后一份书面通知之日起生效。

如果各方未作出其他决定，本协定有效期将自动延长5年。

第十二条

本协定生效后，将适用于任何成为上海合作组织成员的国家。

对于新成员国，本协定自保存机关收到其关于加入的文件后30天生效。保存机关通知各方关于本协定对新成员国的生效日期。

第十三条

任何一方在向保存机关递交关于退出本协定的书面通知90天后即可退出本协定。保存机关将在收到退出通知后30天内将该意向通知其他各方。

如果没有其他约定，本协定效力的终止，不影响根据本协定已经开始实施的但尚未结束的合作活动。

第十四条

本协定保存机关为上海合作组织秘书处，秘书处应在本协定签署之日后的30天内将核对无误的副本分发各方。

本协定于二〇一〇年六月十一日在塔什干签订，正本一式一份，用中文和俄文写成，两种文本同等作准。

上海合作组织成员国政府间科技合作协定

签署时间：2013年9月

签署地点：吉尔吉斯斯坦比什凯克

参与国家：哈萨克斯坦、中国、吉尔吉斯斯坦、俄罗斯、塔吉克斯坦、乌兹别克斯坦

文本摘编：上海合作组织成员国政府（以下称各方），致力于在平等和互相尊重的基础上扩大合作，发展和加强上海合作组织（以下简称上合组织）成员国之间的友好关系；

遵循二〇〇二年六月七日签署的上海合作组织宪章及上合组织其他文件相关规定；

认为开展上合组织成员国科技合作具有重要意义，达成协议如下：

第一条

各方根据上合组织成员国各国法律在以下领域开展合作：

（一）环境保护和自然资源的合理利用；

（二）生命科学；

（三）农业科学；

（四）纳米和新材料；

（五）信息和通信技术；

（六）能源和节能；

（七）地球科学，包括地震学和地理学；

（八）共同商定的其他合作领域。

第二条

各方根据上合组织成员国各国法律，围绕本协定第一条中提到的领域，在双边和多边的基础上，以如下形式开展合作：

（一）组织科学技术研究；

（二）制定和实施联合科技计划和项目；

（三）在上合组织框架下组织和参加科学会议、研讨会和其他活动；

（四）围绕各个科学领域开展创新技术的研究和应用；

（五）交流科技信息；

（六）交流专家和学者；

（七）各方共同商定的其他可能形式。

第三条

根据上合组织成员国各国法律及其参加的国际条约，各方对在执行本协定过程中所获得知识产权予以保护。

第四条

本协定第二条中提到的联合科技计划和项目，以及多边合作框架下所开展的其他活动的实施条件及资助由各方有关部门在具体情况下协调确定。

第五条

根据上合组织成员国科技部长会议决定成立的上合组织成员国常设科技合作工作组，依据其工作条例，负责协调旨在实施本协定条款所开展的合作。

第六条

为落实本协定具体条款，各方可签署相关议定书。

第七条

经各方协商同意，可以议定书形式对本协定进行修改和补充，并作为本协定不可分割的部分。

第八条

本协定不影响各方参加的其他国际条约中涉及的权利和义务。

第九条

如在解释和适用本协定时出现争议和分歧，各方通过协商解决。

第十条

本协定框架下开展合作的工作语言为中文和俄文。

第十一条

本协定有效期5年，自保存机关收到各签署方关于完成使本协定生效所必需的国内程序的最后一份书面通知之日起生效。

如各方未做出其他决定，本协定有效期将自动延长5年，并依此法顺延。

第十二条

本协定生效后对成为上合组织成员国的所有国家开放以供加入。

对于加入国，本协定自保存机关收到加入书之日起30天后生效。

保存机关通知各方关于本协定对加入国的生效日期。

第十三条

任何一方在拟退出本协定之日前90天通过外交渠道书面通知保存机关，则可退出本协定。保存机关在收到要求退出的通知之日起30日之内将此情况通知其他各方。

如各方未做其他约定，本协定之终止不影响根据本协定开始且在本协定终止时尚未完成的活动的开展。

第十四条

本协定保存机关为上合组织秘书处。上合组织秘书处将在收到协定正本后7个工作日内将所确认的副本分发各方。

本协定于二〇一三年九月十三日在比什凯克签署，一式一份，用中文和俄文写成，两种文本同等作准。

上海合作组织至2025年发展战略

签署时间：2015年7月

签署地点：俄罗斯乌法

参与国家：哈萨克斯坦、中国、吉尔吉斯斯坦、俄罗斯、塔吉克斯坦、乌兹别克斯坦

文本摘编：上海合作组织（以下简称上合组织或本组织）是现代国际关系体系中具有影响力的参与者，有雄厚的条约法律基础，多边协作机制运行顺畅，与赞同上合组织原则和理念的国家、国际组织和机构建立了伙伴关系。

现已具备条件将上合组织提升至崭新水平，提高其在政治、安全、经济领域合作效率，深化人文合作，加大其对地区事务和全球治理的参与力度。

上述任务的全面性表明有必要制定《上海合作组织至2025年发展战略》（以下简称《战略》），以确定本组织今后的发展方向和规模。《战略》根据2014年9月12日杜尚别上合组织成员国元首理事会第3号决议《关于上海合作组织至2025年发展战略草案》，并参考2012年上合组织成员国元首理事会北京会议批准的《上海合作组织中期发展战略规划》条款制定，以《上海合作组织宪章》《上海合作组织成员国长期睦邻友好合作条约》为基础。

《战略》对国际和地区局势走势作出预测，对上合组织工作及其在地区和世界发挥的作用做了评估，也考虑了与其他国际关系主体间的关系。

成员国将根据《战略》以及本组织各领域条约法律文件于2015—2025年在组织框架内开展务实合作。

国际和地区发展形势（略）
目标和任务

成员国重申遵循《上海合作组织宪章》的目标和任务，认为今后一段时期的共同目标是：

——加强成员国互信与友好睦邻关系；

——加强上合组织作为全面有效地区组织的地位；

——维护地区安全，应对成员国面临的安全威胁与挑战，包括预防和消除突发事件；

——深化经贸、投资合作以及优先领域的合作项目，促进成员国可持续发展，提高人民生活水平；

——扩大人文联系，包括科技、卫生、环保、教育领域，开展人员交流；

——根据《上海合作组织宪章》及上合组织其他法律文件，坚持落实上合组织开放原则；

——提高上合组织国际威望，加强同联合国及其专门机构，以及独联体、集安条约组织、东盟、经合组织、亚信及其他国际组织和机构的联系；

——加强上合组织机制建设，包括提升成员国常驻秘书处和地区反恐怖机构代表作用。

为此，成员国将集中力量完成以下任务：

——把上合组织地区建成和平、稳定发展、经济增长、互信、睦邻友好和繁荣的地区；

——完善上合组织，使其成为综合性地区组织，但不谋求建立拥有超国家管理机构的军事政治联盟或经济集团；

——在上合组织框架下为发展贸易投资合作创造有利条件，包括制定和落实共同的基础设施项目，加强在上合组织实业家委员会和银联体参与下的务实合作；

——成员国就丝绸之路经济带倡议形成共识，将其作为创造有利条件推动上合组织地区经济合作的手段之一；

——建立不可分割的安全空间，促进与联合国及其他国际和地区组织开展各领域合作，包括在安全领域合作打击传统威胁和新威胁；

——完善组织的条约法律基础；

——不断提高组织各合作机制的效率；

——加强同上合组织观察员国、对话伙伴的务实合作。

原则和理念（略）

政治协作（略）

安全合作（略）

经贸合作

经济合作是维护上合组织地区稳定的重要因素，也是本组织实现长期稳定的手段之一。开展该领域合作有助于促进成员国经济发展，提高人民生活水平。

上合组织将促进各成员国和谐发展，以维护本地区经济平衡增长。

成员国将采取旨在进一步扩大上合组织地区经贸互利合作的协调措施，包括建立有利的投资和营商环境，支持实业倡议，落实优先领域合作项目，发展基础设施。

成员国将采取协调措施，在互利共赢基础上开展产能合作。

成员国将在融入世界经济进程中相互支持，力争把全球化和国际经济危机对本国经济造成的消极影响降至最低。

成员国将采取切实措施落实上合组织框架下的经济和投资项目。成员国将根据需要更新多边经贸合作纲要落实措施计划，制定下一阶段推动上合组织项目合作措施清单。

为落实领导人业已达成的共识，为本组织项目融资提供保障，成员国将继续就建立上合组织开发银行和上合组织发展基金（专门账户）开展工作。

成员国支持上合组织实业家委员会和银联体积极参与上合组织地区经贸合作项目的遴选和落实，首先是在经济创新领域。

成员国欢迎观察员国、对话伙伴政府机构和实业界参与项目合作。

成员国将加强金融领域合作，交流经验和信息，努力为发展本组织金融服务市场、吸引投资、完善支付结算及其他金融业务创造有利条件。

成员国将继续完善现有经贸合作机制，提高协调能力，包括借鉴国际先进经验。

成员国将促进创新领域互利合作，包括开展中小企业合作，实施边境和跨区域合作项目，建立合资企业。

为交流先进经验、开展企业家合作，成员国将继续联合举办企业家论坛、展览、研讨会，以促进成员国中小企业同科研机构合作，落实创新技术成果。

成员国将采取措施推动2014年签署的《上海合作组织成员国政府间国际道路运输便利化协定》尽快生效并切实落实该协定。

成员国将采取措施发挥上合组织跨境运输潜力，构建地区跨境交通和运输走廊。合作的重要方向是促进基础设施和物流现代化，包括扩大上合组织地区国际物流中心网和构建交通干线沿线的产业集群。

成员国将在能源领域开展各类互利合作，包括可再生与替代能源利用。

在发展地区信息通信技术方面，成员国将遵守公认的、国际电信联盟批准的标准，以及电信服务的兼容性和广泛性原则。

为实施2013年签署的《上海合作组织成员国政府间科技合作协定》，成员国将优先制定共同感兴趣的创新合作计划和项目，完善条约法律基础，包括制定和执行上合组织科技伙伴计划。成员国将开展科技创新对话、科技成果交流。

成员国将加强在先进环保技术、可再生和清洁能源、节能等领域的合作，以促进可持续发展。

农业是成员国合作的优先方向之一。农产品生产与加工的高科技联合项目、在粮食等农业领域运用创新科技将被给予特殊关注。为开展农工综合体领域的先进经验和技术交流，将共同举行论坛、展览、学术实践性课程、研讨会、科研等活动。

海关领域是重要合作方向。合作包括：保护知识产权，交换跨境货物和运输工具信息，在发展和应用风险管理系统方面开展合作，打击违反海关法活动，按照职业教育和干部进修等规划培训海关人员。

文化人文合作（略）

新闻领域（略）

开放和伙伴关系政策（略）

国际合作

本组织将努力扩大国际联系，以进一步提高在新的国际和地区格局中的作用，增强国际威望。

在2010年签署的《上海合作组织秘书处和联合国秘书处联合声明》基础上，首先就维护国际和平安全、促进发展等问题同联合国开展协作具有优先意义。打击恐怖主义、非法贩运毒品、落实《联合国全球反恐战略》、在上合组织《信息安全国际行为准则》草案基础上就维护国际信息安全开展工作，将是优先合作方向。

成员国确信，联合国应该在国际事务中发挥中心协调作用，支持提高其机制效率，包括对安理会进行改革，以保证对当前面临的挑战、变化的政治和经济现实作出相应反应，维护国际和平与安全。成员国认为，联合国安理会改革应增加其代表性和效率，通过最广泛协商，寻求"一揽子"解决方案，维护联合国会员国团结，不应人为设定时限，强行推动尚未获得会员国广泛支持的方案。

上合组织将加强同联合国毒品和犯罪问题办公室的协作关系。在经贸领域，首先是发展交通基础设施、为国际道路运输创造便利条件方面，联合国亚太经社会仍将是上合组织的重要伙伴。

上合组织愿与联合国其他部门、专门机构和机制建立正式关系，并开展务实合作。

上合组织作为国际组织，将根据《联合国宪章》第八章和《上海合作组织宪章》，为维护地区和平安全稳定继续发挥积极作用。

上合组织与一些国际和地区组织建立了正式联系，成员国将进一步扩大与上述组织的对话、交流与协作。

同地区一体化组织建立联系、开展务实合作是上合组织对外政策的重要方面，包括签署合作文件。

成员国确信，坚定实施本战略将加强上合组织作为维护地区安全稳定、促进成员国经济合作、提高国民福祉的团结高效多领域国际组织的地位。至2025年，上合组织在国际和地区格局中的地位必将更加巩固，为建设民主的、多极化的国际关系体系做出积极贡献。

上海合作组织成员国元首理事会青岛宣言

签署时间：2018年6月

签署地点：中国青岛

参与国家：印度、哈萨克斯坦、中国、吉尔吉斯斯坦、巴基斯坦、俄罗斯、塔吉克斯坦、乌兹别克斯坦

文本摘编：当今世界正处在大发展大变革大调整时期，地缘政治版图日益多元化、多极化，国与国相互依存更加紧密。

同时，世界面临的不稳定性不确定性因素不断增加，世界经济形势明显向好，但仍不稳定，经济全球化进程遭遇贸易保护主义、单边主义等更多挑战，部分地区冲突加剧、恐怖主义、非法贩运毒品和有组织犯罪、传染性疾病、气候变化等威胁急剧上升引发的风险持续增加。国际社会迫切需要制定共同立场，有效应对上述全球挑战。

上合组织遵循"互信、互利、平等、协商、尊重多样文明、谋求共同发展"的

"上海精神"，经受住国际风云变幻的严峻考验，不断加强政治、安全、经济、人文等领域合作，成为当代国际关系体系中极具影响力的参与者。

上合组织在睦邻、友好、合作、相互尊重成员国文化文明多样性和社会价值观、开展信任对话和建设性伙伴关系的基础上树立了密切和富有成效的合作典范，致力于以平等、共同、综合、合作、可持续安全为基础构建更加公正、平衡的国际秩序，根据国际法准则和原则维护所有国家和每个国家的利益。

成员国重申恪守《上合组织宪章》宗旨和任务，遵循《上合组织至2025年发展战略》，继续加强政策沟通、设施联通、贸易畅通、资金融通、民心相通，发展安全、能源、农业等领域合作，推动建设相互尊重、公平正义、合作共赢的新型国际关系，确立构建人类命运共同体的共同理念。

—

成员国将继续深化旨在促进上合组织地区和平稳定与发展繁荣的全方位合作。为此，成员国支持中亚国家为加强政治、经济、人文等领域合作所作努力，欢迎2018年3月15日在阿斯塔纳举行的首次中亚国家元首峰会成果。

成员国指出，上合组织吸收印度共和国、巴基斯坦伊斯兰共和国加入后各领域合作迈上新台阶。成员国将在严格遵循上合组织国际条约和文件基础上，进一步挖掘本组织各项工作潜力。

成员国愿在互利平等基础上，深化同上合组织观察员国和对话伙伴的合作，扩大上合组织同联合国及其专门机构及其他国际和地区组织的交流合作。

二

成员国主张恪守《联合国宪章》宗旨和原则，特别是关于平等、国家主权、不干涉内政、相互尊重领土完整、边界不可侵犯、不侵略他国、和平解决争端、不使用武力或以武力相威胁等原则，以及旨在维护和平与安全、发展国家间合作、巩固独立、保障自主决定国家命运和政治、经济社会和文化发展道路的权利等其他公认的国际法准则。

成员国重申恪守2007年8月16日在比什凯克签署的《上合组织成员国长期睦邻友好合作条约》规定，在共同关心的领域进一步发展睦邻友好关系，包括将共同边界建设成为永久和平友好的边界。

成员国重申坚定支持联合国作为综合性多边组织在维护国际和平与安全、推动全球发展、促进和保护人权方面所作的努力，支持巩固《联合国宪章》规定的联合国安理会作为维护国际和平与安全主要机构的关键作用。

成员国注意到吉尔吉斯共和国和塔吉克斯坦共和国竞选联合国安理会非常任理事国席位的愿望。

成员国将继续在裁军、军控、和平利用核能、利用政治外交手段解决防扩散机制面临的挑战等问题上开展协作。

作为《不扩散核武器条约》缔约国的成员国，支持恪守条约规定，全面平衡推进该文件中规定的各项宗旨和原则，兼顾影响全球稳定的全部因素，加强国际核不扩散体系，推进核裁军进程，促进和平利用核能领域平等互利合作。

成员国认为，《中亚无核武器区条约》议定书尽快对所有签署国生效将为维护地区安全、巩固国际核不扩散体系作出重要贡献。

成员国重申，个别国家或国家集团单方面不受限制地发展反导系统，损害国际安全、破坏世界局势稳定。成员国认为，实现自身安全不能以损害他国安全为代价。

成员国指出，应维护外空非武器化，支持采取切实措施防止外空军备竞赛，欢迎联大裁军与国际安全委员会通过《防止外空军备竞赛的进一步切实措施》决议，成立政府专家组，就防止外空军备竞赛特别是防止在外空部署武器的具有法律约束力的国际文书进行审议并提出建议。

成员国支持旨在恪守《禁止化学武器公约》、提高禁化武组织权威及巩固《禁止生物武器公约》规范的努力和倡议。

成员国强烈谴责一切形式和表现的恐怖主义，认为必须努力推动建立联合国发挥中心协调作用、以国际法为基础、摒弃政治化和双重标准的全球反恐统一战线。重申国家及其主管机构在本国境内打击恐怖主义、分裂主义和极端主义及在上合组织和其他国际机制框架内合作问题上的关键作用。

成员国主张在《联合国宪章》等联合国文件基础上以协商一致方式通过联合国关于打击国际恐怖主义的全面公约。强调反恐应综合施策，促进和平解决国际和地区冲突，加大力度打击恐怖主义及其思想，消除恐怖主义和极端主义滋生因素，标本兼治。不能以任何理由为任何恐怖主义和极端主义行径开脱。成员国欢迎哈萨克斯坦关于在联合国框架内制定实现和平、无恐怖主义世界行为准则的倡议。

成员国强调不允许以打击恐怖主义和极端主义为名干涉别国内政，不允许利用恐怖主义、极端主义和激进团伙牟取私利。

成员国指出，必须有效执行联合国安理会相关决议，加强多边合作打击一切形式的恐怖主义融资和物质技术支持，包括查处与恐怖分子有经济联系的自然人和法人。

鉴于当前西亚北非地区形势，成员国指出外国武装恐怖分子返回原籍国或在第三国寻找栖息地以在上合组织地区继续实施恐怖和极端活动的威胁上升。成员国将完善此类人群及其潜入潜出的情报交换机制，根据上合组织成员国国家法律实施更快捷的外国武装恐怖分子引渡机制，加强政治层面和情报部门间的国际合作。

成员国欢迎乌兹别克斯坦共和国在2017年9月于纽约举行的联合国大会第72次会议上提出的关于通过《教育与宗教包容》联大特别决议的倡议。

成员国肯定上合组织地区反恐怖机构在共同打击恐怖主义、分裂主义、极端主义"三股势力"和维护地区安全方面的特殊作用，将挖掘主管机关在上述领域的合作潜力。成员国指出，进一步完善上合组织地区反恐怖机构工作，包括研究建立监测和应对全球信息空间潜在的威胁系统问题，十分重要。

成员国将重点关注落实《上合组织成员国打击恐怖主义、分裂主义和极端主义2019年至2021年合作纲要》，认为推动2017年6月9日在阿斯塔纳签署的《上合组织反极端主义公约》尽快生效十分重要。

成员国高度评价2018年5月3日至4日在杜尚别举行的打击恐怖主义和极端主义国际会议成果，会议为各方开展上述领域合作提供了重要平台。

成员国将继续定期举行包括"和平使命"军事反恐演习在内的联合反恐演习，进一步扩大防务和安全领域、大型活动安保和人员培训合作，提高各方武装力量和主管机关实战能力。

成员国对大规模杀伤性武器落入恐怖组织之手的危险表示担忧，主张巩固打击该威胁的国际法律基础，支持在裁军谈判会议上制定打击生化恐怖主义行为国际公约的倡议。

　　成员国将进一步加强协作，打击利用互联网传播和宣传恐怖主义思想，包括利用互联网公开洗白恐怖主义、为一系列恐怖组织招募成员、教唆和资助实施恐怖主义行径并指导实施方法。各方充分肯定2017年在中国举办的"厦门－2017"网络反恐演习成果。

　　成员国指出，国际社会应合力打击旨在吸收青年参与恐怖主义、分裂主义、极端主义团伙活动的企图。鉴此，成员国通过了《上合组织成员国元首致青年共同寄语》，强调上合组织框架内将在青年教育、精神和道德培养方面开展综合性工作。

　　成员国对毒品制贩和滥用增多、"以毒资恐"加剧引起的威胁上升表示担忧，强调必须在打击毒品及易制毒化学品非法贩运包括网上贩运问题上制定共同平衡立场。

　　为此，成员国肯定本次峰会通过《2018－2023年上合组织成员国禁毒战略》及其落实行动计划和《上合组织预防麻醉药品和精神药品滥用构想》。

　　成员国重申继续执行以国际法准则和原则、联合国相关公约和上合组织文件为基础的现行国际禁毒体系。在此背景下，成员国积极评价上合组织与联合国毒品与犯罪问题办公室2018年3月12日在维也纳联合举办的"上合组织与联合国打击毒品犯罪：新威胁与联合行动"活动。

　　成员国强调将继续完善上合组织成员国禁毒部门领导人、高官、专家工作组合作机制，定期开展联合行动打击非法贩运麻醉药品、精神药品及其前体，采取有效措施防止合成毒品及新精神活性物质扩散。高度评价2018年5月17日在天津举行的成员国禁毒部门领导人会议成果。

　　成员国将遵循2015年7月10日在乌法签署的《上合组织成员国边防合作协定》规定，继续通过实施有效边境管控，交换涉恐人员信息，对跨国恐怖组织犯罪开展联合调查，防范外国恐怖分子和恐怖团伙活动和潜入潜出。

　　成员国呼吁国际社会努力构建和平、安全、开放、合作、有序的信息空间，强调联合国在制定各方可普遍接受的信息空间负责任国家行为国际规则、原则和规范方面发挥核心作用，认为有必要在联合国框架内根据公平地域分配原则建立工作机制，以制定信息空间负责任国家行为规范、规则或原则并以联合国大会决议形式确定下来。

成员国认为所有国家应平等参与互联网的发展和治理。互联网核心资源的管理架构应当国际化、更具代表性和更加民主。

成员国将继续在2009年6月16日在叶卡捷琳堡签署的《上合组织成员国保障国际信息安全政府间合作协定》基础上加强务实合作，共同应对信息空间威胁与挑战，包括在打击使用信息和通信技术从事有害活动特别是从事恐怖主义及犯罪活动方面深化国际合作，呼吁在联合国主导协调下，制定打击使用信息和通信技术实施犯罪行为的国际法律文书。

成员国指出，一切形式的腐败对国家和地区安全构成威胁，导致国家治理效率低下，对投资吸引力产生消极影响，阻碍经济社会可持续发展。成员国主张进一步开展包括经验和信息交流在内的反腐败领域全面国际合作。

成员国重申愿通过就司法鉴定经验与方法交流、提高司法专家职业水平形成共同立场，开展法律、司法及司法鉴定领域的务实合作。成员国主张通过签署上合组织相关公约在上合组织框架内制定的条约法律基础，就包括商事在内的民事、刑事等案件向个人及法人提供法律帮助，上合组织观察员国亦可在承担公约义务的前提下加入。

成员国认为加强立法机关、政党间交流与合作，开展治国理政和发展经验交流十分重要。

成员国高度评价上合组织派观察员团观察有关国家总统、议会选举和全民公决方面所进行的实践。

<h2 style="text-align:center">三</h2>

成员国支持在国际法基本准则和原则框架内采取政治外交手段解决世界各地区冲突，以实现普遍安全与稳定。

成员国支持阿富汗伊斯兰共和国政府和人民为维护安全，促进经济发展，打击恐怖主义、极端主义、毒品犯罪所作努力，认为阿富汗的和平与稳定以及经济复兴将促进本地区安全和可持续发展。成员国强调，政治对话和"阿人主导、阿人所有"的包容性和解进程是解决阿富汗问题的唯一出路，呼吁在联合国发挥中心协调作用下加强合作，实现该国稳定与发展。

成员国肯定2017年10月11日在莫斯科和2018年5月28日在北京举行的"上合

组织－阿富汗联络组"会议成果，支持"莫斯科模式"等阿富汗调解对话与合作机制进一步积极开展工作。

成员国认为2018年3月27日在塔什干举行的"和平进程、安全合作与地区互联互通"阿富汗问题高级别国际会议为阿富汗和平重建进程作出积极贡献，对其成果表示欢迎。

成员国重申化解叙利亚危机的唯一出路是根据联合国安理会第2254号决议条款精神，在维护叙利亚主权、独立和领土完整的基础上，推进"叙人主导、叙人所有"的包容性政治进程。

成员国支持联合国主导的日内瓦和谈，指出阿斯塔纳进程的有效性，呼吁冲突各方采取切实措施，落实建立冲突降级区备忘录，为政治调解叙利亚局势创造有利条件。鉴此，成员国欢迎2018年1月30日在索契举行的叙利亚全国对话大会成果，视其为推动叙利亚政治进程的重要贡献。

成员国反对任何人、在任何地点、在任何情况下、出于任何目的使用化学武器，支持根据《禁止化学武器公约》规定对化武袭击展开全面、公正、客观调查，并基于确凿可信证据得出经得起检验的结论。

成员国指出持续履行伊朗核问题全面协议十分重要，呼吁协议参与方恪守义务，确保全面协议得到完整、有效执行，促进全世界和地区和平与稳定。

成员国主张只能通过对话协商以政治外交方式解决朝鲜半岛问题，支持包括中国和俄罗斯在内的国际社会为缓和朝鲜半岛局势、促进半岛无核化、维护东北亚地区持久和平提出的和平倡议。

为此，成员国支持朝韩、朝美对话接触，呼吁所有相关方积极促进对话进程。

成员国重申应在尽早全面执行2015年2月12日明斯克协议基础上政治解决乌克兰危机。

四

成员国支持完善全球经济治理体系，发展经贸和投资合作。成员国认为，世界贸易组织是讨论国际贸易议题、制定多边贸易规则的重要平台，支持共同构建开放型世界经济，不断巩固开放、包容、透明、非歧视、以规则为基础的多边贸易体制，维护世贸组织规则的权威性和有效性，反对国际贸易关系的碎片化和任何形式的贸易保护主义。

成员国主张遵循《上合组织宪章》，推动贸易和投资便利化，以逐步实现商品、资本、服务和技术的自由流通。为此，通过了上合组织成员国元首关于贸易便利化的联合声明。

成员国认为，在上合组织框架内加强电子商务合作、发展服务业和服务贸易、支持中小微企业发展对于发展经济、提高就业、增进人民福祉意义重大，支持进一步巩固本领域法律基础。

成员国重申支持联合国在推动落实全球可持续发展议程方面的核心作用，呼吁发达国家根据此前承担的义务，为发展中国家提供资金、技术和能力建设支持。

成员国指出，深化区域经济合作，特别是利用联合国亚太经社理事会在交通、能源、信息通信、贸易等重要方向的潜能，对促进成员国经济社会持续发展十分重要。成员国强调，应落实旨在发展区域经济合作的上合组织框架内有关文件。

成员国欢迎2018年6月6日在北京举行的有成员国、观察员国和对话伙伴实业界和商界代表参与的上合组织工商论坛成果，支持将于2018年11月在上海举办的中国国际进口博览会。

成员国认为，开展上合组织成员国经济智库间合作十分重要。

成员国支持进一步深化金融领域务实合作，研究扩大本币在贸易和投资中使用的前景。成员国指出，加强金融监管交流，在宏观审慎管理和金融机构监管等方面进行合作，为金融机构和金融服务网络化布局提供便利的准入安排和公平监管环境具有现实意义。

成员国将加强在上合组织银联体、亚洲基础设施投资银行、新开发银行、丝路基金、中国－欧亚经济合作基金等本地区现有多边银行和金融机构框架下的合作，为本组织合作项目提供融资保障。成员国将继续研究建立上合组织开发银行和发展基金（专门账户）问题的共同立场。

成员国强调，通过新建和升级国际交通线路中的路段，发展包括高铁在内的公路和铁路交通，建设多式联运物流中心，引进先进创新技术，简化和协调货物通关时边境、海关和检疫程序，提升自动化建设水平，落实基础设施合作项目等方式，发展交通、扩大过境运输潜力和区域交通运输潜能等领域的多边合作十分重要。

　　成员国指出有必要切实落实2014年9月12日在杜尚别签署的《上合组织成员国政府间国际道路运输便利化协定》，继续就制定《上合组织成员国公路发展规划》开展工作。

　　成员国支持乌兹别克斯坦关于举行首次上合组织成员国铁路部门负责人会晤的倡议，以提升交通通达性和互联互通。

　　成员国欢迎上合组织与联合国亚太经社理事会2017年11月23日在曼谷共同举办的"向地区交通互联互通前行"高级别活动。

　　成员国欢迎建立上合组织地方领导人论坛，开展地区间合作，注意到关于2018年在俄罗斯联邦车里雅宾斯克市举办论坛首次会议的建议。

　　成员国指出，在相互尊重、平等互利原则基础上协调旨在上合组织地区推进经济可持续发展方面合作，扩大投资规模、拓展交通联系、提升能源合作、发展农业、促进创新和保障就业的国际、地区、国家发展项目和发展战略拥有广阔前景。

　　哈萨克斯坦共和国、吉尔吉斯共和国、巴基斯坦伊斯兰共和国、俄罗斯联邦、塔吉克斯坦共和国和乌兹别克斯坦共和国重申支持中华人民共和国提出的"一带一路"倡议，肯定各方为共同实施"一带一路"倡议，包括为促进"一带一路"和欧亚经济联盟对接所做的工作。各方支持利用地区国家、国际组织和多边合作机制的潜力，在上合组织地区构建广泛、开放、互利和平等的伙伴关系。

　　成员国强调，发展并深化互利合作，在包括数字经济在内的信息和通信技术领域开展知识、信息及先进实践方法的交流具有重要意义，有利于成员国经济社会发展。

　　成员国基于维护上合组织地区生态平衡、恢复生物多样性的重要性，为居民生活和可持续发展创造良好条件，造福子孙后代，通过了《上合组织成员国环保合作构想》。

　　成员国高度评价塔吉克斯坦共和国倡议的、联合国大会2016年12月21日通过的2018—2028年"水促进可持续发展"国际行动十年的第71/222号决议，并欢迎将于2018年6月20日至22日在杜尚别举行该主题的高级别国际会议。成员国支持为推动第73届联合国大会通过关于旨在实现水资源可持续发展目标与任务中期综述的决议草案所作的努力。

成员国将在跨境动物疫病防控、农产品准入政策和质量安全、卫生检疫等领域开展交流与合作，以保障粮食安全。成员国指出有必要在这方面采取包括制定相关合作纲要在内的具体措施。

成员国支持加强创新领域合作，指出成员国就创新领域政策，包括在建立创新生态环境、技术平台、创新产业群、高科技公司及落实创新合作项目等方面协调立场十分重要。成员国指出，进一步深化在海关、农业、电信、中小微企业等领域的合作十分重要。

成员国将致力于进一步发挥上合组织实业家委员会和银行联合体潜力，推动落实金融、高科技、基础设施互联互通、能源、投资等领域合作项目。鉴此，成员国欢迎上合组织银联体在吸收新成员方面所作努力。

五

成员国将继续在文化、教育、科技、卫生、旅游、民族手工艺、环保、青年交流、媒体、体育等领域开展富有成效的多边和双边合作，促进文化互鉴、民心相通。

成员国将在2007年8月16日在比什凯克签署的《上合组织成员国政府间文化合作协定》基础上继续促进发展上合组织框架内的文化联系，巩固人民之间的相互理解，尊重成员国的文化传统和习俗，保护并鼓励文化的多样性，举办国际艺术节和竞赛，深化在音乐、戏剧、造型艺术、电影、档案、博物馆及图书馆领域的合作，开展包括古丝绸之路沿线在内的本地区文化与自然遗产研究与维护领域的合作。

鉴此，成员国欢迎2018年9月在吉尔吉斯共和国举办第三届世界游牧民族运动会。

成员国指出，在上合组织秘书处举办的"上合组织－我们共同的家园"框架下的活动，以及有青年参与的开放日活动、研讨会和圆桌会议具有重要意义。

成员国欢迎上合组织秘书处与联合国教科文组织签署合作谅解备忘录，认为该文件反映了两组织在人文领域发展建设性合作的愿望，包括为宣传文化及其成就以及上合组织成员国历史遗产所开展的工作。

成员国欢迎2017年7月2日至4日在新西伯利亚举办的上合组织与金砖国家妇

女论坛和2018年5月15日至17日在北京举办的上合组织妇女论坛，强调开展该领域合作前景广阔。

成员国将鼓励开展媒体领域合作，支持举办上合组织媒体峰会。

成员国指出，体育作为促进民间对话的有效因素具有重要意义，应脱离政治。成员国坚信，即将于2018年在俄罗斯举办的国际足联世界杯足球赛、2018年5月18日至19日在重庆举办的上合组织武术散打比赛、定期举办的上合组织马拉松赛和一年一度的国际瑜伽日将促进友谊、和平、包容与和谐。

成员国将继续积极落实《上合组织成员国政府间教育合作协定》，扩大教学科研人员交流规模，联合培养高素质人才。成员国将本着相互尊重原则，积极推动在师生交流、联合科研、学术访问、语言教学、职业教育、青少年交流等领域开展务实合作。

成员国指出应积极开展卫生应急、居民卫生防疫保障、打击假冒医疗产品、防止传染病扩散、慢性病防控、传统医药、医学教育与科研、落实促进国际发展的合作纲要、医疗服务、医务人员交流、保障食品安全及质量等领域合作，共同维护居民健康，促进卫生发展和创新合作。

成员国高度评价2017－2018年中方主席国工作，其成果巩固了上合组织成员国人民之间的相互理解与信任、富有成果的建设性合作和睦邻友好关系。

成员国将继续开展建设性对话，扩大并深化伙伴合作，旨在有效解决地区和全球问题，促进政治和经济稳定，构建公正、平等的国际秩序。

上海合作组织成员国元首理事会关于数字经济领域合作的声明

签署时间：2020年11月

签署地点：视频签署

参与国家：印度、哈萨克斯坦、中国、吉尔吉斯斯坦、巴基斯坦、俄罗斯、塔吉克斯坦、乌兹别克斯坦

文本摘编：我们，上海合作组织成员国领导人，重申"数字化转型"对实现全球经济包容性增长的重要性日益上升，并声明如下：

如今，数字技术已成为促进经济发展、提高经济各领域竞争力、打造新兴市场

并保障全面可持续增长的关键因素之一。新冠疫情对经济社会的影响凸显各国，包括上合组织国家加速经济各领域数字化进程的必要性。

我们注意到数字经济在落实2030年可持续发展议程方面具有巨大潜力，认为"数字化转型"能为全球包容性增长创造必要条件并使所有参与者从中受益。

我们强调，"数字化转型"领域合作拥有巨大潜力。加强数字化领域全面合作，缩小经济发展的数字鸿沟非常重要。

我们反对阻碍全球数字经济国际合作的措施。

秉持互信、互利、平等、协商、尊重多样文明、谋求共同发展的"上海精神"，为进一步提升成员国经济竞争力，我们认为在以下方面开展合作十分重要：

——开展工业、交通、农业、卫生、教育、旅游、能源、贸易、金融和海关领域数字化和信息通信技术合作；

——研究实施建立新型数字化企业项目的可能性，包括在中小型企业、人员培训等领域；

——研究在尖端数字技术、人工智能、机器人、物联网、创新集群和科技园区开发、初创企业孵化和发展、在国家治理和政府服务中应用现代信息通信技术领域开展科研和规划合作的可能性。

我们愿在联合国主导下，广泛交流数字经济领域的经验和最佳实践。

我们相信，加强数字互联互通，打造新的增长点，增强投资吸引力，将为经济发展带来新的前景和机遇。加强该领域务实合作有利于提升上合组织成员国技术竞争力、增进经济和社会福祉。

上海合作组织农业技术交流培训示范基地建设构想

审议通过时间：2021年8月

通过地点：视频会议通过

文本摘编：为落实2010年签署的《上合组织成员国政府间农业合作协定》及其他现行农业领域合作文件，各方同意在中国杨凌农业高新技术产业示范区设立上海合作组织农业技术交流培训示范基地（以下简称"示范基地"）。

一、合作目标和任务

（一）促进农业可持续发展，推动农业数字化；

（二）为开展农业科技创新、教育、示范等领域的务实合作搭建平台；

（三）为有效促进农业发展，推动现代新技术开发；

（四）在可持续农业领域，示范和推广创新技术；

（五）运用农业科技创新的联合研究成果，以成功应对上合组织成员国在现代农业领域面临的挑战。

二、合作的基本原则

为实现示范基地建设构想的目标和任务，各方应遵循以下原则：

（一）平等和相互尊重；

（二）相互经济利益；

（三）考虑到上合组织各成员国、观察员国和对话伙伴国的利益；

三、优先合作方向

（一）依据自愿原则，基于上合组织各成员国需求，开展国际联合科研项目，包括推动相关国家自愿建立国际联合实验室，开展国际农业科研项目；

（二）举办农业科研人员定期交流；

（三）举办国际农业科研会议等活动，深化上合组织成员国之间的科研合作；

（四）通过联合研讨、研究生联合培养、专家进修和职业农民培训等形式，为上合组织国家培训农业人才，同时按照信息安全保护有关法规做好培训交流过程中相关农业技术信息保护工作；

（五）在示范基地内建设不同类型和功能的农业合作园区和平台，以便上合组织成员国科研单位和高校之间传播知识，并为各国企业或农场依据市场化原则开展产业合作提供机遇；

（六）在一年一度的中国（杨凌）农业高新科技成果博览会框架内，参加和举办圆桌会议、农业技术和食品展会以及其他农业技术交流活动；

（七）农业领域其他有关合作内容。

四、合作和融资机制

（一）合作和融资机制

1.与示范基地建设和运营相关的组织事项，将在上合组织成员国农业部长会议、上合组织成员国农业常设专家工作组会议（简称"专家会"），以及必要时将在上合组织框架内的其他活动下进行讨论。

2.中方与上合组织各成员国协商基础上，指定一名专职协调员，并成立一个专业工作组，负责与上合组织秘书处、成员国、观察员国和对话伙伴国开展日常工作和互动，以确保示范基地的建设符合上合组织成员国的预期和需求。

3.示范基地框架下的具体合作项目，由参与各方共同商讨并实施。

（二）资金保障

1.中方将出资启动示范基地的硬件建设，并承担部分合作项目的费用。上合组织有关成员国将根据自愿原则，共同出资实施示范基地框架下的项目。

2.中方愿支持开展上合组织区域农业共性关键问题研究，探索"产学研用"为一体的农业技术服务和推广方案，并提供部分资金保障，力争形成农业技术联合研究成果，促进现代农业技术在上合组织各国的推广应用。

五、预期合作成果

设立示范基地，将有助于上合组织成员国建立务实的经验交流合作机制，有助于农业高新技术、先进知识和经验交流培训分享，有助于上合组织成员国高科技农业的可持续发展。

六、汇报机制

示范基地将同专家会合作制定年度工作计划，并向上合组织秘书处及各成员国提交年度工作报告。

上海合作组织成员国元首理事会关于粮食安全的声明

签署时间： 2021年9月

签署地点： 塔吉克斯坦杜尚别

参与国家： 印度、哈萨克斯坦、中国、吉尔吉斯斯坦、巴基斯坦、俄罗斯、塔吉克斯坦、乌兹别克斯坦

文本摘编： 上海合作组织（以下简称"上合组织"）成员国，注意到新冠疫情对上合组织成员国粮食安全的影响，特别是对供应链和人们获取安全营养食品的影

响，依据《上合组织成员国政府间农业合作协定》《上合组织成员国粮食安全合作纲要》，考虑到《上合组织秘书处同联合国粮农组织（FAO）谅解备忘录》，强调上合组织秘书处的重要协调作用，现发表声明如下：

1.成员国计划在自愿交换粮食安全形势信息方面开展合作，包括粮食产量、粮食产品进出口量及其预测数据。

2.成员国计划进一步发展上合组织各成员国间的农产品和粮食产品互利贸易，包括利用现代信息通信技术。

3.成员国计划开展上合组织绿色交通运输走廊和路线合作，以便及时运送粮食。

4.成员国将通过监管部门进一步推进兽医及植物检疫安全领域的合作，以保证农产品互通。

5.成员国将在自愿的基础上力求分享经验、知识及信息，以推广农产品和粮食产销创新技术。

6.成员国将在自愿基础上发展合作、扩大直接投资、交换信息，通过最新选育方法来培育农作物高产新品种和杂交品种，以及具有较好遗传特性的畜禽品种。

7.成员国有意在上合组织平台内就保障粮食安全问题推动开展联合研究、磋商和会议，并邀请感兴趣的国际组织参与。

8.成员国有意进一步发展上合组织与包括联合国粮农组织（FAO）在内的国际组织在粮食安全方面的合作。

9.成员国欢迎在上合组织区域内实施互利项目，包括旨在保障粮食安全和在自愿基础上营造良好投资环境的项目。

10.成员国在必要时可研究扩大合作的其他可能性，以保障上合组织区域内的粮食安全。

上合组织成员国农业部长会和农业常设专家工作组将作为合作机制来执行本联合声明，在此过程中上合组织秘书处将发挥协调作用。

上海合作组织二十周年杜尚别宣言

签署时间： 2021年9月

签署地点： 塔吉克斯坦杜尚别

参与国家：印度、哈萨克斯坦、中国、吉尔吉斯斯坦、巴基斯坦、俄罗斯、塔吉克斯坦、乌兹别克斯坦

文本摘编：值此上海合作组织（简称"上合组织"或"本组织"）成立20周年之际，成员国：

高度评价上合组织为推动和深化成员国睦邻友好关系、巩固地区安全稳定发挥的积极作用。

总结本组织取得的发展成就，指出成员国间开展合作大有可为。

恪守《上海合作组织宪章》《上海合作组织成员国长期睦邻友好合作条约》《上海合作组织至2025年发展战略》《打击恐怖主义、分裂主义和极端主义上海公约》《上海合作组织成员国多边经贸合作纲要》等国际条约和本组织法律文件的原则和规定。

遵循互信、互利、平等、协商、尊重多样文明、谋求共同发展的"上海精神"。

决心巩固成员国间相互关系，促进人民世代友好。

奉行对外开放原则，致力于以《联合国宪章》等公认的国际法原则为基础巩固世界多极化秩序和构建国际关系。

着力将上合组织地区建设成和平、合作、可持续发展、繁荣、和谐的地区。

根据2021年9月17日在杜尚别举行的上合组织成员国元首理事会会议成果声明如下：

一、上合组织的建立、发展建设和主要原则

上合组织在哈萨克斯坦共和国、中华人民共和国、吉尔吉斯共和国、俄罗斯联邦和塔吉克斯坦共和国于1996年和1997年分别在上海和莫斯科签署的关于在边境地区加强军事领域信任和关于在边境地区相互裁减军事力量的两个协定基础上建立。

五国元首2000年7月4日签署的"上海五国"杜尚别声明指出，各方将致力于使"上海五国"成为各领域开展多边合作的地区机制。

2001年6月15日，哈萨克斯坦共和国、中华人民共和国、吉尔吉斯共和国、俄罗斯联邦、塔吉克斯坦共和国和乌兹别克斯坦共和国元首在上海通过《上海合作组织成立宣言》。

　　建立本组织的目的是：加强成员国间的相互信任和睦邻友好，加强多领域协作，维护和巩固地区和平、安全与稳定，共同应对新的威胁和挑战，鼓励在不同领域开展有效互利合作，促进成员国的经济、社会和文化发展。

　　上合组织奉行不结盟、不针对其他国家和地区的原则，在兼顾彼此利益及对国际地区问题持有共同立场的基础上，将根据《联合国宪章》宗旨原则及国际法准则，同其他国家和国际组织开展广泛合作。

　　《上合组织宪章》为本组织发展奠定了坚实法律基础。20年来，本组织已成为公认的有影响力的多边机制，构建起坚实的法律基础和合作机制，与认同本组织宗旨和原则的国家和国际组织（机构）建立了伙伴关系。

　　上合组织两个常设机构——设在北京的秘书处和设在塔什干的地区反恐怖机构执行委员会保持高效运行，本组织还确定了徽标、旗帜和上合组织之歌。

　　成员国坚定遵循《联合国宪章》《上合组织宪章》宗旨和原则，主张相互尊重国家独立、主权、领土完整，平等互利，通过对话和相互协商和平解决分歧，不干涉内政，不使用或威胁使用武力，不谋求在毗邻地区的单方面军事优势。

　　成员国倡导在公认的国际法准则，多边主义，平等、共同、不可分割、综合、合作、可持续安全，反对冲突和对抗，以及全球和地区安全与稳定基础上构建多极化世界秩序。考虑到上合组织成员国的意见，各方重申，倡议推动构建相互尊重、公平正义、合作共赢的新型国际关系，形成构建人类命运共同体的共同理念具有重要现实意义。

　　成员国愿进一步加强政策沟通、安全合作、贸易畅通、资金融通、民心相通，共同构建和平、安全、繁荣、清洁的世界。

　　上合组织已进入发展关键阶段。成员国认为，有必要深化和拓展本组织框架内协作，不谋求建立政治军事同盟或超国家经济一体化组织。

　　成员国尊重彼此根据历史传统和自身国情选择的政治、经济、社会和文化发展道路，将继续推动文明对话，共同实现和平、进步、和谐，构建平等伙伴关系，促进上合组织持续发展繁荣，推动落实2030年可持续发展议程。

　　成员国反对通过集团化、意识形态化和对抗性思维解决重大国际和地区问题，主张基于《上合组织宪章》原则，杜绝任何有悖本组织利益的违法行为。

成员国指出，上合组织向符合本组织法律文件规定的原则和条件，承诺遵守《上合组织宪章》宗旨和原则，以及本组织框架内通过的其他国际条约和文件规定的有关国家开放。

二、政治领域

成员国表示，他们对当今地区和国际形势的看法接近或一致，坚持以公认的国际法、文化文明多样性、在联合国中心协调作用下开展国家间平等互利合作等原则为基础，建设更具代表性的，更加民主和公平的多极化世界秩序。

上合组织主要机构（元首理事会、政府首脑（总理）理事会、外长理事会）举行机制性会议，体现了高水平互信。保持政治对话，确保就本组织所有方面事项作出一致决定，也推动了参与方的高效协作。

成员国认为加强立法机关交流与合作，开展治国理政和发展经验交流十分重要。

成员国高度评价派遣上合组织代表团观摩总统、议会选举与公投的做法。

元首们指出，中亚是上合组织的核心区，支持中亚国家维护本国及地区和平、安全和稳定，欢迎定期举行中亚国家元首会议，支持上合组织为进一步加强该地区稳定和经济社会发展发挥积极作用。

三、安全领域（略）

四、经济合作

成员国认为，在平等、公平竞争、相互尊重和互利原则基础上发展经贸合作、创造有利的贸易和投资条件是一项首要任务。

成员国注意到，世界经济仍旧面临诸多挑战，可持续平衡增长受到阻碍。新冠疫情和包括单方面限制贸易的保护主义抬头使全球经济前景雪上加霜。管控气候变化、资源枯竭、环境退化导致的金融和经济风险，以及为可持续发展提供资源十分重要。

成员国认为，继续发挥上合组织在发展过程中积累的巨大经济合作潜力具有重要意义。有效落实贸易和经济领域已通过的长期纲要和计划具有优先意义，能够促进本组织成员国和整个地区的社会经济发展。

成员国将进一步加强在贸易、产业、交通、能源、金融、投资、农业、海关、电信、创新等共同感兴趣领域的合作，通过先进、资源节约、节能、绿色和低排放技术，致力于提高人民福祉和生活水平，确保成员国可持续发展。

哈萨克斯坦共和国、吉尔吉斯共和国、巴基斯坦伊斯兰共和国、俄罗斯联邦、塔吉克斯坦共和国、乌兹别克斯坦共和国重申支持中华人民共和国提出的"一带一路"倡议，肯定各方为共同实施"一带一路"倡议，包括为促进"一带一路"建设与欧亚经济联盟建设对接所做工作。

成员国支持广泛开展国际合作，在不危害环境和人口健康的前提下解决资源供给问题，在确保各国平等和公平分享经济全球化成果基础上，实现可持续和高质量经济增长。

成员国认为应利用地区国家、国际组织和多边机制的潜力，根据国际法准则，特别是平等、相互尊重和考虑国家利益的原则，在欧亚地区构建广泛、开放、互利和平等的协作空间。鉴此，成员国注意到在上合组织、欧亚经济联盟、东盟国家及其他相关国家和多边机制参与下建立大欧亚伙伴关系的倡议。

成员国强调，在制定和实施国家发展战略、数字经济规划，以及引进创新技术方面交流经验十分重要，有利于共同弥合成员国间的数字技术鸿沟。

（一）应对新冠疫情（略）

（二）财金领域合作（略）

（三）金融机制（略）

（四）实业家委员会和银行联合体

成员国将继续发挥上合组织实业家委员会和银行联合体潜力，提出实业界合作倡议，实施本地区金融、高科技、基础设施联通、能源、农业、投资等领域合作项目。

成员国认为，上合组织实业家委员会和银行联合体参与形成有效机制，支持区域间经济合作和民营企业倡议十分重要。

成员国认为，有必要确定上合组织国家间和本国发展机构的建议举措顺序，以便在紧急情况和疫情形势下，实施对本组织所有国家都具有优先重要性的项目，并由上合组织国家银行机构共同出资。

（五）贸易和投资

成员国重申，继续完善全球经济治理体系十分重要，将继续维护和巩固以世界贸易组织的原则和规则为基础的开放、透明、公正、包容、非歧视的多边贸易体制，促进开放型世界经济发展，反对破坏多边贸易体制、威胁世界经济的单边保护主义行为。

成员国呼吁提高世贸组织作为讨论国际贸易议题和制定多边贸易规则的关键平台的效率，强调有必要尽快对世贸组织进行包容性改革，推动其自身发展适应当今经济形势，并有效履行监督、谈判、争端解决等职能。

成员国认为，在上合组织框架内发展服务领域和服务贸易，支持中小微企业发展，及推动电子商务合作对促进经济、增加就业、增进民生福祉具有重要意义。

成员国指出，应共同采取措施，支持企业实施联合投资项目，提升出口导向型潜力。

成员国将继续制定鼓励和保护相互投资的文件，以营造良好的投资环境。

成员国支持为经贸和投资发展创造良好条件，以逐步实现《上合组织宪章》规定的商品、资本、服务和技术的自由流通，支持继续制定本地区贸易便利化解决方案。

（六）中小企业（略）

（七）工业（略）

（八）农业和偏远地区发展

成员国支持进一步加强上合组织在保障粮食安全、稳定全球粮食市场、促进绿色和有机食品生产等方面的作用。

成员国指出，加强农业合作非常重要，将在农产品生产和贸易、动植物检疫安全、跨境动物疫病防控、种植业、育种业和畜牧业经验交流、农业领域科学研究、农业数字化、"智慧"农业和农业创新技术应用、有机产品生产、农业各领域联合项目的实施等方面开展合作。

成员国认为，上合组织应与联合国全球粮食计划署和农业领域其他国际组织建立合作关系。

成员国注意到，缩小上合组织国家城市中心居民与偏远和农村地区居民在获得经济、社会和其他福利方面的差距问题非常重要。为实现这些目标，成员国将利用包括数字技术与创新研发在内的成就和最佳实践，支持区域、偏远地区以及农村地区的发展。为此，成员国强调，应切实落实关于数字化时代发展偏远和农村地区的共识。

（九）交通领域合作

成员国强调，有必要高效利用上合组织过境运输潜力，构建地区过境运输走廊，实施大型项目，促进本地区交通互联互通。

成员国指出，应继续落实国际道路运输便利化方面共识，定期举行相关联合委员会会议。

成员国强调，为发展公路和铁路交通、多式联运交通走廊、物流中心，应新建和改造现有国际线路，采用数字创新和节能技术，按照先进的国际做法优化通关手续，共同实施旨在有效利用上合组织成员国过境运输潜力的其他基础设施合作项目。

成员国指出，有必要同国际金融机构和相关地区机构加强务实合作，吸引资金用于实施合作项目。

成员国欢迎将于2021年在中国举办的第二届联合国全球可持续交通大会，期待会议取得积极成果。

（十）能源合作（略）

（十一）海关合作（略）

（十二）数字化和创新发展（略）

五、人文领域（略）

六、国际活动（略）

七、结语（略）

上海合作组织成员国元首理事会关于维护国际粮食安全的声明

签署时间：2022年9月

签署地点：乌兹别克斯坦撒马尔罕

参与国家：哈萨克斯坦、中国、吉尔吉斯斯坦、巴基斯坦、俄罗斯、塔吉克斯坦、乌兹别克斯坦

文本摘编：我们，上海合作组织（以下简称"上合组织"）成员国—哈萨克斯

坦共和国、中华人民共和国、吉尔吉斯共和国、巴基斯坦伊斯兰共和国、俄罗斯联邦、塔吉克斯坦共和国、乌兹别克斯坦共和国领导人，对当前国际粮食安全严峻形势表示关切。

我们认为，粮食安全攸关人类生存之本，攸关世界经济健康运行。实现粮食安全是联合国《2030年可持续发展议程》

所列目标之一，是各国实现经济发展、社会稳定、国家安全的重要基础。

我们认为，当今世界粮食安全面临严峻挑战。气候变化、新冠疫情、地区问题等因素对全球粮食产业链供应链造成冲击，单边限制措施进一步加剧全球粮食危机。

我们忆及2021年9月17日在杜尚别通过的《上合组织成员国元首理事会关于粮食安全的声明》，注意到我们国家对相关农业合作机制、对保障国际和地区粮食安全的贡献，包括通过在农产品贸易、植物检疫、智慧农业、技术推广、人员培训以及自愿交流粮食安全信息等方面开展合作。

我们呼吁国际社会践行多边主义，采取协调行动，支持联合国发挥中心作用，支持联合国粮食及农业组织、国际农业发展基金、世界粮食计划署的工作。支持联合国宣布2023年为国际小米年，作为应对全球粮食危机的创新解决方案。

我们支持增强新兴市场国家和发展中国家在涉粮国际组织中的代表性和发言权，完善全球粮农治理，注意到全球发展倡议和全球安全倡议在保障国际粮食安全中的积极作用。

我们支持深化粮食供应国际合作，履行世界贸易组织《贸易便利化协定》，畅通国际粮食产业链供应链，促进全球范围内粮食资源合理高效配置，稳定国际粮食市场。

我们倡议，各国在自愿基础上进一步加强粮食安全合作，优化农业领域营商环境，促进农产品生产加工、农机等国际投资，发展跨境贸易。

我们呼吁主要粮食生产和净出口国释放自身出口潜力，减少关税和非关税壁垒，纾解市场供给紧张局面，避免国际粮价过度波动。

我们认为违反国际法的单边限制措施及其域外使用不可接受，这些措施导致国际粮食市场不稳定，并威胁各国经济社会长期稳定发展，其中发展中国家和最不发达国家首当其冲。呼吁减少其他影响国际粮价波动的因素，包括控制粮食能源化利用。

我们呼吁国际社会在资金、技术等方面帮助发展中国家，特别是最不发达国家，提升粮食安全保障能力，向有需要的发展中国家提供紧急人道主义援助。

我们强调各国应努力提高农产品可持续种植和生产技术，加强土壤改良方面协作，鼓励各国分享土地改良治理和病虫害防治经验。加强现代农业科技推广应用，发展可持续、高效农业。支持国际农业研究磋商组织及各国农业科技创新合作。

我们支持加强自然灾害监测预警国际合作，帮助发展中国家提高农业气象服务可及性，降低自然灾害对农业生产的影响，增强农业生产的气候韧性。

我们认为推进粮食全产业链减损，加强减损宣传，推动减损科技创新非常重要。

我们愿同其他国家一道，共同努力保障地区和全球粮食安全。

上海合作组织农业技术交流培训示范基地建设方案

发文时间： 2022 年 7 月

印发部门： 农业农村部、外交部、科技部、陕西省人民政府

文本摘编： 根据习近平主席在上海合作组织（以下简称"上合组织"）成员国元首理事会第十九次会议上关于"中方愿在陕西省设立上海合作组织农业技术交流培训示范基地，加强同地区国家现代农业领域合作"的重要倡议精神，为扎实推进上海合作组织农业技术交流培训示范基地（以下简称"上合组织农业基地"）建设，按照中央有关工作要求，现制定建设方案如下。

一、总体思路

（一）指导思想

以习近平新时代中国特色社会主义思想为指导，全面贯彻落实党的十九大和十九届历次全会精神，坚持"互信、互利、平等、协商、尊重多样文明、谋求共同发展"的"上海精神"，依托我国尤其是杨凌农业高新技术产业示范区农业特色优势，打造技术、商贸、政策、人文等多层次交流的平台体系，探索产学研各类主体参与上合组织合作的机制模式，建设集"科技合作、人才培育、技术推广、经贸促进"四项功能于一体的上合组织农业基地，加速推动我国农技装备、优良品种和农

业服务"走出去",精准服务上合组织国家农业现代化、产业化和可持续发展,有效助力"一带一路"农业合作和全球粮食安全保障。

(二)工作原则

省部共建,充分发挥陕西主体作用和各部门协同作用。强化相关体制机制安排,加强部省间、部门间协调配合,挖掘和用好陕西省和杨凌农高区农业科技、人才、项目、平台等资源,凝聚各部门政策和机制合力,共同发挥政府部门对于上合组织农业基地建设的主导、统筹和推动作用。

面向需求,坚持服务上合组织国家农业发展的基本导向。紧密结合上合组织国家农业资源禀赋、经济社会基础和未来农业方向,聚焦旱作农业、生态修复、畜牧养殖等方面的关键技术,有针对性地开展交流、培训和推广,服务相关领域经贸合作,带动现代农业加速发展。

开放共享,支持引导各国和各类主体共同参与基地建设。构建开放、高效、可持续的管理运行体制机制,引导国内外一流农业高校、科研机构、涉农企业及商(协)会积极参与,充分调动上合组织各国提出合作诉求、参与合作项目、承担合作任务,推动实现农业科技和合作成果共享。

(三)建设目标

贯彻落实中央领导同志关于上合组织农业基地要聚焦开放、实现共赢的指示精神,高标准、多渠道、宽领域推进基地建设,坚持创新体制机制,不断优化设施环境,扎实推进合作项目,力争通过5~10年的时间,把基地建设为服务上合组织国家现代农业发展的科技高地、人才高地、产业高地、经贸高地。重点打造四大平台:农业科技创新合作平台,"十四五"期间建成并运行现代农业发展研究院、国际联合实验室等合作载体10个以上,基本形成契合上合组织现代农业发展需求的科技合作交流体系;国际农业科技及管理人才培育平台,每年完成对外农业培训不少于8 000人次,打造一批富有杨凌特色、享誉国内外的培训和人才交流项目;农业实用技术对外推广平台,"十四五"期间利用上合组织国家农业科技示范园等开展新技术试验示范30项以上,示范推广面积10万亩以上,落实一批服务产业、惠民富农的科技转化成果;农业经贸及产能合作促进平台,持续落实经贸便利化,举办一系列高质量的展览展示活动,实现杨凌农高区涉农经贸规模年均增长率20%左右，推动农业成为上合组织国家经济合作的重要增长点之一。

二、主要任务

（一）创建农业科技交流合作载体

推动建立上合组织农业基地现代农业国际联合实验室，开展品种选育、节水灌溉、病虫害防治、动物医学、动植物检验检疫、土壤改良等领域联合研究，形成特色和优势。（科技部、教育部、农业农村部、陕西省人民政府负责，排在第一位的部门为牵头部门，下同）组建上合组织农业基地现代农业发展研究院，推动在上合组织国家农业高校、相关研究机构设立国别和政策研究所，开展区域现代农业发展战略研究、农业科技合作政策与标准研究等。（科技部、农业农村部）依托上合组织农业基地，常态化举办农业国际科技论坛等活动。（陕西省人民政府、农业农村部、外交部）

（二）创新推进农业科技合作和成果转化

探索建立上合组织国家多方参与的农业科技交流合作机制，支持上合组织国家优秀农业科研人员进行中短期互访交流，构建上合组织国家科研机构、高校间的长期稳定合作关系。建设集"产学研用"于一体的农业科技协同创新平台，围绕上合组织国家农业科技合作成果和发展需求，在旱区生态环境修复、农畜良种选育技术等领域推进产学研合作。引导各类市场主体参与农业科技研究和成果转化。（科技部、教育部、农业农村部、陕西省人民政府负责）

（三）打造农业国际培训教育品牌

建设上合组织农业基地现代农业交流中心，面向上合组织国家农业官员、企业高层管理人员、重点科研院所农业专家等群体，开设高质量农业技术国际化研修课程。（陕西省人民政府、农业农村部、商务部、国际发展合作署、教育部负责）依托旱作农业技术援外培训基地，以旱区生态环境修复关键技术、农畜良种选育与技术传播、扶贫发展等为主要内容，办好援外培训及其他国际培训。（商务部、农业农村部、国际发展合作署、教育部、外交部、陕西省人民政府负责）举办农业技术远程培训公开课，推送农技短视频，开展"云参观""云实训"等，拓展培训覆盖面和影响力。探索市场化培训模式，引入专业团队，开展模块化、系统化、品牌化的农业技术培训活动。（陕西省人民政府、农业农村部、商务部、国际发展合作署、

教育部负责）

（四）开展农业大学联合人才培养

支持陕西相关高校依托丝绸之路农业教育科技创新联盟等平台，与上合组织国家农业大学实施联合培养项目。加强面向上合组织国家涉农硕士、博士研究生等留学生的培养，促进上合组织国家优质教育资源交流互补。推动西北农林科技大学加入上海合作组织大学。（教育部、陕西省人民政府负责）

（五）促进高素质农民交流合作

依托上合组织农业基地，开展高素质农民创新创业、特色现代农庄建设、跨境农产品电商管理、乡村扶贫发展及互联网农产品交易等领域交流合作，组织高素质农民"走出去"培训，推动上合组织国家间高素质农民交流。（农业农村部、陕西省人民政府负责）

（六）建设高水平现代农业技术实训基地

围绕上合组织国家产业需求，以农业智慧服务、设施农业、现代农业管理、先进农业技术集成展示为主要内容，在国内外选定、改造并提升一批不同生态类型、不同产业类型的农业技术实训基地和若干农业科技示范园区，发挥示范引领作用。（农业农村部、商务部、科技部、教育部、陕西省人民政府负责）

（七）培育现代农业技术推广队伍

围绕上合组织国家农业科技发展方向和技术推广重点，建立学术技术带头人及其团队培育制度，为上合组织国家培养一批农业科技推广领域的领军人物和专业化人才。（农业农村部、科技部、陕西省人民政府负责）

（八）拓展多平台农业展会交易

推动中国杨凌农业高新科技成果博览会与上合组织国家农业展会建立友好展会关系，加强跨境农业展会交流合作。依托中国杨凌农业高新科技成果博览会，开展上合组织国家农业展览展示活动，深化与上合组织国家间农业政策、技术、贸易、产能交流合作。建立上合组织农业基地农业科技成果展示交易平台。（陕西省人民政府、农业农村部、科技部、商务部负责）

（九）提升农产品贸易便利化水平

依托杨凌综合保税区，推动建立农产品保税仓库。探索开展上合组织国家间农业标准化交流合作，促进农业标准互认共享。编制农产品贸易合作目录，推动打通上合组织国家农产品国际贸易绿色通道。依托中欧班列，建设上合组织农业基地农产品贸易综合货运枢纽、农产品展示交易平台。（陕西省人民政府、农业农村部负责）

（十）强化农业经贸合作支撑服务

开发面向上合组织国家的农业技术和经贸服务网站，提供农业科技交流、投资合作、贸易分析、政策解读等方面的信息服务。建设上合组织农业基地农产品物流园、农产品加工产业合作园、跨境电商产业园等项目，搭建上合组织农业基地跨境采购平台和跨境电商线上交易平台，在扩大上合组织国家优质农产品进口的同时，推动我国农机装备、优良品种、技术和农业服务等进入上合组织国家。（陕西省人民政府、农业农村部、商务部、发展改革委负责）

三、保障措施

（一）强化组织保障

建立上合组织农业基地建设国家层面协调机制，强化基地建设顶层设计与协调指导；组建陕西省和杨凌示范区上合组织农业基地建设领导小组和工作专班，及时研究解决有关问题，扎实推进上合组织农业基地建设。

（二）加大政策支持

结合上合组织农业基地建设任务，将建设内容纳入本部门"十四五"相关规划及有关重点工作，强化上合组织农业基地建设支持力度。支持上合组织农业基地建设与陕西自贸试验区杨凌片区建设有机融合，用好用活政策制度优势，创新工作推进方式方法，提升建设质量效益。

（三）加强资金保障

陕西省加大对上合组织农业基地建设的资金支持力度，国家有关部门结合相关规划实施和年度资金安排对基地建设重点工作及符合条件的重点项目予以积极支持。

上海合作组织成员国元首理事会关于应对气候变化的声明

签署时间：2022年9月

签署地点：乌兹别克斯坦撒马尔罕

参与国家：印度、哈萨克斯坦、中国、吉尔吉斯斯坦、印度、巴基斯坦、俄罗斯、塔吉克斯坦、乌兹别克斯坦

文本摘编：我们，上海合作组织（以下简称"上合组织"）成员国元首，一致承认当前气候变化不利影响日益显现，全球行动紧迫性持续上升。应对气候变化、推动世界经济在新冠疫情后实现复苏，是我们面临的重要时代课题之一。在上合组织成员国生活着全球近一半人口。为了他们和国际社会的共同利益，我们决心就应对气候变化所带来的挑战开展合作。

我们一致认为，气候变化及其负面影响是全人类共同面临的迫切问题，给人类可持续发展带来严峻挑战，需要全人类在《联合国气候变化框架公约》（以下简称"公约"）基础上不断加强国际合作，同心合力携手应对，进一步推动经济社会向包容可持续发展转型。

成员国认为，应考虑各国国情，在共同但有区别的责任和各自能力的原则基础上落实《巴黎协定》。我们注意到，温室气体减少和净零排放对实现《巴黎协定》规定的温控目标至关重要，各国有权自行确定本国减排目标及其实施路径。

成员国为实现全球目标，在预防和适应气候变化方面作出了巨大贡献。成员国尽管受到新冠肺炎疫情影响，普遍面临复苏经济、改善民生的挑战，但均采取强有力的气候行动，提交了国家自主贡献，展现了雄心，为国际社会做出了示范。

我们强调公约所列附件二发达国家提供支持的力度应与发展中国家的行动力度相匹配。提供和动员资金应对气候变化是公约所列附件二发达国家对发展中国家的义务。

我们非常关切地注意到公约所列附件二发达国家尚未兑现包括到2020年每年1000亿美元等在内的气候资金承诺。我们敦促公约所列附件二发达国家在第27次缔约方会议（COP27）前尽快兑现上述承诺，并就设定2025年后新气候资金集体量化目标作出更大贡献，扩大向发展中国家提供资金、技术开发和转移、能力建设等必要的支持，帮助发展中国家有能力在可持续发展的背景下实施气候行动。

成员国主张，应支持公正转型，努力平衡减排和发展的关系。

我们强调，发展中国家人均温室气体排放量远低于发达国家。应确保发展中国

家自主、可持续发展的权利。《巴黎协定》已明确指出，在可持续发展和消除贫困背景下，温室气体排放达峰对发展中国家而言需要更长时间。单边强制措施违反多边原则，严重破坏多边合作和联合及独自应对气候变化的努力，削弱了各国应对气候变化的能力。

成员国相信，不应利用气候议程采取限制贸易和投资合作的措施。成员国呼吁维护基于气候自愿原则的开放性和非歧视性。

成员国祝贺公约达成30周年，高度评价其在应对气候变化国际谈判与合作方面发挥的关键作用。成员国愿意在公约的基本原则指导下，同各国一道全面有效落实公约和《巴黎协定》。

成员国指出，《巴黎协定》旨在将全球平均气温升幅控制在低于2℃之内，并努力限制在1.5℃。欢迎公约第26次缔约方会议（COP26）取得的成果，支持埃及为筹备和举办公约第27次缔约方会议（COP27）所做努力。

成员国同意在通向COP27进程中与缔约各方一道在公开透明、广泛参与、缔约方驱动、协商一致的原则的基础上，结合本国国情，推动COP27取得积极成果。

成员国支持塔吉克斯坦共和国将2025年定为"国际冰川保护年"的倡议，注意到设立国际冰川保护基金的提议。

成员国注意到全球碳市场为达成公约和《巴黎协定》目标发挥的重要作用，认为应交流经验和有益做法，在包容公平的基础上、共同但有区别的责任原则上保障气候变化适应和预防措施的经济高效性。

为继续落实2018年青岛峰会通过的《上合组织成员国环保合作构想》和2021年杜尚别峰会通过的《上合组织"绿色之带"纲要》，成员国决定在以下领域采取措施：

（一）促进可持续发展，减少温室气体排放，完善和优化包括能源结构在内的基础设施。

（二）在发展和应用资源节约、节能、绿色和低排放技术领域扩大合作。

（三）考虑到气候变化对海洋动植物的影响，研究上合组织成员国在该领域采取联合行动的可能性。

（四）就投资标准和包括绿色分类在内的可持续项目开展经验交流。

（五）研究深化资金筹集领域的合作前景，以预防和适应气候变化。

（六）在上合组织成员国间就碳市场开展对话，包括进入及参与国际碳市场。

（七）在上合组织成员国互利合作的基础上发展人才潜力，建设气候领域专业人才培训体系，制定人才再培训计划。

（八）在上合组织框架内举办研讨会、论坛和圆桌对话，吸引政府、企业、智库、学者和其他专家就气候变化进行交流。

（九）上述领域合作对感兴趣的上合组织观察员国和对话伙伴开放。

参考文献

Fatima S, 2023. 吉尔吉斯斯坦与中国农产品贸易问题研究 [D]. 沈阳: 沈阳理工大学.

Yunusov B, 2023. 塔吉克斯坦棉花产业的发展研究 [D]. 长春: 吉林农业大学.

敖明, 奇海林, 2020. 内蒙古深度融入"一带一路"高质量共建研究 [J]. 北方经济 (12): 11-14.

常莹莹, 张馨月, 韩智慧, 等, 2019. 满洲里口岸农产品进出口发展问题及对策分析 [J]. 现代营销(经营版) (12): 44-46.

陈军, 龚新蜀, 2011. 中哈边境自由贸易区构建: 贸易影响因素、目标设计和预警问题 [J]. 俄罗斯中亚东欧市场 (4): 25-30.

陈宪良, 2018. 中国东北四省区与俄罗斯经贸合作现状分析 [J]. 西伯利亚研究, 45(1): 5-15.

陈小鼎, 罗润, 2023. 俄乌冲突背景下上合组织区域经济合作: 新形势与新思路 [J]. 国际展望, 15(3): 135-150, 157-158.

陈瑜, 周蕾, 2023. 新疆与中亚国家农产品贸易互补性研究 [J]. 商展经济 (16): 21-24.

程云洁, 2015. 当前俄罗斯经济发展形势及对中俄经贸合作的影响 [J]. 对外经贸实务 (6): 16-19.

崔丽莹, 2012. 中俄农业合作的条件与方向 [J]. 俄罗斯中亚东欧市场 (1): 49-53.

崔铮, 尹金灿, 2023. 乌克兰危机升级视域下中亚粮食安全危机: 兼论中国—中亚粮食合作 [J]. 俄罗斯东欧中亚研究 (5): 84-104, 164-165.

邓浩, 2022. 从中国倡议到上海合作组织共享平台: 上海合作组织农业技术交流培训示范基地回眸与前瞻 [M]. 北京: 世界知识出版社.

翟雪玲, 张雯丽, 原瑞玲, 等, 2017. "一带一路"倡议下中国农业对外合作研究主要国家投资环境与企业发展实绩 [M]. 北京: 经济管理出版社.

冯雅倩, 2021. "一带一路"背景下河南省农业国际合作路径探析 [J]. 现代农业科技 (10): 240-242, 245.

弗拉基米尔·诺罗夫，贝文力，2021. 上海合作组织：发展的20年 [J]. 俄罗斯研究 (4): 85-94.

高贵现，2023. 中国与中亚国家农业合作模式创新研究 [M]. 北京：中国社会科学出版社.

高振，张悦，段珺，等，2019."一带一路"背景下基于标准协同的农业产能合作：以中俄尿素贸易为例 [J]. 中国科技论坛 (12): 180-188.

郭翔宇，崔宁波，2021. 俄罗斯农业 [M]. 北京：中国农业出版社.

国际然，2023."一带一路"沿线国家中国境外农业合作示范区风险评价及防范研究 [D]. 乌鲁木齐：新疆财经大学.

韩璐，2023. 上海合作组织国际合作的发展历程与前景展望 [J]. 欧亚经济 (1): 52-69, 125-126.

韩璐，2018. 深化上海合作组织经济合作：机遇、障碍与努力方向 [J]. 国际问题研究 (3): 56-68, 123-124.

郝钧，2020."一带一路"背景下我国农业贸易创新发展研究：评《"一带一路"国家农业发展与合作——中亚五国》[J]. 中国农业资源与区划，41(6): 202, 211.

何峰，张秀丽，于勇，等，2020. 中俄特色农业国际联合实验室建设探析 [J]. 现代农业科技 (5): 255, 257.

和瑞，李富先，陈林，等，2010. 滴灌技术在哈萨克斯坦大田作物上的应用效果及前景展望 [J]. 现代农业科技 (14): 93-94.

胡方芳，闫海龙，2017. 推动新疆巴克图口岸复兴发展的对策建议：基于与霍尔果斯、阿拉山口口岸的比较 [J]. 对外经贸 (2): 19-22.

胡颖，2016."一带一路"倡议下中亚区域经贸合作机制比较与对接研究 [J]. 北京工商大学学报（社会科学版），31(5): 23-30.

华信中俄农业合作区，2017. 华信中俄农业合作区 [EB/OL]. (2023-09-01). https://www.imsilkroad.com/news/p/41069.html.

黄五星，韩丹，贾玮，等，2021. 双循环新发展格局下河南与中亚五国农业产学研合作思考 [J]. 决策探索（下）(3): 23-24.

吉尔吉斯斯坦亚洲之星农业产业合作区，2021. 吉尔吉斯斯坦亚洲之星农业产业合作区 [EB/OL]. 河南贵友集团实业有限公司网. (2023-09-01). http://www.guiyoujituan.com/page.html?id=126.

吉尔吉斯斯坦亚洲之星农业产业合作区，2021. 吉尔吉斯斯坦亚洲之星农业产业合作区 [EB/OL]. 中国一带一路网. (2023-09-01). https://www.yidaiyilu.gov.cn/p/179636.html.

吉尔吉斯斯坦亚洲之星农业产业合作区，2017. 吉尔吉斯斯坦亚洲之星农业产业合作区 [EB/OL]. 香港贸易发展局网. (2023-09-01). https://beltandroad.hktdc.com/sc/node/57877.

吉尔吉斯斯坦亚洲之星农业产业合作区，2021. 吉尔吉斯斯坦亚洲之星农业产业合作区 [EB/OL]. 中国贸促会境外产业园区信息服务平台网. (2023-09-01). https://oip.ccpit.org/ent/parks-introduces/53.

吉利(Usmonov Dilshodjon), 2023. "一带一路"背景下中亚与中国农产品贸易研究[D]. 沈阳:沈阳理工大学.

姜晔,陈瑞剑,尹燕飞,等,2016. 地方省份参与"一带一路"建设农业合作研究:以陕西省为例[J]. 陕西农业科学, 62(8): 112-115.

金首文,李怀清,袁欣喆,等,2018. 满洲里口岸边境贸易的特点、存在的问题及建议[J]. 北方金融 (3): 104-106.

境外农业区,2017. 境外农业区借"一带一路"引领中俄农业合作[EB/OL]. 新华网. (2023-10-07). http://www.xinhuanet.com/world/2017-05/14/c_1120968905.htm.

拉扎提·乌买特,2022. 中哈农业投资合作法律基础及完善方向[J]. 现代营销(下旬刊) (11): 79-81.

李大伟,2021. 智慧农业发展中成本控制研究[J]. 农业经济 (11): 17-19.

李德民,2016. 搭建中俄农业合作新平台[J]. 奋斗 (3): 35.

李宏敏,2023. 丝绸之路经济带视域下中国与中亚农业合作研究[D]. 兰州:兰州大学.

李怀清,2019. 当前满洲里市边境对俄贸易发展存在的问题及建议[J]. 北方金融 (2): 85-89.

李建民,2022. 中国与中亚经济合作30年:政策演进、重点领域进展及未来发展路径[J]. 俄罗斯研究 (5): 74-94.

李絮,项义军,2015. 绥芬河口岸建设中存在的问题及政策建议[J]. 商业经济, (5): 17-19.

李雪峰,2019. 内蒙古东部地区沿边口岸跨境经济合作探究[J]. 边疆经济与文化 (3): 9-12.

李燕,崔大为,2020. 自贸试验区背景下绥芬河口岸经济发展问题与对策[J]. 商业经济 (11): 100-101, 126.

李豫新,朱新鑫,2010. 农业"走出去"背景下中国与中亚五国农业合作前景分析[J]. 农业经济问题, 31(9): 42-48.

李自国,2019. "一带一路"与上合组织关系探究[J]. 俄罗斯学刊, 9(5): 85-99.

刘华芹,2022. 以数字经济提升上海合作组织区域经济合作新空间[J]. 俄罗斯学刊, 12(3): 5-24.

刘慧,2021. 节粮减损促进世界粮食安全[J]. 农机科技推广 (9): 13-14.

刘莉君,张景琦,2019. "一带一路"背景下霍尔果斯口岸对外贸易发展:现状、困境及政策建议[J]. 湖南工程学院学报(社会科学版), 29(4): 7-11.

刘文丽,2022. 中国与中亚五国农产品贸易竞争性和互补性分析[D].北京:北京工商大学.

刘政伟,2017. 河南省企业对外农业投资情况调研[J]. 河南农业 (1): 56-57.

刘志颐,余效宁,陈瑞剑,2015. 中国陕西省参与"一带一路"农业"走出去"分析[J]. 世界农业 (12): 167-170.

卢晨阳,李娟锋,冯瑞英,等,2023. 吉尔吉斯斯坦养殖业和疫病防控科技现状[J]. 中国兽医杂志, 59(1):

153-156.

罗函, 2021. "一带一路" 背景下西安爱菊集团探路农企 "走出去" 的经验与启示 [D]. 乌鲁木齐: 新疆财经大学.

罗雷, 2022. 中国境外经贸合作区可持续发展研究 [D]. 天津: 天津师范大学.

马瑞霞, 2009. 上海合作组织机制化建设初探 [J]. 山西经济管理干部学院学报, 17(1): 29-30, 37.

马文森, 王晓波, 2017. 伙伴 创新 减少农村贫困: 联合国粮农组织与中国共同推广农业可持续发展创新解决方案 [J]. 中国投资 (13): 48-54.

玛尔孜亚, 于丽娟, 张艳花, 等, 2012. 新吉尔吉斯马种质特性研究报告 [J]. 中国草食动物科学, 32(5): 80-83.

玛丽娜 (Seitbekova Marina), 2022. 中国与吉尔吉斯斯坦农产品贸易影响因素及潜力研究 [D]. 哈尔滨: 哈尔滨工业大学.

玛依拉·阿不得别克, 2016. 新疆与哈萨克斯坦产业合作的现状研究 [D]. 沈阳: 东北大学.

梅力克 (Merik), 2023. 塔吉克斯坦中泰纺织产业有限公司棉纺产品营销策略研究 [D]. 长春: 吉林财经大学.

苗芳, 刘秀玲, 2021. "一带一路" 视域下内蒙古双向直接投资特点分析 [J]. 北方经贸 (4): 34-37.

穆沙江·努热吉, 侯卓, 2023. 中国与塔吉克斯坦双边贸易演变及互补性分析 [J]. 北方经贸 (7): 19-24.

聂凤英, 赵新力, 2021. 上合组织国家农业技术交流、培训与示范需求分析报告 [M]. 广州: 广东人民出版社.

农业农村部, 外交部, 科技部, 陕西省人民政府, 2022. 关于印发《上海合作组织农业技术交流培训示范基地建设方案》的通知 [R]. 中华人民共和国农业农村部公报 (8): 6-9.

农业农村部对外经济合作中心, 2022. 大图们区域农业合作示范案例 [M]. 北京: 人民出版社.

农业农村部对外经济合作中心, 2020. 境内外企业合作园区典型案例解析 [M]. 北京: 中国农业出版社.

农业农村部国际合作司, 农业农村部对外经济合作中心, 2023. 中国企业对外直接投资分析报告 (2022年·总篇)[M]. 北京: 中国农业出版社.

乔榛, 郑岩, 2021. 中俄农产品贸易与农业合作便利化研究 [J]. 学术交流 (3): 88-99,192.

曲亚楠, 2020. 中国与俄罗斯农业产业合作研究 [J]. 农村经济与科技, 31(4): 173-174.

任保平, 马莉莉, 师博, 2016. 丝绸之路经济带的合作机制与内陆型改革开放 [M]. 北京: 中国经济出版社.

西安爱菊粮油工业集团, 2021. 三大园区 [EB/OL]. (2021-03-10). https://www.aijujt.com/intro/2.html.

上海合作组织, 2023. 上海合作组织 [EB/OL]. (2023-10-07). https://www.mfa.gov.cn/web/gjhdq_676201/gjhdqzz_681964/lhg_683094/jbqk_683096/.

沈桂龙，张晓娣，等，2020.中国"一带一路"跨境园区发展报告[M].上海：上海社会科学院出版社.

石岚，刘磊，2020.中国新疆与中亚国家农业合作现状与问题研究[J].新疆社会科学(4):41-48.

石先进，2020."一带一路"框架下中国与中亚五国农业产能合作路径[J].云南大学学报(社会科学版)，19(1):135-144.

宋根川，2019.当好农业"走出去"排头兵[J].中国农垦(9):43-45.

孙永祥，2009.上合组织能源合作的进展及问题[J].亚非纵横(5):21-26,59.

塔吉克斯坦—中国农业合作示范园，2021.塔吉克斯坦—中国农业合作示范园[EB/OL].中国贸促会境外产业园区信息服务平台网.(2024-01-07).https://oip.ccpit.org/ent/parks-introduces/55.

唐家龙，贾合义，2020.在哈萨克斯坦实践"订单农业"[J].中国投资(中英文)(1):58-59.

佟景洋，2019.中国对蒙俄主要口岸概况及协同发展[J].前沿(2):48-56.

汪佳，张艺弋，陈芷韩，2023.双循环新发展格局对产业升级的赋能机制研究：以新疆棉纺织业为例[J].现代商业(15):144-148.

汪晓波，成芳，2017."一带一路"背景下中国东北与俄远东地区农业合作[J].西伯利亚研究，44(3):25-30.

王菲易，2022.国门安全治理的跨界性：双层跨域治理框架[J].国际安全研究，40(4):127-156,160.

王富忠，2019."一带一路"背景下边境口岸城市对地区发展的带动作用：以阿拉山口市与霍尔果斯市为例[J].开发研究(3):95-99.

王海燕，2016."一带一路"视域下中蒙俄经济走廊建设的机制保障与实施路径[J].华东师范大学学报(哲学社会科学版)，48(5):112-118,194.

王海燕，2021.中国与中亚区域经济合作路径研究[M].北京：世界知识出版社.

王恒，王征兵，2021."一带一路"背景下中国与中亚五国农业合作研究[J].中国集体经济(5):167-168.

王慧敏，翟雪玲，2017.中国与中亚五国农业合作的潜力研究[J].经济研究参考(31):43-51.

王继光，2020.中俄现代农业产业合作区发展研究[D].天津：天津师范大学.

王瑾，2023.中国农产品出口上海合作组织国家贸易持续时间及其影响因素研究[D].乌鲁木齐：新疆农业大学.

王力，2008.从东北亚区域发展看满洲里口岸的战略机遇[J].中国城市经济(10):40-44.

王玲，2023."一带一路"背景下中国与中亚农产品贸易研究[J].现代商业(22):89-92.

王梦佳，2020.河南省外向型农业发展问题研究[D].郑州：河南工业大学.

王乾润，2022.基于丝绸之路经济带的中国棉花全产业链国际合作的潜力与路径研究[D].乌鲁木齐：新疆农业大学.

王霞，陈柳霏，2023.中国与塔吉克斯坦棉花产业现状分析及合作建议[J].商业经济(2):88-90,187.

王重博，2023. 中国与上海合作组织成员国间贸易的食物—能源—水关联研究[D]. 青岛：青岛科技大学.

魏凤，2021. 中亚五国农业[M]. 北京：中国农业出版社.

赵敏娟，2018. 中亚五国农业发展：资源、区划与合作[M]. 北京：中国农业出版社.

吴淼、张小云、郝韵，等，2018. 面向中亚的农业科技合作机制与模式研究[J]. 决策咨询(5): 40-45, 51.

吴盼盼，2015. 新疆与中亚五国边境贸易发展现状、制约因素及对策建议[J]. 对外经贸(1): 36-38.

武少辉，2022. 陕西省现代农业发展水平测度研究[D]. 延安：延安大学.

西安爱菊粮油工业集团有限公司，2020. 畅通双循环 培育新优势 打造国际化新粮商[J]. 中国粮食经济 (10): 35-36.

西北农林科技大学，2023. 西北农林科技大学简介[EB/OL]. (2024-01-07). https://www.nwafu.edu.cn/xxgk/ xxjj1/index.htm.

肖斌，2020. 上海合作组织数字经济合作前景：基于成员国禀赋效应的分析[J]. 俄罗斯东欧中亚研究(4): 112-129, 157-158.

辛玉凤、王立群、张振山，2019. 新形势下边境口岸地区对外贸易投资中的难点与建议：以呼伦贝尔边境 口岸地区为例[J]. 北方金融(7): 66-70.

新疆农业大学，2023. 新疆农业大学概况[EB/OL]. (2024-01-07). http://www.xjau.edu.cn/134/list.htm.

新疆农业科学院，2023. 新疆农业科学院简介[EB/OL]. (2024-01-07). http://www.xaas.ac.cn/yqgk1/yqjj. htm.

徐楚乾，2021. "一带一路"背景下边境口岸经济发展对比研究：以新疆巴克图口岸为例[J]. 现代商业 (5): 33-36.

许海清，2013. 内蒙古农业"走出去"存在的问题及对策[J]. 中国乡镇企业会计(2): 6-8.

中华人民共和国外交部，2023. 亚洲开发银行[EB/OL]. (2024-01-07). https://www.mfa.gov.cn/web/ gjhdq_676201/gjhdqzz_681964/yzkfyh/gk_700180/.

鄢鑫、尤立杰，2022. "一带一路"高质量发展背景下中国对中亚农业投资现状及风险对策分析[J]. 湖北 农业科学, 61(21): 252-256.

阎德学，2021. 上海合作组织经济合作：成就、启示与前景[J]. 国际问题研究(3): 85-106.

杨德刚、杜宏茹，等，2013. 中亚经济地理概论[M]. 北京：气象出版社.

杨莲娜、刘从九，2018. 关于中国与"一带一路"沿线国家棉花产业合作的探讨[J]. 中国合作经济(9): 57-60.

杨荣，2018. "一带一路"框架下河南农业"走出去"的路径与对策研究[D]. 郑州：河南工业大学.

叶志辉、吴寒，2010. 沿边口岸对外贸易发展状况分析：以阿拉山口口岸为例[J]. 北方经济(22): 81-84.

于宏源、李坤海，2021. 中亚"水—能源—粮食"安全纽带：困境、治理及中国参与[J]. 俄罗斯东欧中亚研究 (1): 84-105, 157.

于洁茹，2020. 简论巴克图口岸发展现状、问题及途径[J]. 中共乌鲁木齐市委党校学报 (1): 20-26.

于敏、柏娜、姜晔，2017. "一带一路"背景下的中塔农业合作[J]. 中国经贸导刊 (理论版) (29): 21-23.

于敏、杨易、姜明伦，2021. 农业对外合作顶层设计的重要意义和实现路径[J]. 新疆农垦经济 (6): 1-5, 51.

喻春娇、邱静依，2018. 中国对丝绸之路经济带沿线国家资本品出口动态研究[J]. 湖北社会科学 (3): 103-114.

喻发美、陈俊华，2022. "一带一路"倡议下中伊农业合作研究[J]. 绵阳师范学院学报，41(2): 104-112.

张超，2019. 河南"人才优势"助推"一带一路"倡议的路径探讨[J]. 内蒙古科技与经济 (16): 7-8, 30.

张成立、王云鹏，2022. 绥芬河口岸与我国主要沿边口岸外贸对比研究[J]. 北方经贸 (1): 12-16.

张成立，2020. 绥芬河市对外经贸提质增效研究[J]. 商业经济 (1): 38-41.

张方慧、王巧荣，2023. "一带一路"背景下中国与中亚国家合作新进展与发展方向论析[J]. 宁夏社会科学 (4): 65-72.

张焕，2021. 乡村振兴视角下陕西省农产品直播的问题及对策[J]. 辽宁农业科学 (5): 57-61.

张蛟龙，2021. 扩员后上海合作组织的挑战与应对——基于国际组织与国际规范关系的视角[J]. 区域与全球发展，5(6): 41-56, 155-156.

张磊、姜峰，2020. 新时期吉林省对俄农业开发合作研究[J]. 现代交际 (2): 56-57.

张利利、李洪涛、王秀东，等，2020. 大图们区域农业合作的主要模式、成效及建议[J]. 新疆农垦经济 (5): 1-7.

张庆萍、汪晶晶、王瑾，2022. 中国与上海合作组织国家农业合作(2001—2020年)[J]. 欧亚经济 (1): 78-100, 126.

张瑞，2023. 中国在哈萨克斯坦建设境外经贸合作区的区位选择及开发模式研究[D]. 乌鲁木齐：新疆师范大学.

张晓涛，2018. 中国与"一带一路"沿线国家经贸合作国别报告 中东欧篇[M]. 北京：经济科学出版社.

张晓燕、赵静，2022. 浅谈中国—上海合作组织地方经贸合作示范区农业国际合作[J]. 现代农业研究，28(3): 12-14.

张秀杰，2005. 黑龙江省对俄罗斯经贸合作的现状、前景及对策[J]. 西伯利亚研究 (2): 21-25.

张宇慧，2021. "一带一路"视域下绥芬河口岸发展的新机遇[J]. 黑河学院学报，12(5): 10-12.

赵常庆，2009. 亚洲开发银行《中亚区域经济合作综合行动计划》与中国和上海合作组织的关系[J]. 俄罗斯中亚东欧市场 (5): 1-5.

赵捷, 陈秧分, 2021. 中国企业对中亚农业投资的模式选择: 基于"一带一路"投资环境的对比分析 [J]. 世界农业 (9): 24-36, 122-123.

赵晶, 2022. 中巴经济走廊建设背景下中国与巴基斯坦棉花种植业合作研究 [D]. 乌鲁木齐: 新疆师范大学.

赵青宇, 2018. 满洲里口岸在中国"一带一路"开放战略中的地位研究 [D]. 哈尔滨: 黑龙江大学.

赵迅, 2023. 区域公共产品视角下上海合作组织扩员探析 [D]. 北京: 北京外国语大学.

郑国富, 2019. 中国与上海合作组织成员农产品贸易合作: 时空特征、竞合关系与前景展望 [J]. 区域与全球发展, 3(5): 116-132, 159.

郑竟放, 2018. 中国与中亚国家农业国际合作问题研究 [J]. 乡村科技 (19): 29-30, 32.

中国科学院新疆生态与地理研究所, 2023. 机构简介 [EB/OL]. (2024-04-07). http://www.egi.cas.cn/jggk_163301/jgjj_163302/.

周丽华, 2019. 上海合作组织成员国经济合作模式研究 [J]. 市场周刊 (10): 122-123.

周倩, 2021. "一带一路"背景下河南农业经济发展的路径选择 [J]. 农业经济 (11): 15-17.

周晓燕, 2019. "一带一路"倡议下促进陕西省农产品出口的对策 [J]. 乡村科技 (2): 65-66.

周洋, 2017. 在塔吉克斯坦建构棉花产业链: 专访新疆利华棉业股份有限公司董事长张齐海 [J]. 中国投资 (13): 60-62.

朱旭泽, 2019. 中国企业对外直接投资的环境风险评估及管理 [J]. 低碳世界, 9(3): 282-283.

朱玉春, 2022. 中俄农业发展研究 [M]. 北京: 中国财政经济出版社.

纵婧, 2015. 中国新疆对哈萨克斯坦农产品出口潜力与市场开拓研究 [D]. 乌鲁木齐: 新疆财经大学.

绥芬河市人民政府, 2023. 走进绥芬河 [EB/OL]. (2024-02-01). https://www.suifenhe.gov.cn/channels/16.html.

中国农业科学院, 2023. 走进中国农科院 [EB/OL]. (2024-02-01). https://www.caas.cn/zzjg/zjnky/index.htm.

图书在版编目（CIP）数据

合作与发展：中国与上海合作组织农业合作20年 /
农业农村部对外经济合作中心编著. -- 北京 ：中国农业
出版社，2024. 12. -- (农业对外合作与乡村振兴系列丛
书). -- ISBN 978-7-109-32819-8

Ⅰ. F323

中国国家版本馆CIP数据核字第2024GB9815号

HEZUO YU FAZHAN: ZHONGGUO YU
SHANGHAI HEZUO ZUZHI NONGYE HEZUO 20NIAN

中国农业出版社出版

地址：北京市朝阳区麦子店街18号楼

邮编：100125

责任编辑：郑　君

版式设计：杨　婧　　责任校对：张雯婷

印刷：北京中科印刷有限公司

版次：2024年12月第1版

印次：2024年12月北京第1次印刷

发行：新华书店北京发行所

开本：787mm×1092mm　1/16

印张：16

字数：260千字

定价：128.00元